新媒体环境下图书馆业务培训教程

图书馆参考咨询工作基础

蔡莉静　主编

海洋出版社

2013年·北京

内 容 简 介

从图书馆参考咨询工作概论入手,对图书馆参考咨询的基础工作进行了详细论述,包括参考咨询服务形式、参考咨询服务内容、参考咨询工作程序等。以美国参考咨询人员的现状为基础,论述了我国图书馆参考咨询人员的基本素质和基本条件。介绍了国内外常用的参考咨询信息源,以及参考咨询工作的组织机构和业务管理工作,同时提出了网络环境下图书馆参考咨询工作的具体方法。本书适用对象为图书馆管理者和图书馆馆员。

图书在版编目（CIP）数据

图书馆参考咨询工作基础/蔡莉静主编. —北京：海洋出版社，2013.8
新媒体环境下图书馆业务培训教程
ISBN 978 - 7 - 5027 - 8593 - 2

Ⅰ．①图⋯ Ⅱ．①蔡⋯ Ⅲ．①图书馆工作 - 参考咨询 - 业务培训 - 教材 Ⅳ．
①G252．6

中国版本图书馆 CIP 数据核字（2013）第 141440 号

责任编辑：杨海萍
责任印制：赵麟苏

海洋出版社　出版发行

http：//www.oceanpress.com.cn
北京市海淀区大慧寺路 8 号　邮编：100081
北京旺都印务有限公司印刷　新华书店发行所经销
2013 年 8 月第 1 版　2013 年 8 月北京第 1 次印刷
开本：787mm×1092mm　1/16　印张：18.25
字数：326 千字　定价：36.00 元
发行部：62132549　邮购部：68038093　总编室：62114335
海洋版图书印、装错误可随时退换

《图书馆参考咨询工作基础》编委会

主　编　蔡莉静

副主编　胡亚妮

编　委　王　晓　姚　蕊　穆丽红　卢利平

编者的话

新媒体是相对于报刊、户外、广播、电视四大传统意义上的媒体而言的，被形象地称为"第五媒体"。新媒体环境的形成得益于网络环境的成熟和日新月异的计算机技术的发展。在新媒体环境下，数字期刊、数字报纸、数字电视、数字电影、数字广播、手机短信、网络、桌面视窗、触摸媒体等逐步走进了千家万户，这就使得图书馆的传统资源优势失去了往日独占鳌头的地位，因为纸质文献已不是用户查找资料、获取信息的唯一途径，作为"信息中心"的图书馆也不再是用户获取信息的首选场所，图书馆的生存与发展受到了新媒体的挑战。图书馆必须要转变观念，创新发展。

但是，不论外部环境如何变化，不论信息载体多么复杂，图书馆基础理论和基本技术仍然是支撑图书馆发展变革的基础。学习和掌握图书馆基础知识，提高为读者服务的基本技能，提升图书馆在新媒体环境下的竞争力等等，这是每个图书馆馆员义不容辞的责任和义务。我们在2009年编辑出版了《图书馆馆员学习与岗位培训教程》丛书，为当时各类图书馆的馆员职业培训和学习提供了帮助。在此基础上，针对当前新媒体环境特点，我们编辑了一套《新媒体环境下图书馆业务培训教程》，以满足图书馆业务培训和馆员学习的需要。

这套丛书包括：图书馆利用基础、图书馆基础资源建设、图书馆读者业务工作、图书馆期刊业务与研究、图书馆网络化基础、图书馆参考咨询工作基础、图书馆信息研究与服务。该丛书不仅涵盖了图书馆各项基础业务工作，而且还介绍了图书馆高层次文献信息服务工作，如情报分析与研究、科技查新服务等。本套丛书可以满足图书馆馆员的继续学习和技能培训需求。尽管编者尽最大努力把最新的信息呈现给读者，但是由于网络信息动态更新、毫秒处理的特点，当我们的书出版时也许其中一些内容又有新信息了，但这丝毫不影响该套丛书的参考使用价值，因为图书馆的变化和发展都是以其基础理论和基本知识为依据的。

这套丛书在编写过程中得到了同行专家和图书馆界同仁的鼎力支持和帮助，中国科学院国家科学图书馆的博士生导师初景利教授对本套丛书提出了宝贵意见，在此表示衷心感谢。

该套丛书由蔡莉静策划，编写各册提纲，组织作者编写，并完成了整套书的统稿工作。在此过程中，得到了河北科技大学图书馆和燕山大学图书馆相关领导的支持和帮助，在这里表示诚挚的谢意。

由于编者水平所限，难免书中有疏漏或错误，请广大读者不吝批评指正。

2013 年 6 月

前　言

　　本书从图书馆参考咨询工作概论入手，对图书馆参考咨询的基础工作进行了详细论述，包括参考咨询服务形式、参考咨询服务内容、参考咨询工作程序等。以美国参考咨询人员的现状为基础，论述了我国图书馆参考咨询人员的基本素质和基本条件。介绍了国内外常用的参考咨询信息源，以及参考咨询工作的组织机构和业务管理工作，同时提出了网络环境下图书馆参考咨询工作的具体方法。

　　本书共分十章：第一章 参考咨询工作概论，第二章 图书馆咨询用户的类型与需求，第三章 参考咨询服务形式，第四章 参考咨询服务内容与工作程序，第五章 参考咨询人员的素质，第六章 参考信息源建设，第七章 国内外常用电子参考信息源，第八章 参考咨询工作的组织机构，第九章 参考咨询工作的业务管理，第十章 网络环境下图书馆的参考咨询工作。其中，第一章、第二章由蔡莉静编写，第三章、第四章、第五章、第六章由胡亚妮编写，第七章、第八章、第九章由王晓编写，第十章由姚蕊编写，穆丽红、卢利平参加了本书的审稿工作，全书由蔡莉静统稿。

　　由于水平有限，不妥之处恳请同行和读者批评指正。

编　者
2013 年 6 月

目　次

第一章　参考咨询工作概论 …………………………………………（1）
第一节　参考咨询的概念 ……………………………………………（1）
一、参考咨询的含义 …………………………………………………（1）
二、参考咨询的特点 …………………………………………………（3）
第二节　参考咨询工作体系 …………………………………………（5）
一、参考咨询体系 ……………………………………………………（6）
二、参考咨询体系的构建原则 ………………………………………（7）
三、参考咨询体系的评价 ……………………………………………（8）
第三节　参考咨询的发展历程 ………………………………………（9）
一、萌芽阶段（19世纪下半叶至20世纪20年代） ………………（9）
二、传统参考咨询阶段（20世纪20—80年代） …………………（10）
三、网络化参考咨询阶段（20世纪80年代以后） ………………（11）
四、我国参考咨询的发展 ……………………………………………（12）
第四节　参考咨询的意义 ……………………………………………（15）
一、帮助读者查找资料 ………………………………………………（15）
二、有利于文献资源的综合利用 ……………………………………（16）
三、开展文献检索教育 ………………………………………………（16）
四、为科学研究服务 …………………………………………………（17）
五、为市场经济建设服务 ……………………………………………（17）

第二章　图书馆咨询用户的类型与需求 …………………………（19）
第一节　图书馆参考咨询用户类型及用户心理 ……………………（19）
一、图书馆参考咨询用户类型 ………………………………………（19）
二、图书馆咨询用户心理 ……………………………………………（20）
第二节　图书馆咨询用户的信息需求分析 …………………………（25）
一、人类的社会信息需求 ……………………………………………（25）
二、咨询用户与信息需求分类 ………………………………………（27）
三、咨询用户信息需求的共同心理和规律 …………………………（36）
第三节　网络环境下如何激发咨询用户的信息需求 ………………（37）

1

一、网络环境下信息检索的不足 …………………………………… (37)
　　二、解决方案 …………………………………………………………… (38)

第三章　参考咨询服务形式 …………………………………………… (40)
　第一节　传统咨询形式 ……………………………………………… (40)
　　一、咨询台咨询 ………………………………………………………… (40)
　　二、电话咨询 …………………………………………………………… (43)
　　三、信件咨询 …………………………………………………………… (44)
　第二节　网络咨询形式 ……………………………………………… (45)
　　一、信息推送服务形式 ………………………………………………… (45)
　　二、虚拟参考咨询服务形式 …………………………………………… (46)

第四章　参考咨询服务内容与工作程序 ……………………………… (49)
　第一节　读者咨询服务 ……………………………………………… (50)
　　一、读者咨询服务的范畴 ……………………………………………… (50)
　　二、参考咨询服务的类型 ……………………………………………… (51)
　第二节　用户教育服务 ……………………………………………… (57)
　　一、用户教育的内容 …………………………………………………… (58)
　　二、开展用户教育的形式 ……………………………………………… (59)
　第三节　网络信息资源的组织 ……………………………………… (67)
　　一、信息的选择 ………………………………………………………… (67)
　　二、网络信息的组织形式 ……………………………………………… (68)
　第四节　专题情报研究服务 ………………………………………… (70)
　　一、定题服务 …………………………………………………………… (70)
　　二、自建专题数据库 …………………………………………………… (71)
　　三、剪报服务 …………………………………………………………… (77)
　　四、信息调研 …………………………………………………………… (77)
　第五节　参考咨询工作程序 ………………………………………… (77)
　　一、受理咨询 …………………………………………………………… (78)
　　二、课题分析 …………………………………………………………… (78)
　　三、文献检索 …………………………………………………………… (79)
　　四、答复咨询 …………………………………………………………… (81)
　　五、建立咨询档案 ……………………………………………………… (82)

第五章　参考咨询人员的素质 ………………………………………… (83)
　第一节　参考咨询人员的基本素质 ………………………………… (83)
　　一、良好的职业道德 …………………………………………………… (83)

二、良好的交流能力 …………………………………………… (84)
　　三、较高的外语和计算机能力 ………………………………… (85)
　第二节　参考咨询人员的业务素质 ……………………………… (87)
　　一、扎实的专业基础 …………………………………………… (87)
　　二、广博的知识结构 …………………………………………… (90)
　　三、较强的科研能力 …………………………………………… (91)
　第三节　美国参考咨询人员的素质要求 ………………………… (92)
　　一、美国参考咨询员的专业资质 ……………………………… (92)
　　二、美国参考咨询员的行为方式 ……………………………… (93)
　第四节　参考咨询员的培训 ……………………………………… (95)
　　一、培训形式 …………………………………………………… (96)
　　二、培训内容 …………………………………………………… (97)

第六章　参考信息源建设 …………………………………………… (99)
　第一节　建设参考信息源的意义 ………………………………… (99)
　　一、拓展服务内容 ……………………………………………… (99)
　　二、深化咨询服务 ……………………………………………… (99)
　　三、增强教育职能 ……………………………………………… (100)
　第二节　参考信息源的类型与特点 ……………………………… (100)
　　一、参考信息源的类型 ………………………………………… (100)
　　二、参考信息源的特点 ………………………………………… (100)
　第三节　参考信息源建设原则与策略 …………………………… (101)
　　一、参考信息源建设的原则 …………………………………… (101)
　　二、参考信息源建设的策略 …………………………………… (102)
　　三、参考信息源建设中存在的问题 …………………………… (106)
　第四节　传统参考信息源 ………………………………………… (107)
　　一、检索型信息源 ……………………………………………… (107)
　　二、知识型信息源 ……………………………………………… (110)
　　三、数据图表型信息源 ………………………………………… (115)
　　四、建立颇具个性化的参考工具书体系 ……………………… (117)
　　五、参考工具书的使用原则 …………………………………… (118)
　第五节　电子参考信息源 ………………………………………… (118)
　　一、电子参考源的概念 ………………………………………… (118)
　　二、电子参考源的特点 ………………………………………… (119)
　　三、电子参考源的类型 ………………………………………… (120)

四、数据库 ……………………………………………………（122）
　　五、网络搜索引擎 ………………………………………………（124）
　　六、电子工具书 …………………………………………………（131）
第七章　国内外常用电子参考信息源 …………………………（132）
　第一节　国内外常用数据库 ……………………………………（132）
　　一、国内常用数据库 ……………………………………………（132）
　　二、国外常用数据库 ……………………………………………（140）
　第二节　国内外常用搜索引擎 …………………………………（154）
　　一、中文网络搜索引擎 …………………………………………（154）
　　二、英文网络搜索引擎 …………………………………………（158）
　第三节　电子版或在线参考工具书 ……………………………（160）
第八章　参考咨询工作的组织机构 ……………………………（164）
　第一节　参考咨询机构的设置与管理 …………………………（164）
　　一、参考咨询机构的设置 ………………………………………（164）
　　二、参考咨询机构建设的原则 …………………………………（166）
　　三、参考咨询机构的管理模式 …………………………………（168）
　第二节　参考咨询人员的设置 …………………………………（172）
　　一、兼管型参考咨询员 …………………………………………（172）
　　二、专管型参考咨询员 …………………………………………（173）
　　三、学科参考咨询员 ……………………………………………（173）
　　四、参考咨询网络的建立 ………………………………………（174）
　第三节　参考咨询内容的选择 …………………………………（175）
第九章　参考咨询工作的业务管理 ……………………………（176）
　第一节　参考咨询工作平台 ……………………………………（176）
　　一、参考咨询场所 ………………………………………………（176）
　　二、参考咨询部的设备、用品以及技术支持 …………………（178）
　第二节　参考信息源的配置与布局 ……………………………（180）
　　一、参考咨询文献布局应遵循的原则 …………………………（180）
　　二、参考咨询文献的合理布局 …………………………………（182）
　第三节　参考咨询日常工作管理 ………………………………（184）
　　一、参考咨询工作的记录和统计 ………………………………（184）
　　二、参考咨询档案的建立 ………………………………………（187）
　　三、参考咨询的评估工作 ………………………………………（193）

第十章 网络环境下图书馆的参考咨询工作 (202)

第一节 网络环境对图书馆参考咨询工作的影响 (202)
一、网络环境简介 (202)
二、网络环境对图书馆参考咨询工作的影响及特点 (202)

第二节 网络环境下的参考咨询服务 (205)
一、网络（数字）参考咨询服务的概念 (205)
二、网络（数字）参考咨询服务特点及类型 (205)
三、网络环境下参考咨询的工作机制 (207)

第三节 典型的网络（数字）参考咨询服务介绍 (209)
一、国外几个数字参考服务案例分析 (209)
二、国内几个数字参考服务案例分析 (219)

第四节 网络参考咨询服务质量评价 (229)
一、网络参考咨询服务质量评价的意义 (229)
二、影响网络参考服务质量的因素 (230)
三、网络参考咨询服务质量评价体系 (230)

第五节 网络（数字）参考咨询服务存在的问题 (232)

第六节 网络环境下参考咨询服务发展的趋势 (233)

第七节 我国网络参考咨询工作研究的重点 (235)
一、几个理论问题 (235)
二、信息（特别是电子信息）产权问题 (236)
三、数字参考咨询的运营机制与经费支持 (236)
四、网络咨询者的隐私保护问题 (236)
五、网络参考咨询评价问题 (236)
六、网络化咨询合作问题 (236)
七、网络参考咨询的社会化、产业化问题 (237)
八、数字参考咨询馆员制度化 (237)
九、数字参考咨询标准规范的建立 (237)

附录1 学科资源数据库目录 (238)

附录2 科技查新规范 (250)

参考文献 (274)

第一章 参考咨询工作概论

参考咨询是图书馆工作的重要组成部分，相对于图书馆的采访、编目、流通、阅览等环节，参考咨询还是一个比较年轻的工作，但也是更具活力、更能体现图书馆服务的增值作用和馆员价值的工作，是读者服务工作的深化和拓展。传统文献借阅服务是为了满足读者的共性需求，而参考咨询是为了满足读者的个性化需求。参考咨询员需要综合地利用各种信息检索方法和服务手段，解决读者在查找信息过程中遇到的各种疑难问题，帮助读者更有效地利用图书馆。

现代信息技术的迅速发展，改变了文献资源的存储方式、检索方式以及交流与传播方式，使文献资源向数字化方向发展。这不但给传统的馆藏文献结构和图书馆管理模式带来了革命性的变化，而且给读者利用图书馆带来了越来越多的问题，读者越来越需要图书馆参考咨询员提供各种各样的帮助。同时，图书馆管理的重心开始从重视二线的文献资源的组织和管理转向重视一线的读者服务工作，参考咨询服务的水平更成为衡量现代图书馆整体服务水平的重要标志。

本章将详细阐述参考咨询的定义、特点、工作体系、发展历程以及参考咨询的重要意义等内容。

第一节 参考咨询的概念

一、参考咨询的含义

参考咨询服务（Reference Service 或 Reference Work）是图书馆应广大读者的需求而开展的一项服务，是图书馆传统的读者服务工作的延伸和发展。关于参考咨询的定义，美国参考咨询专家威廉·A·卡茨在《参考工作导论》一书中指出："参考咨询最基本的含义是解答各种问题。"《英国大百科全书》中的定义为："参考咨询是参考咨询员对各个读者在寻求情报时，提供个别的帮助。"这两个定义明确指出：参考咨询的本质就是解答读者在利用图书馆时遇到的问题。北京大学、武汉大学合编的《图书馆学基础》指出："参考咨询工作的实质是以文献为根据,通过个别解答的方式,有针对性地向读者提供具体的文献、文献知识或文献途径的一项服务工作。"该定义明确指出参考咨询的基础是文献,参考咨询服务以文献为主要依据,针对读者在获取信息资源过程中提出的各种疑难问题,利用各种参考工具、检索工具、互联网以及有关文献资源,为读者检索、揭示、提供文献及文献知识或文献线索,或在读者使用他们不熟悉的检索工具方面给予辅导和帮助,以解答读者问题。由于解答问题的主要依据是图书馆现有的文献或其他参考源等,且提供的答案又是参考性的,所以,对于这类服务多称作"参考咨询服务"、"参考服务"、"咨询服务"等。

参考咨询员的任务就是对于寻求情报资料的读者给以积极的帮助,对他们所需的某些知识或文献方面的有关疑难给予迅速和积极的解答。关于参考咨询服务的内容,在不同的时期有不同的看法。早期图书馆界认为,参考咨询的内容只限于提供书目。由于读者对图书馆缺乏足够的了解,不知道图书馆能够提供什么文献资源,咨询服务的内容大多停留在帮助读者利用各种书目工具查找图书馆的馆藏资源。

随着读者需求层次的不断提高,参考咨询业务水平也迅速发展,参考咨询员开始利用图书馆丰富的工具书为读者解答大量的知识性问题。这时,参考咨询的内容除了书目检索服务外,开始直接回答一些具体的问题,参考咨询员尽可能为读者提供有关问题的直接答案,以满足读者的信息要求。随着参考咨询问题的不断深入,参考咨询服务的内容也开始不断拓展和深化,参考咨询服务除了传统的书目服务、文献检索服务、阅读辅导外,还涉及一些比较深入的定题服务、技术服务、网络资源导航服务等。例如,图书馆为用户就某一课题、产品、决策、管理或者其他专门问题而提供相关信息的搜集、检索、整理、分析、研究等服务,并提出相应的建议、结论或方案。这类参考咨询服务的对象已经不限于读者,而是扩展到社会上的各种用户。参考咨询所借助的信息资源除检索和收集现成的信息以外,还需要咨询人员实地调查和采集。参考咨询服务的内容经常需要进行一系列复杂的信息整理、分析和研究等工作,并提交相应的研究成果或者研究报告等信息产品。这种比较专业的信息服务在性质上应属于知识创新,它通过信息的集中、浓缩、重组、综合等方式产生新的信息,如综述、述评、分析报告等,这些新信息能够为用户提供额外的价值。

随着形势的进一步变化,当前有许多图书馆不仅提供基于馆藏文献资源的信息服务,而且还提供一系列扩展服务。例如,随着数字图书馆建设的发展,图书馆为用户进行专题研究提供了计算机、扫描仪、打印机、多媒体设备，安静独立的研究空间等先进的设备和设施；图书馆为各种学术文化和社会事务活动提供了场所、设施和组织策划等；图书馆向用户提供打印、复印、装订、扫描、磁带复制、光盘刻录、电子邮件收发、数字化加工制作等服务。这类扩展服务有的和文献信息服务结合在一起向用户提供，有的则独立地向用户提供服务。用户在利用图书馆这些扩展服务的过程中，显然也会需要图书馆提供相应的咨询服务，诸如服务的制度和规定、设施设备的使用方法、会场布置方案、主题内容策划和活动程序安排等方面的咨询问题。这种新的咨询服务的出现，使得图书馆咨询的服务用户和服务领域空前广泛。

随着网络技术在参考咨询中的应用，参考咨询的方式方法也发生了根本性的变化。一方面是虚拟参考咨询的兴起，馆员与用户之间的联系、文献传递等都是依靠网络进行的。另一方面是联合咨询的出现，参考咨询问题的解答往往依靠一馆之力是不够的，需要联合多个图书馆的咨询专家共同完成。于是又出现了"网络参考咨询"、"虚拟参考咨询"、"实时参考咨询"、"合作参考咨询"等概念。

二、参考咨询的特点

参考咨询的服务内容不断地深化和拓展，其服务方式也呈现出现代化、网络化、多样化的趋势，致使参考咨询成为读者服务中最活跃的内容，并表现出以下特点。

1. 服务性

从本质上说，参考咨询仍然属于读者服务工作的范畴，服务性是参考咨询最基本的特征。参考咨询是在图书馆传统的工作流程采访、分类、编目、典藏、流通、阅览的基础上开展的一项重要内容。在参考咨询过程中，馆员通过个别解答读者提问，来满足读者的个性化需求，服务内容与其他部门的读者服务工作有着千丝万缕的联系，是读者服务的延伸和发展。

2. 针对性

从参考咨询服务的目的来看，它具有很强的针对性。参考咨询主要针对读者的学习、工作与生活中所遇到的问题，提供文献信息服务，以满足读者越来越个性化的服务需求。读者需求是开展咨询服务的前提，没有读者需求，也就没有图书馆的咨询服务，所以调查了解读者的信息需求是开展参考咨询服务的基础。各类型各层次的图书馆的服务对象是不同的，参考咨询应根据图书馆的方针和任务开展读者需求调查研究，以分清工作的轻重缓急，明确服务重点。比如，公共图书馆担负着为所在地区的党政机关和有关的企事业单位服务的任务，参考咨询的重点是政府决策和经济建设；高校图书馆重点为学校教学与科研服务，参考咨询的对象主要是教师和学生，服务的重点是教育与科学技术；科研单位图书馆主要为本系统科研工作及领导决策服务，参考咨询的服务内容专业性很强。

3. 多样性

从参考咨询的内容和形式来看，参考咨询呈现出多样性的特点。首先，读者咨询问题多种多样，来源广泛。有来自社会各个部门的咨询问题，也有涉及学科领域的专门问题；有综合性的咨询，也有专题性的咨询；有文献信息咨询，也有非文献信息咨询。当然，并非读者提出的一切问题，图书馆都应给予解答，只有属于图书馆服务范围的问题，才是参考咨询的服务内容。其次，参考咨询形式多样化。从读者提问的形式看，有到馆咨询、电话咨询、信件咨询、网络咨询等多种形式；从馆员对具体问题所采取的形式看，有文献检索方法辅导、提供文献线索、提供原文、定期提供最新资料、提供专题研究报告等。

4. 实用性

从参考咨询工作的效果来看，具有一定的实用性。首先，读者在实际生活、工作和学习中，必然会碰到各种各样的问题，参考咨询馆员帮助读者获取资料和利用图书馆资源，节约读者查找资料的大量时间。其次，参考咨询服务还有利于深入开发文献资源，提高文献资源的利用率，为科技人员、领导决策和企业发展提供丰富的文献资源和动态信息。例如，随着图书馆情报职能增强和现代化技术的应用，高校图书馆从优化资源配置，提高服务质量、方便读者等方面入手，在保证为高校的教研工作提供服务的基础之上，扬长避短，立足实用参与社会情报服务，为社会提供实用易得的经济信息服务。参考咨询突出体现了图书馆的情报职能与教育职能，它所表现出来的工作水平与开发能力反映了图书馆服务的优劣，参考咨询工作的社会价值体现在工作效率、社会效率和为经济建设服务的效益等方面。

5. 智力性

从参考咨询所需的技术来说，它属于一种知识密集型的智力劳动。图书馆参考咨询服务不像外借流通服务那样直接简单地为读者提供原始文献，在解答读者咨询问题中，除少数的咨询问题可以仅凭借图书馆工作人员的知识和经验就能立即回答外，大部分问题都要将对文献的检索、加工、整理、分析、研究等活动结合起来，其工作的实质就是以文献查找、选择与利用为依据，向读者提供具体的文献、文献知识和文献检索途径，它是一种复杂的、学术性较强的、对服务人员素质要求较高的服务方式。例如，在一些大型图书馆，已有专门的情报研究工作，开始为政府、企业、科研开展深层次的研究服务，提供辅助决策功能。图书馆一般都设立了专门的部门或工作人员，从事定题跟踪服务、专题文献调研、编制专题文献书目、文摘、论文索引或特定的资料汇编等工作，还可以承担课题立项、科技专题查新、专利申请等更深阶段的服务。这种服务主要针对一些较固定读者，具有长期性和相对的稳定性，这要求咨询工作人员具备较高的专业技能并要付出大量额外的工作。

6. 社会性

图书馆是信息产业的有机组成部分，主要具有保存人类文化遗产、开展社会教育、传递科学信息和开发智力资源四种社会职能。参考咨询服务是一种开放性的社会服务系统。首先，咨询服务对象具有鲜明的社会性。参考咨询服务就是图书馆运用各种方法帮助读者解答在科研和生产中需要查阅文献资料而出现的疑难问题，为读者提供所需的文献和情报。随着社会信息化程度的不断提高及图书馆服务观念的转变，参考咨询服务的社会化程度日益加深，服务对象与范围进一步扩大。尤其是开展了合作咨询和网上咨询服务以后，其服务对象已不再限于馆内读者，本社区乃至跨地区、跨国界的有关用户都可能成为服务对象。其次，咨询队伍具有鲜明的社会性。由于科学技术的发展，科学知识与信息资源急剧增长，光靠一个图书馆的力量已无法单独完成各种资源库的建设及各种咨询问题的解答，更谈不上各种咨询软件的研制与开发。知识与资源的共建共享势在必行，咨询队伍建设的协作化与社会化进一步发展，出现了跨地区跨国界的合作咨询。再次，咨询服务内容具有社会性。随着图书馆日益融入社会信息化的浪潮之中，参考咨询服务的内容也由过去以学科咨询、专业咨询为主转向为广大用户提供涵盖学习、生活、工作等方面的各类社会化信息，以最大限度满足用户日益增长的信息需求。

第二节 参考咨询工作体系

参考咨询工作的开展涉及多个方面的因素，如咨询台、咨询人员、参考文献源、咨询内容、咨询模式等。各个因素相互依赖、相互作用，共同形成参考咨询工作体系。因此，采用系统的观点来分析参考咨询体系的构成要素、明确构建原则、合理配置各项咨询要素、规范工作模式，将有助于提高参考咨询工作的效率和质量。

一、参考咨询体系

要构建合理有效的图书馆参考咨询体系,首先必须明确其构成要素。参考咨询体系的构成要素很多,主要包括以下6个方面。

1. 咨询对象

不同的图书馆具有不同的任务、不同的用户群体,参考咨询工作首先应根据图书馆的根本任务,分析用户群体的构成、需求特点,确定参考咨询服务对象。

2. 服务内容

在用户需求分析基础上确定参考咨询工作的服务内容和服务形式。目前,图书馆提供的咨询内容丰富多彩,形式多种多样。在服务内容上,有针对图书馆基本情况的问题,如馆室结构、藏书布局、机构设置、服务项目(包括基础服务和扩展服务)、开放时间、规章制度等方面的一般性问题;也有比较专深的检索类问题;还有各种宣传活动和专题讲座等,如各种信息发布、信息资源的宣传、文献检索方法的培训、网络资源导航、观看录像、组织实地参观、文件传输(FTP)和视频点播(VOD)服务、学术讲座、专题展览等。此外,文献资源的数字化建设和专题数据库建设也是参考咨询的重要内容。在服务形式上,馆员与用户互动,有面对面的交流、通信、电话、传真、E-mail、虚拟咨询台等咨询方式。各馆面对的用户群体不同,其信息需求也不同,参考咨询的服务内容应根据用户实际需求进行选择。

3. 参考咨询员

参考咨询员是咨询的主体,是整个咨询体系中最活跃和最具决定性的因素。一般大型图书馆都建立专门的咨询部门,配备专职的参考咨询员,开展各种咨询服务。参考咨询员的业务素质和工作态度对咨询的成败和质量具有第一决定性的影响,因此,选择优秀的参考咨询员是咨询工作的首要内容。

4. 参考信息源

参考信息源是开展参考咨询工作所必需配备的各种常用文献资源,包括各类检索工具书和电子资源。对于一些简单的常规性问题,咨询人员通常可以凭借其知识和经验即时解答,但是对于比较复杂和专深的问题,咨询人员则必须借助一定的咨询信息源才能做出解答。这些咨询信息源通常包括各种工具书和数据库,但在必要时还须综合运用多种文献信息资源。即使是针对用户在利用图书馆场所、设施和组织策划服务中提出的咨询问题,有时也需要一些特殊的咨询信息源，例如，有关该项服务的介绍资料、服务制度和规定、设施设备的使用说明书、成功案例资料、合同样稿、多媒体演示系统等。

5. 参考咨询平台

参考咨询工作要有一定的场所、设施和其他技术手段来支持，它们的总体可以视为一个参考咨询平台。参考咨询平台包括参考咨询服务台、参考工具书、电话、电脑、打印及网络设备、文献资源数据库等。图书馆一般在馆内设置总咨询台，并配备专职或兼职的总咨询员。总咨询员应对全馆的基本情况和各业务部门的服务内容和程序都有比较深入的了解，并且最好能够熟练使用各种工具书、熟悉本馆目录系统和常用数据库的基本检索方法，以备用户对这些问题的咨询。

6. 咨询规范

咨询规范规定了开展咨询工作的方法、程序和制度，是使咨询人员、咨询信息源和咨询平台联合在一起的桥梁。咨询规范的内容主要包括：咨询服务管理办法、咨询受理和服务程序、用户咨询须知、咨询服务公约、咨询收费标准、咨询合同和咨询报告的标准文本格式、咨询档案和咨询统计管理制度以及图书馆的相关规章制度和国家的相关法律法规（如《科学技术保密规定》）等。对于一些特殊性质的咨询工作，还必须遵守国家有关的专门规范，例如，科技查新咨询就必须严格执行科技部制定的《科技查新机构管理办法》和《科技查新规范》等规范文件，建立一套完善的咨询规范体系，对咨询工作进行规范化管理，这是提高咨询服务水平的重要保证。

上述几个要素相互支持、互为一体、相辅相成、缺一不可，共同组成了图书馆的参考咨询体系。

二、参考咨询体系的构建原则

在以上思路的基础上，各图书馆应结合本馆实际情况，协调各项咨询要素的建设与配置，力争构建一个全面、高效、优化、开放的综合咨询体系。参考咨询体系的构建必须根据图书馆的实际需要，同时坚持如下原则。

1. 坚持"以人为本"

从我国参考咨询发展现状可以看出，图书馆参考咨询服务是围绕资源展开的，而不是围绕用户需求展开的。参考咨询注重馆藏文献资源的利用与开发，而忽视对用户需求和围绕用户需求的现代信息服务保障体系的研究。参考咨询是用户与馆员之间的交流行为，说到底是人与人之间的交流行为，因此参考咨询要牢固树立"以人为本"的原则。首先要以用户为中心，深入研究用户需求特点，建立综合信息服务体系，尽可能为用户提供各种方便，满足用户的各种合理要求；其次，要以馆员为本，通过营造方便、舒适、快捷的咨询工作环境，充分调动馆员的积极性、能动性和创造性，开展深层次的服务，提高参考咨询服务的水平。

2. 坚持服务至上

参考咨询本身就是服务的重要组成部分，其目的也是为了提高服务的质量和效率，它与服务是互为一体的。因此，要坚持在咨询中服务，在服务中咨询，以咨询促进服务，以服务推动咨询。只有坚持咨询与服务的紧密结合，才能谋求图书馆服务与管理的不断发展。

3. 坚持分工与协作相结合

图书馆本身是一个协作性非常强的机构，参考咨询用户来自社会各行各业，咨询问题五花八门。用户需要的是具有参考价值的、高质量的、特殊的个性化信息，而不是优劣混杂、质量低下的相关信息。要回答用户的各种咨询问题，往往依靠一个图书馆的力量是远远不够的，所以参考咨询工作中既要有所分工，各司其职，又要体现团结协作，联合多个图书馆的咨询专家共同开展咨询服务，满足各个社会领域的众多用户对信息的不同层次、不同角度的需求。

4. 坚持实用性

参考咨询工作体系的建立应突出实用性，包括服务内容要坚持全面性，能够覆盖图书馆的全部服务领域；反应机制要坚持高效、快速、敏捷，并且在运行过程中不断优化；咨询服务要对用户呈现最大限度的开放性，让用户和馆员都能感觉到咨询体系的存在，感觉到咨询体系的运行和动态性特征。

三、参考咨询体系的评价

对所构建起来的参考咨询体系，图书馆应组织定期评价，以谋求不断优化和改进。在评价时主要可以从以下两个方面加以考察。

1. 评价各项要素的建设状况

主要考察各项要素的建设与配置状况能否满足咨询工作的需要，如咨询人员数量是否足够，资质是否合格，结构是否合理；咨询信息源是否全面充分；咨询平台功能是否齐全、优良；咨询规范体系是否健全，咨询档案记录和业务统计制度是否规范；各项要素的配置是否合理、优化等。

2. 评价参考咨询体系运行状况和效果

主要考察综合咨询体系的运行是否顺畅，运行效果如何，是否达到预期的目标，是否确实促进了图书馆的各项服务和管理工作；咨询工作的业务数量有多少，各类咨询业务的分布情况如何；用户是否满意，满意率有多少，满意程度如何；所建立起来的咨询体系是否有疏漏，是否覆盖了图书馆的全部服务区域，是否体现了综合咨询体系的最初理念，是否确实和始终坚持了事先确定下来的那些指导原则等。

在具体的评价工作中，可以事先制定一系列比较详细的评价指标，将这些指标与实际情况加以对照比较做出评判。应该说，当前我国图书馆事业的发展是相当快的，许多图书馆的服务领域不断扩大，服务手段不断革新。与此相应，咨询工作和咨询理论也应谋求不断发展和创新。

第三节　参考咨询的发展历程

图书馆参考咨询服务并非生来就有，它的出现远远落后于图书馆的出现，是图书馆发展到一定水平的产物。参考咨询起源于19世纪80年代，经历了从无到有、从传统到现代的百年演变，服务内容和服务形式也不断发展变化。从近代开始，围绕指导读者利用图书馆开展的参考咨询工作开始成为图书馆的一项业务。纵观参考咨询工作的发展，大体经历了三个大的阶段：萌芽阶段、传统参考咨询阶段、网络参考咨询阶段。

一、萌芽阶段（19世纪下半叶至20世纪20年代）

古代图书馆的功能主要是收集、保存文献，读者范围也仅限于极少数的贵族读者。由于文献数量相当有限，读者根本就不需要任何参考咨询服务。到了近代，图书馆逐渐成为一种社会文化设施，面向广大公众开放，其社会功能也由收集、保存文献发展到普及科学文化知识，进行社会教育。到19世纪下半叶，由于科学技术的发展，各学科之间相互交叉渗透，文献信息量剧增，读者的文献需求增加，传统的借借还还服务远不能满足读者需求，参考咨询服务便应运而生。

参考咨询工作是最早在美国公共图书馆和高等院校图书馆开展起来的，是近代科技、教育、文化发展，书刊资源日益丰富以及世界图书馆事业蓬勃发展的产物。大约在1850—1870年期间，美国图书馆界开始变革观念，提出图书馆员并非单纯的图书保管员，而应有学术上的地位与责任。1870年以后图书馆员开始以技术员的身份对图书进行分类、编目，用科学的方法管理图书，同时开始负起指导读者使用图书资料的责任，参考服务概念逐渐萌生。1876年，美国麻省伍斯特公共图书馆馆长塞缪·斯威特·格林（S. S. Green）在美国图书馆协会第一届大会上提出《馆员和读者之间的个人关系》论文，提出图书馆对要求获取情报资料的读者应给予个别帮助，倡导开展帮助读者利用图书馆的服务，这标志着参考咨询服务的正式诞生。1883年波士顿公共图书馆为适应读者的需要首次设置专职参考馆员和参考阅览室。接着哥伦比亚大学图书馆也在1884年设置了有2名专职参考咨询员的参考咨询部。1890年左右，出现了"参考工作"这个术语。1891年，在美国《图书馆杂志》索引上，首次出现"参考咨询工作"这个索引词，并用它代替了"馆员对读者帮助"的概念。此后，为了强调其服务性质，又出现了"参考咨询服务"的概念。十几年间，参考咨询服务作为近代图书馆的重要标志风行美国并推向世界。1920年，威廉·沃纳·毕晓普（Willian Warner Bishop）在他的《参考服务工作理论》（Theory of Reference Work）一书中指出：参考服务工作是图书馆为帮助读者迅速而有效地使用图书馆而做的有系统的工作，这是最早的对参考服务工作一词的概念界定。此后，参考咨询服务理念逐渐被图书馆界接受。

二、传统参考咨询阶段（20世纪20—80年代）

20世纪20年代以后，参考咨询作为一项崭新的服务形式引起图书馆的关注。多数图书馆，尤其是公共图书馆，首先配备专职工作人员、专门藏书，并设立专门的工作部门，开展咨询性服务。参考咨询服务内容主要是利用图书馆的书目工具来帮助读者查找图书、期刊、报纸等文献资料。参考咨询工作以其机动、灵活的服务方式和显著的效果得到进一步巩固，并以强大的生命力向纵深发展，成为图书馆工作的一部分。到40年代，参考咨询开始进一步回答事实性咨询，为读者提供现成的答案。到50、60年代，随着科学技术的飞速发展，文献数量急剧增长，为了快速查找文献资料，图书馆需要编制大型的检索工具书，如大型联合书目、文摘型检索工具等。这一时期出现了大量大型的书目、文摘、索引类型的参考工具书，开展了专题文献检索、文献代查代译、定题跟踪服务等服务项目。发达国家的专业图书馆，如立法、工业、商业、研究图书馆，在服务实践中以藏书和人员配备上的优势，逐步扩大服务的范围，设置了新的情报机构，建立信息库、思想库，提倡并开展专题情报研究、专题文献评价以及综合情报服务，参与重大决策。这类服务为发展咨询服务的技术和理论研究奠定了较好的基础。

20 世纪 20 年代初，参考咨询理论传入中国，清华大学图书馆首先成立参考部，1929 年国立北平图书馆成立参考组。随后一些大型图书馆不同规模地开展了参考咨询服务，并结合中国目录学的传统，编纂了大量书目索引。我国在 50 年代以后，参考咨询服务范围不断扩大，到 60 年代初成为图书馆重要服务方式，配合科学研究编制了大量专题书目索引。

参考咨询服务主要采取直接服务和间接支持服务两种形式。直接服务是馆员与读者之间的直接接触，包括咨询解答、指导使用图书馆以及阅读辅导工作。间接支持服务是指通过建立和健全各种书目和工具书，为读者查阅、获取有关资料提供方便。在传统参考咨询阶段，参考咨询理论研究开始进一步探讨参考咨询工作在图书馆的地位、与读者的关系、服务内容与形式、咨询方法与技巧、读者需求特点等具体问题。参考咨询工作也蓬勃发展，各级各类图书馆纷纷建立参考咨询部门，开展了形式多样的参考咨询服务工作，极大地推动了图书馆事业的发展。

然而，传统的参考咨询工作内容单一、重复，一般是被动地等待读者提出问题，然后利用本馆的馆藏书刊等，有针对性地为他们查找资料提供文献服务。这种服务方式信息处理方式陈旧，浪费大量时间和精力，已不适应形势发展的需要，不能保证信息的时效性、系统性、完备性。与此同时，计算机技术的发展使一些专门从事文献检索服务的专业公司开始出现，他们具有一定的精力考虑和试验新技术、新载体的应用，开发了一批规模不等、学科各异的数据库，并逐渐实现了联机检索。随着大量文献性数据库、数值性数据库、事实性数据库的相继涌现，参考咨询开始进入跨地区网络化服务阶段。

三、网络化参考咨询阶段（20 世纪 80 年代以后）

20 世纪 80 年代以来，计算机技术和网络环境全方位地改变着图书馆的各项服务工作，图书馆从一个相对封闭的信息环境走向无限广阔的信息空间。一方面，图书馆信息资源环境发生了巨大的变化，参考文献源除了传统的纸本文献外，还有大量的电子文献资源和网络信息资源（如大型文献数据库）；另一方面，信息技术改变了图书馆的传统工作模式，图书馆管理和信息服务实现了自动化和网络化。随着虚拟参考咨询台的建立，参考咨询馆员与用户之间的信息交流和文献传递也依靠电子邮件、Web 网页开展，参考咨询工作进入网络化发展阶段。

网络参考咨询包含两个层次的内容。

第一层次是传统咨询服务内容的网络化，即利用网络技术实现传统的参考咨询服务项目，如常见问题解答（FAQ）服务、电子邮件服务、信息推送服务、网上数据库查询、在线咨询服务、读者教育园地等。网络参考咨询的优点在于：第一，不受时空限制。参考咨询服务方式不受时间的限制，实行全天开放，随时接受读者的信息咨询，并在最短的时间给予正确的答复。第二，能够提供图、文、声一体化信息资源。第三，服务内容多元化发展。读者的信息需求也不仅仅局限于单一的文献借阅服务，而是向诸如光盘检索服务、读者培训服务等全方位信息服务方向发展，用户可随时随地上网查询，从而使大规模、整体化开发和利用信息成为可能。

第二层次是联合虚拟咨询服务，又称合作参考咨询。联合虚拟咨询是由多个图书馆或咨询机构建立起协作关系，采用分工协作、专业化、社会化、开放性的大生产经营观念，充分利用各自的信息资源特色和人才优势，并协调服务时间，每周 7 天每天 24 小时为用户提供咨询服务的一种新型服务形式。联合虚拟咨询是图书馆数字参考服务的未来发展方向，突破了传统图书馆的界限，参考信息源不再局限于本馆资源，而是集电子文献和网络信息资源于一体；咨询馆员也不再局限于本馆馆员，而是由参与合作的参考咨询员和学科专家所组成的参考咨询服务团队；服务对象也不再局限于本馆读者，而是面向全球用户。如由英国 60% 以上的公共图书馆组建的 EARL 项目提供 Ask A Library、美国国会图书馆等组建的 CDRS 项目、美国教育部资助的面向中小学的 VRD 项目、上海图书馆牵头的"网上联合知识导航站"、国家图书馆建立的"全国图书馆信息咨询协作网"等。

网络技术的发展打破了时空上的限制，改变了文献加工和信息检索的手段和方法，使广大咨询服务人员有可能摆脱繁重而枯燥的手工操作，集中时间和精力从事较高层次的思维劳动，如专题文献分析研究以及其他形式的深层服务等。在网络环境下，图书馆信息载体多样化发展，信息来源多元化，参考咨询工作彻底变革传统的被动的服务方式，向动态服务、横向服务、层次服务方向发展，服务方式也由单一性向多样性方向发展。互联网丰富的信息资源和方便的通信方式，将人类社会带进了信息时代。读者查找信息、文献已不仅仅只限于图书馆。所以图书馆员只有与读者接触，进行社会调查，了解社会对图书馆工作的愿望和要求，才能及时调整自己，适应时代的潮流，也才能取得图书馆事业的蓬勃发展。

四、我国参考咨询的发展

我国参考咨询工作的发展历史相对较短，发展速度却很快，已经逐渐走出"借借还还"的旧模式，建立起参考咨询的服务体系。总体上，我国参考咨询的发展呈现出如下特点。

1. 网络参考咨询迅速发展

网络技术给参考咨询工作带来了新的发展机遇，带动了参考咨询服务的迅速发展，服务内容不断拓展和深化，服务形式越来越多。具体表现在：

（1）利用信息技术，研究开发"一站式"信息集成系统，将不同类型的文献资源融合为一个统一的信息检索系统，开展信息定制与推送，提供基于网络的虚拟参考咨询服务，以知识管理方式提供个性化服务，根据用户需求，建立"我的图书馆"开展个性化服务。

（2）利用网页宣传图书馆的文献资源和各种服务形式，通过电子邮件、Web表单形式实现与用户的交流。

（3）充分发挥知识导航的特长，利用先进的网络技术和对信息的过滤、分析能力，不断地开发和挖掘信息资源，实施知识管理，为科研人员开展个性化定制信息服务。把科研人员需求的、无序的文献信息进行分离重组，通过网络快捷方便地提供给用户，使科研人员在任何时间地点都能方便地获取所需信息，实现与图书馆的双向实时沟通，变静态服务为动态实时跟踪服务。

（4）加强对国内外馆藏资源和网络资源的整合。参考咨询突破馆藏资源服务范围的局限，主动与各基层用户联系，了解科研人员的文献信息需求，征求书刊征订意见，宣传图书馆文献资源和服务内容，并积极开发网络信息资源。

（5）建立了各种各样的读者教育栏目，普及文献检索知识，开展各种形式的读者教育活动，提高读者利用各种类型文献的方法和技巧。

2. 合作咨询初见成效

文献资源的共建共享促进了合作咨询的发展。1998年由国家发展计划委员会批准实施的CALIS（中国高等教育文献保障体系）作为一个广域网环境下的文献信息共享服务系统，为合作咨询的顺利开展奠定了良好基础。目前我国已经初步建立了几个合作参考咨询系统，但都还不够完善。

（1）全国图书馆信息咨询协作网

全国图书馆信息咨询协作网是由中国国家图书馆牵头组建，吸纳了全国各种类型的图书馆为网员，是我国图书馆向合作参考咨询服务发展迈出的第一步。所有网员都可以以信息提供者和信息需求者的双重身份参与信息交流活动，各个成员都有自己的问答系统和知识库，可以进行音频、视频、电子白板等实时信息的交互，可以利用有关的技术以感知其他成员的情况，从而开展各个成员馆之间的咨询合作。该网为建立图书馆咨询部门之间的协作关系营造了一个良好环境，使之呈现出优势互补、资源共享的特点。目前加入该网的图书馆还比较少，需进一步发展成员馆。

(2) 网上联合知识导航站

网上联合知识导航站是2001年5月推出的一个合作化参考咨询服务项目，由上海图书馆牵头，联合了上海交通大学图书馆、复旦大学图书馆、华东师范大学图书馆、同济大学图书馆、上海社会科学研究院图书馆、中科院上海文献情报中心的16位长期从事情报与参考咨询服务工作的中青年参考馆员骨干，形成了一个分布式的虚拟参考专家网络。该项目采用了一种合作化的专家服务模式，在该系统中每位专家负责若干专题的咨询问题，用户在上海图书馆提供的统一界面下可以在所提供的专家中，自行指定其中的某一位，以Web表单形式进行提问并获取答案。在用户与专家之间进行提问与问答的交互中，上海图书馆中心数据库对提问和问答进行监控管理，导航站管理中心同时提供已有问答的数据库供用户参考。该项目还不能实现实时交互服务，只是一种电子表格和电子邮件相结合的方式，也即当读者碰到问题时可以直接给选定的咨询员填写电子表格，电子表格经过系统转换成电子邮件，电子邮件再被送给专家，专家则被允许在一周内以电子邮件方式回答读者提问。

(3) 图书馆专家联合导航系统

图书馆专家联合导航系统，是由广东省中山图书馆、超星数字图书馆以及广东省的其他一些公共图书馆组成的。该系统已经实现了无须通过任何传统的工作流程，而完全利用数字化技术提供即时信息的服务模式。它可以实现联机实时提问和解答。当咨询员在网上发布咨询答案的同时，系统还能自动地给提问者发出一封电子邮件，通知读者收取答案。另外，系统还允许读者在线阅读原文，或者把电子图书下载到本地硬盘上来阅览。

3. 整体水平有待提升

虽然我国参考咨询工作有了很大发展，但是，各级各类图书馆参考咨询工作的整体发展水平还参差不齐。

从参考咨询人员看，图书馆普遍缺乏参考咨询专业人才。由于缺乏统一的参考咨询人员业务考核标准，致使参考咨询队伍发展极不平衡。参考咨询人员存在着学历低、外语水平差、知识面窄等问题，不能胜任一些深层次的专题咨询项目，这严重限制了参考咨询的深入发展。

从网络参考咨询技术看，我国图书馆数字参考咨询还刚刚起步，大多数图书馆还只能通过网页形式、FAQ形式开展读者教育，服务内容则以图书馆利用和数据库检索为核心，没有扩展到对网络信息资源的综合利用，服务方式一般通过电子邮件或者表单形式，联合咨询尚未普及。我国必须加快研制网络参考咨询服务系统软件，加强图书馆联合咨询服务工作，提高参考咨询服务水平。

从服务深度看，在一些小型图书馆和落后地区图书馆，参考咨询仍以馆藏文献的利用为主，采用传统的参考咨询方式，没有专职的参考咨询馆员，只是在图书、期刊阅览室配备一名或由其他老师兼职，主要为读者进行手工卡片目录检索、机读目录检索，对读者利用图书馆进行基础性的指导。在大中型综合性图书馆，如省市级公共图书馆、高校图书馆、科研系统图书馆等，都设立专门的参考咨询部门和咨询人员，不但从事基础性的参考咨询问题解答，接受各种读者咨询，而且在某种程度上也开展较深层次的加工、开发和利用，如专题咨询、定题跟踪等。参考咨询员能够根据读者需求主动编制一些二次、三次文献，如专题目录、文摘、网络资源学科导航等，具有长期性和相对的稳定性。咨询员能够熟练地利用网络信息资源、主要的学术性光盘、镜像数据库等电子资源，承担课题立项服务、科技查新服务、定题跟踪服务、专题文献调研、编制文献书目，论文索引或特定的资料汇编等更深层次的服务。

第四节　参考咨询的意义

现代图书馆馆藏文献资源的多少已不再是评价一个图书馆信息服务能力和质量的唯一标准，而是要把信息资源是否实用和具有特色，检索查询系统是否方便使用、完善，用户的需求是否得到满足作为主要的评价依据。参考咨询工作通过多种多样的信息服务形式，在帮助读者利用图书馆、宣传介绍文献资源、开展读者教育、开发利用文献资源、开展专题情报研究等方面发挥了重要作用，对图书馆的发展具有重要的意义。

一、帮助读者查找资料

参考咨询可以帮助读者利用图书馆的文献资源，是读者自学的好帮手。在知识经济时代，知识正在迅速地更新、老化，学校教育已远远不能满足社会发展的需要，于是终身教育成为新时代的新特征。图书馆是读者学习的第二课堂，读者在学习和研究时需要大量地借助图书馆的参考资料。然而，大批读者对图书馆服务情况缺乏了解，在读书过程中，在利用图书馆寻求知识、自学成才的过程中，会遇到许多困难。参考咨询工作能够在浩如烟海的文献中，为读者排忧解难，充当读者的助手和向导，以解答咨询的方式，减少读者查找文献的时间和精力，满足读者高层次的文献需求，加速科学研究工作的进程，提高研究水平。读者在学习、科研和生产中经常遇到不懂的生僻字、专业名称术语，或对某些人名、地名、朝代名等缺乏清晰的概念和有关的知识，或对某些引言、理论性的名言警句，不知道其原来的出处和背景；或对某些材料，需要进一步查找原始文献和参考资料等。读者为了解决这些问题，需要花费很多的时间和精力在图书馆丰富的藏书中选择合适的参考工具书。参考咨询员熟悉馆藏和各种检索工具的使用技巧，可以帮助读者迅速地找到所需的参考书，系统完整地解决这些问题。参考咨询针对读者的各种问题进行解答，人性化较强，能直接相互交流沟通，减少了信息传递障碍。所以，参考咨询是辅导读者阅读的重要手段，这项工作不仅为有效、充分地利用图书馆文献资料创造了良好的条件，而且解决了读者阅读中需要解决的问题，使读者节省大量的时间，把精力更有效地使用到更为重要的工作中去。

二、有利于文献资源的综合利用

图书馆的文献资源的内容涉及古今中外、天文地理，无所不包，浩如烟海。其载体形式多样，既有丰富的印刷型书刊，又有大量的电子资源，且内容相互交叉，繁简不一。读者在查找文献时往往注意不到文献资源类型问题，不善于从总体去把握自己所需的专题性知识载体。例如，读者可以专门找一种中文资料或外文资料、一篇期刊论文或工具书中的某一数据，而不善于围绕自己所研究的专题，从图书、期刊、论文集、丛书、科技报告、专利、标准、样本、工具书等图书馆收藏的诸多的文献类型中将有关资料收集齐全。为帮助读者全面系统地了解和利用这些资源，参考咨询馆员需要对各种资源及其使用方法进行宣传介绍。这种综合利用馆藏文献，围绕专题问题进行的参考咨询，大大地开拓了读者的视野，使读者真正了解到图书馆是名副其实的知识宝库，有取之不尽、用之不竭的知识资源。参考咨询工作不但可以形象生动地宣传图书馆，宣传图书馆资源，还可以更有力地吸引读者来利用图书馆。

三、开展文献检索教育

现代科学技术迅速发展，每年完成的科研成果以几何速度上升，记载科研成果的科学文献高速增长。由于科学研究，一方面表现为学科分支越来越细，另一方面跨学科研究越来越普遍，读者所需参考的文献往往分散在各个学科，使许多科研工作者在文献查找与利用方面面临着越来越多的问题。有时，读者所需参考的文献超出了一种以上的书刊文献类型，也不限于一个、两个文种；有时，读者所需参考文献数量特别庞大，采取直接阅读的办法，实际上已经不可能，而必须借助于文摘、索引、目录，掌握文献的全貌，便于选择最为直接的文献加以阅读；有时，读者所需的参考文献，只能是直接有关的、最有价值的、有效性最强的，因而必须从有关的大量参考文献中进行筛选，以便选出的文献最有水平、最有价值；此外，大量中外文专业数据库的使用技巧、网络信息资源的搜集与利用技巧也是读者迫切需要解决的问题。这些问题属于共性问题，一般的读者都会遇到，参考咨询员应对读者开展文献检索教育，帮助他们掌握文献检索的方法和技巧，提高文献利用能力。

四、为科学研究服务

图书馆参考咨询工作是现代的科学技术事业、经济建设事业的一个重要组成部分，能够提高文献资源开发利用的广度、深度与难度，及时传递信息，为科学研究提供高质量的服务，充分发挥文献的使用价值和作用。有人估计，全世界的科学研究工作者，为查找资料、阅读资料所要花费的时间，差不多达到工作日的一半；另一方面消耗的精力还没有计算在内。面对文献资源的急剧增长，读者在信息查找、筛选与利用过程中需要花费大量的时间。为了帮助读者利用资料，参考咨询工作不断完善服务内容，开始从多种文献源中查找、分析、评价和重新组织情报资料，为读者提供更深层次的服务。因而，有无参考咨询工作、参考咨询工作的好坏，对科学研究工作的影响是很大的。参考咨询工作为第一线的科研人员节省了时间和精力，实际上也就是增加了第一线的科研力量。参考咨询工作是图书馆为科学研究服务的重要方法和内容，图书馆应根据读者的需要，积极做好书目参考和情报服务工作，编制和利用各种书目索引，系统地介绍和提供有关的书刊资料，开展定题服务、跟踪服务，代查代译等工作。

五、为市场经济建设服务

随着社会经济的迅速发展，市场竞争越来越激烈，读者的信息意识越来越强，对信息的需求也日益迫切。参考咨询服务从科学研究向经济建设主战场转移，参考咨询直接参与社会的经济建设、科学研究、政治活动、社会生活等各个领域，并为重大的社会研究课题提供文献信息服务和技术服务，其社会效益也日益明显。在引进先进技术和设备过程中，参考咨询充分发挥科技情报的尖兵、耳目作用，通过调研分析，引进具有世界先进水平的技术设备，这样不仅能减少盲目引进造成不应有的损失，而且能使企业增添活力和实力。另外，参考咨询工作可以充分发挥纽带作用，有利于促进科技成果尽快转化为生产力。另一方面，参考咨询工作通过信息教育转化用户的思想观念，通过信息服务提高用户的整体素质，使各类用户了解情报、认识情报、依靠情报、利用情报，有利于社会用户增强信息意识和竞争意识，提高科技水平。参考咨询工作有利于各行各业实现职能转变，提高科学管理和经营水平。科技情报服务作为一种导向服务，成为企业获取先进生产技术、开发出具有竞争能力的产品的重要手段。各行各业有了信息导向，就能够尽快顺应社会经济需要，做到宏观决策科学化、规范化，以最短时间、最小付出去实现较大效益。咨询服务的效果和服务质量能够取得良好的社会效益和经济效益。正因为咨询服务对社会发展关系重大，图书馆工作者都力图通过咨询服务方式来扩大文献服务的范围，充分开发和利用文献资源，真正实现为社会服务的目标。

第二章 图书馆咨询用户的类型与需求

在现代图书馆服务中,参考咨询工作占有非常重要的地位。参考咨询工作的服务对象就是咨询用户。不同图书馆具有不同的咨询用户群,不同的咨询用户群,对信息的需求也不同。了解咨询用户的类型、心理与信息需求,有利于图书馆参考咨询工作的开展与深入。

第一节 图书馆参考咨询用户类型及用户心理

一、图书馆参考咨询用户类型

咨询用户就是咨询业的服务对象。在文献、档案、图书馆和部分大众传播领域,也称为读者,不过读者还有一个严格的先决条件,即读者必须拥有阅读能力。国内的研究者对咨询用户的划分更多的是以用户的自然属性为根据,认为不同自然属性的人有不同的信息需求。这种划分结果是把一类咨询用户看作是有较为统一的社会关系户的群体。

在当今信息化社会中,人们对信息的需求不是单一的而是多方面的。所以,国内的研究者对咨询用户的划分,更多的是以用户的自然属性为依据。每个人不管其在从事什么工作,属于何种职业,具有哪个层次的水平,在他的工作、学习和生活中,都会不同程度地需要信息。所以,咨询用户是很广泛的,应根据不同的标准对它们进行划分。

按咨询用户所从事工作的学科性质进行分类,可分为:①社会科学用户。包括从事社会科学研究、教育、管理等方面的人员以及文化、艺术等方面的实际工作人员;②自然科学用户。包括基础科学、应用科学的研究人员、工农业生产技术人员、医生等。

按用户的职业性质进行分类,可分为:国家领导人及各部、厅、局等部门的决策者和管理者;经济、政治、文化、艺术等部门的实际工作者;科学家(包括自然科学家与社会科学家);工程师;医生;作家;艺术家;生产技术人员;军事人员;餐饮、旅游、商业人员;教师;学生;信息人员等。

根据用户信息需求的表达情况,可分为:正式用户和潜在用户。

根据用户对信息的使用情况，可分为：过去用户、目前用户和未来用户。

根据用户具备的能力和水平，可分为：初级用户、中级用户和高级用户。

根据对用户提供信息服务的级别，可分为：一般用户、重点用户和特殊用户。

根据用户信息需求的方式，可划分为：借阅用户、复印用户、咨询用户、定题服务用户和翻译用户等。

在这里，我们可将上述七种划分方法结合起来，根据我国的实际情况，进行我国的咨询用户分类。

社会科学及相关领域的信息用户包括：社会科学部门的领导者、管理人员；社会科学研究人员；社会科学方面的教师；经济、政治、文化、艺术、新闻、出版等部门的实际工作者；文科学生。

自然科学及工程技术部门的用户包括：基础科学及技术科学研究人员；理工科教师；工业生产技术人员；农业生产技术人员；医生及医学专家；科技及生产管理人员；理工科学生。

特殊用户包括：国家及部门领导者、决策者；军事人员。

二、图书馆咨询用户心理

1. 咨询用户的心理活动过程

咨询用户的心理过程是一个运动、变化和发展的过程。首先是认识过程，二是情感过程，三是意志过程。

当咨询用户接受到某一信息或某一信息作用于用户时，他凭借各种感觉器官——耳、目、口等与"信息"接触产生认识信息的过程，感受到信息的某种属性。这就是我们常说的感觉，是认识的开始，咨询用户在信息感觉的基础上，通过一定数量的积累而了解信息的整体形象和表面的联系又产生了知觉。感觉到的和知觉到的东西就会印在人们的大脑中并形成景象保存起来，在需要时浮现出来，这就是我们经常说的记忆。咨询用户在认识信息的过程中，需要集中精力，使感觉到的和知觉了的信息在头脑中更加清晰、完整，并促进记性的发展。信息用户在已知觉材料基础上进行思维活动，对信息知觉材料再进行新的组配、创造、设想出信息中没有明确表达出来的东西，这就是信息想象。咨询用户采用分析、综合、抽象、概括等方法对所得到的信息进行比较、判断、推理后形成本质上的认知，这就是信息思维。咨询用户从信息感觉到信息思维完成了我们熟知的从感性到理性的飞跃。

咨询用户在认知信息的同时，也会对客观信息表明自己的态度。当信息作用于用户时，即咨询用户受到信息刺激时，便会产生各种心理反应。这种反应可称之为信息感情。用户的信息感情决定了他们对所接触到的信息所采取的态度，关系到咨询用户对信息的吸收和使用。

人类在改造客观世界的同时也在改造自己的主观世界，在这个活动中，自觉地确定活动的目标，并为实现预定的目标有意识地支配，调节其行动的心理现象在心理学上称为意志。用户在信息咨询活动中的信息意志则是用户在接收、吸收和利用信息中的意识与决策，它支配调节着用户的信息活动，表现出一系列的信息心理状态。

总之，咨询用户信息心理活动的认识过程，情感过程和意志过程是咨询用户心理过程的统一的、密切联系的三个方面。意志过程依赖于认识过程，反过来又促进认识过程的发展和变化；情感过程又影响着意志过程，而意志过程能调节情感过程的发展和变化。三者相互渗透和联系，共同作用于咨询用户的活动之中。

2. 影响咨询用户需求的心理因素

影响咨询用户需求的因素基本上可分为社会因素、个体因素和信息本身价值因素。

（1）社会因素

社会因素对咨询用户的咨询需求的影响有以下几个基本方面。

①政治制度和国家方针政策：咨询用户所要咨询的信息需求是在一定的社会制度下产生的，理所当然会受到国家政治制度的制约。如我国实行改革开放以来，随着经济和政治体制改革的深入和发展，咨询用户不仅在数量上大幅上升，而所需的信息内容也都具有鲜明的时代性。所以正确的方针政策和经济实力的增长，从多方面影响着咨询用户对信息咨询的需求，强化了咨询用户的需求心理和信息意识，也优化了咨询用户的需求与利用模式。

②传统文化心理：一个国家的历史，民族习惯和传统文化以及科学技术的发展水平，对咨询用户所咨询的内容和方式同样有着较大的影响。一般来说，咨询用户首先所要得到的信息是用本国出版的文献资源或以本民族的文字印刷的文献资料，其次才是国外的文字资料，这种传统文化心理也影响着咨询检索途径，如西方的咨询用户习惯于从主题途径或著者途径去咨询和检索文献资源，而我国咨询用户则习惯于从分类途径去咨询和检索文献资源。

③科学技术心理：科学技术发展的方针，科研结构，基础研究和应用研究的发展，决定着社会对科学技术方面的信息需求的类型内容和结构，影响着国内对国外科学技术信息的接受与利用。如在科学技术繁荣发达的国家，

咨询用户需要大量的先进尖端的科技信息，所咨询内容也多在这方面，而科学技术相对落后的发展中国家，咨询用户咨询的多为开发性资源的信息。

④信息保证心理：信息咨询机构能否通过一切可能的途径及时地、恰当地提供给咨询用户各种形式的信息供其选择使用，也在很大程度上影响着信息使用者咨询的心理及满意程度。咨询者对信息源的选择标准依据"最省力法则"，一般首先考虑的是先选用获得信息最容易的信息源。咨询机构的服务效果，即咨询机构能否提供最大的方便，迅速地、准确地回答咨询者的问题，节省用户的时间和避免重复劳动；能否使咨询用户对所咨询的问题有着一种可获取性的满足心理，直接影响着咨询用户的需求心理转化为信息需求行为。

(2) 咨询用户本身的心理因素

①咨询用户的职业与工作任务：咨询用户的职业特点和工作性质是影响他们咨询需求的主要因素。不同职业的咨询用户承担的任务不同，在具体的工作中有着各自不同的信息需求，所以所咨询的信息从范围、类型和数量上，以及信息的广度和深度上自然也各不相同。

②咨询用户的职责和作用：咨询用户的职责和作用，不仅影响着他们咨询内容的范围、类型，而且决定了他们所需信息的保障方式。

③咨询用户个人专长志趣与特点：咨询用户个人专长志趣与特点是指其个人的爱好、兴趣、走向、工作习惯和心理特点等，也就是咨询用户的个体特征。他们的这些特征往往决定了对信息的特殊需求，影响着对所咨询信息的接受程度，在某些程度上也改变着咨询用户的知识结构。

④咨询用户所受的教育及知识水平：由于咨询用户所受的教育程度及知识水平不同，其结果是所咨询的信息范围也不尽相同。例如，高校教师，他们同时担负着教育和科研双重任务，对他们所要咨询的信息来说，专业范围和内容对象就比较明确。一般都要求得到其从事教学活动的专业领域中有关教学内容、教学方法、教学实习、学习仪器和工具的各种信息。而且他们大多习惯于通过向校图书馆和有关信息机构进行咨询并获取所需要的信息。

(3) 信息价值因素

信息价值的大小，取决于用户所需要通过信息来解决的问题的重要性和迫切性，即信息价值心理，决定着用户对信息的需求心理，信息价值越大，用户对信息的需求心理也就越强烈。

(4) 有关咨询服务方面的因素

①咨询服务的成本及服务收费；

②咨询服务的速度和效率，能否满足咨询用户的各种需求；

③咨询服务的质量，主要表现为信息提供的准确性。

除上述因素外，还有其他因素也会影响咨询用户的信息需求，如信息市场，国家对信息服务业的方针、政策及管理体制，用户的信息消费能力等。

3. 图书馆咨询用户的咨询行为

（1）咨询过程的行为特征

咨询用户的咨询行为泛指咨询用户出于决策、管理、科研生产等特定的需求而产生的活动，是在外部刺激作用下经内部经验的折射而产生的反应结果，是在一定动机支配下的主体活动，是为了满足某一特定的信息需求，在外部作用刺激下表现出的获取、搜集、选择、研究所需的信息活动。这种需求取决于两个方面的条件：一是信息咨询者是否感觉有不足感，感觉到对某种客观事物认识的缺乏；二是信息咨询者是否具有求知欲，希望了解某种客观事物。可以说，信息需求是在这两种状态下所产生的一种心理现象。一般情况下，促使信息咨询者与目标对象发生联系，也就形成了行为动机。在动机驱使下，咨询者就要积极行动，以各种方式，如咨询、检索、求得满足需要的目标，并开始满足需要的活动。但不同的咨询用户由于不同的信息需求，其行为心理是不一样的，即使是同一咨询用户在利用信息的不同阶段，在不同场合下，其行为也是不同的。

①预备阶段：科研人员确立科研课题并着手研究之前，都需要有足够的相关信息资料作为依据。要对课题进行全面的了解，搞清楚该课题的来龙去脉。当他们选定了要咨询或查找某一方面的信息目标后，其注意力便会指向查询这一信息行为，会着手做一些预备活动。如考虑到哪一个信息部门去咨询最合适？是否要带介绍信、工作证或身份证等证件？是否要带笔和纸及笔记本以备记录？想象如何咨询才能得到更准确的信息？得到答案后怎样使用？如果是外文资料怎样翻译？有时也会产生对能不能咨询到自己所想用的信息的担心或一些紧张心理。伴随着这些复杂的心情，有的咨询用户，特别是某些新用户有时可能会产生激动心理，而对于一些富有经验的老咨询用户来说，咨询就显得从容、沉着。

②咨询阶段：咨询用户到达信息咨询部门后，都希望能尽快咨询到自己需求的信息。他们希望咨询部门地点适宜，咨询服务人员接待热情，手续办理简便；同时还希望服务设施完备，信息源充足，咨询信息提取方便，灯光的照明条件好，环境幽静。某些新的咨询用户会用好奇的目光审视周围的一切，会觉得十分兴奋。咨询人员良好的服务态度能给咨询者创造愉快轻松的心情。随着咨询者与咨询工作人员的逐步熟悉，咨询者会在精神上出现一种解放感。表现在咨询信息过程中就是不同职业的、不同年龄段的、不同性别

的、不同兴趣的和不同知识水平的咨询者会向咨询工作人员提出各种各样、名目繁多的问题。检索技能比较熟悉的和喜欢独立工作的咨询用户可能会按服务人员的解答埋头自己查找信息，但还不够熟练的用户可能会向咨询服务人员提出，希望提供更好更简便的方法和线索协助自己尽快找到所需的信息。

③结束阶段：当所咨询的问题得到解决后，需求也就得到了满足，紧张不安的心理状态也就随之而消失。但在以后的决策、管理、科研、教学、生产中又会产生新的需求，形成新的动机，引起新的行为。

(2) 咨询用户的信息行为

咨询用户的信息行为就是信息使用者自觉地为解决问题而获取和使用信息的活动。对用户的这种信息行为的理解，可从行为的主体、外界刺激、目标和主体的活动等方面做出较为明确的界定。第一，行为的主体当然是咨询用户而不是信息的生产者。第二，信息使用者行为受用户的主体工作和外在的信息所激励，是一种与需求直接相联系的信息目标活动。信息本身对信息使用者的意义（如关系重大或可有可无），对其信息行为的产生有着重要的影响，处在一定环境下的使用者，在社会、个体、自然因素的作用下必然产生某种信息需求，而这种需求有明显的对象性，即指向具体的信息。第三，咨询用户的目标是解决问题。为此目标，咨询者会确定相对具体的阶段性目的。如通过咨询再进行检索、吸收、使用所需信息，通过整个过程的各种阶段性目的的实现，求得问题的最终解决。第四、信息使用者的咨询活动是其动机驱使的结果，它以动作为基本组成部分。动作就是由于动机的激励而指向并服从自觉目的的过程。是运用必要的条件对各种刺激的反应，因而它直接取决于达到目的的条件。

(3) 咨询者信息行为的实际意义

咨询者的信息行为是信息需求得以满足的必然途径。他们所需的信息主要有两种来源：一是自己直接查寻所得，二是别人供给包括通过咨询得到的信息。前者有信息查找行为，后者有信息接受和吸收行为。没有这些行为，咨询者就得不到所需信息，也就满足不了信息需求。

咨询工作虽然是被动的，但却是对信息使用者的直接服务，而咨询者的信息行为是他们解决问题的重要组成部分。咨询者为了解决决策、生产、教学、科研等工作中的实际问题，需要经常到图书馆或其他咨询机构进行咨询活动。虽然他们对本专业、本领域非常熟悉，但对浩瀚的信息，有时也会感到无从下手。这就需要工作人员协助查找，解答他们所咨询的问题。咨询工作之所以存在，并不断发展，其基础是我们在实际工作中有需要它解决的矛盾。这种矛盾产生于广大咨询者对信息的需求和他们对所需信息了解不足的现实情况。咨询工作就是为解决这些难题和矛盾而展开的。咨询工作人员只要善于开发信息资源，就能有针对性地向信息使用者提供有用的和最新的信息，使他们得到更多的各种相关信息。

咨询者的信息行为始终伴随着其主体工作发生，研究信息行为应与研究主体工作行为相结合。咨询者的信息行为也是一种目的性很强的主动行为，对人的信息行为可以从总体上控制和优化。咨询者的信息行为同时也是信息市场行为的表现。他们的信息咨询和接受行为在信息市场中表现为信息需求行为，信息吸收和使用行为表现为消费行为。市场行为的体现是供需双方的交易行为，交易行为的直接目的是满足需要，而间接目的之一就是激发信息消费行为。

在这里需要说明的是，一般而言，咨询者往往不能完全确切地说明其需求，例如他们不能清楚地意识到自己的需求或对咨询部门的能力持有怀疑态度等。因此，常常出现咨询机构能提供给他们的东西，并不是他们真正想要的东西。实践表明，通过书面方式比口头方式更能准确地描述咨询者的信息需求。在用户表达所咨询内容时，咨询服务人员尽量不要启发和诱导，这样有助于咨询用户对信息需求描述的真实性。此外，咨询服务人员也要善于对用户所作的信息需求说明做正确的理解和描述。

第二节　图书馆咨询用户的信息需求分析

一、人类的社会信息需求

人类对信息需求的构成主要是指关于咨询者对信息和信息活动有哪些指望和要求。我们从以下三个方面探讨一下人类对社会信息的需求。

1. 生活中的需求

人类的生活不是一种简单的生存，其生活是在一定行为规范控制下进行的，有着独特的精神生活领域。因此，信息需求行为是非物质的，是一种精神需求。在现代，人的活动要素已从体力活动占优势的领域转移到意识和心理状态领域，从而更具有思想、信念和意识性。这反映了个人在兴趣、爱好等方面的精神需要。表现在信息需求上就是人类生存以外的精神、文化生活的信息需求。应该说，在一定社会条件下生活的人，其生活中的信息需求包含在总体信息需求当中，例如，在吃、穿、住、行方面，人们就需要有物质生活方面的信息；在精神和文体娱乐方面需要有高雅的文化生活信息；要了解住地的安全状况就需要治安方面的信息；在求职活动中，需要有自己更适合做那一项工作的信息等。

21世纪是知识经济时代，信息、知识在促进社会发展方面将发挥越来越重要的作用，人们要跟上时代的发展，只有通过学习，不断提高自己，也就是需要学习科学技术，增长文化知识的信息。人们在改造大自然的实践中，总要以新的思想、采用新的手段、新的方法，创造出新的事物。如一个企业要创造出新产品，就需要了解创造此产品的新技术、新材料、新工艺方面的信息，要打开市场就要了解消费者的消费信息。

人们不是生活在真空中，每个人都要同周围的人接触。人生百态，各有千秋。面对各式各样的人，各种各样的事，面对各种各样的人际关系，怎样与周围的人相处，怎样接人待物，这是每个人天天都要碰到的而且是想躲也躲不开的问题。所以要处理好各种人际关系，就需要如何搞好人际关系方面的信息。

2. 职业工作中的信息需求

在人类社会中，由于存在着各种职业分工，所以人们在各自的工作中会产生不同职业方面的信息需求。但是，无论是哪一种职业，一般来说，其信息需求可以归纳为以下几个方面：所从事工作的内部和外部环境信息；所从事工作业务素质有何要求信息；所从事工作有什么样的物质待遇方面信息；所从事的工作要达到什么目标方面信息；所从事的工作专业知识信息等。职业工作中的信息需求会随着其职业结构的变化而变化。

3. 社会化中的信息需求

人类在社会生活中，就要接受社会和时代以特有的方式对其所施加的各种影响，使之成为一个合乎社会行为，按社会规范行动的人。

人类为了生存就要满足其各种需求，饥了进食、冷了穿衣、累了休息。这是反映人类社会生活习惯原始的规范信息。而人类的社会化是从婴幼时期开始的。例如，婴幼儿时期，是以吃、穿、睡的生理现象为标准，长大一些，即是饿了也不随意吃别人的食物，除非在家长同意下才会接受。这里有一个是否合乎社会化规范的问题。这时的社会化是信息需求的原始阶段。

少年时期的社会化是在中、小学阶段进行的。这一阶段是从无组织、无计划、无系统的非正规教育向有组织、有计划、有系统的正规教育，从传授基础生存知识到较系统地传授科学文化知识，从以行动和口头语言为主的教育到以文字语言及科学符号教育为主的转化阶段。此时的信息需求是以接受吸收文化知识为主要目标的需求，由于人类在少年时期已经具有抽象思维与复合思维的能力,所以其信息需求也就具有智能化的特性。

人类的青年社会化是在少年社会化的基础上展开的,是少年社会化的继续,同时又是一次社会化的完成时期。无论以后是继续上大学或者是参加社会工作,都包含了将一个还没完全具备社会成员资格的人逐步转化为合格的社会成员的必然过程。其不同点是,社会化过程中的信息需求是因人而异的。学生时代的信息需求主要侧重于专业知识方面的信息,而已经参加社会工作的年轻人信息需求除了专业知识方面外,更侧重于工作实践方面的信息。

二、咨询用户与信息需求分类

咨询用户的信息需求是发展变化的,是客观存在的现实生活中的一个复杂现象。咨询用户的信息需求不仅受国家、社会、历史等环境的影响,同时也会受到其知识水平、业务素质、职业、心理、习惯等诸多因素的制约。不同类型的咨询用户,其所处的环境和所承担的责任和任务不同,也反映着用户需求的特性和不同点。我国信息咨询用户类型很多,分布也比较广泛。各类用户都有自己不同的信息需求的特点。

1. 社会科学领域中工作者的信息需求

社会科学研究的任务是通过对社会现象的研究,探索社会规律,指导社会实践,是为改造社会和人类本身提供理论依据,是指导人类从事各项社会活动的一项创造性工作。社会科学领域的研究成果,绝大多数不表现在某些具体的发明创造上,而是集中反映在文献(论文、专著)中。因此,社会科学研究人员的信息需求有以下特点:

(1) 重视和依赖文献信息

社会科学文献是社会科学研究成果的直接体现,同时也是社会科学研究的主要依据和信息源。是评价研究者功过是非的主要凭证,也是衡量一个国家社会科学发展水平的重要尺度。比较而言,从事学术性研究的一般侧重于使用专著和期刊论文;从事动态性研究的侧重于使用报刊,广播等信息来源,同时动态性研究和学术性研究都要结合使用口头交流、广播、电视等多种信息渠道。

(2) 所需信息的时间跨度较大

社会现象是动态的,有其自身的发展和形成过程,人们的认识也有一个逐步深化的过程,因此,社会科学研究周期一般来讲要比科学技术研究周期长,从现象的发现、观点的提出、理论的形成到经过实践检验往往要经过一个较长的时间才能完成;再则,社会科学信息本身也具有一个较长的半衰期。

所以社会科学研究者所需要的信息时间跨度大，不仅需要了解新的信息资料而且也必须重视各个不同时期有关该课题的历史文献。

（3）要求提供系统、完整的信息

由于社会现象的复杂性以及缺乏自然科学所具有的可靠检测手段，社会现象和人们的思维活动又经常处在不断的发展变化之中等原因，在社会科学研究领域中新的研究成果往往不能简单取代原有的研究，形成不同的研究成果并存的局面。因此在社会科学研究中必须了解历史和现实发展的全过程，全面、系统、完整地掌握与研究课题有关的信息，要求提供不同时期、不同类型、不同形式、不同学派、不同观点的能基本反映课题发展全貌的文献，并对此加以分析比较。

（4）所需信息涉及面广

由于社会现象之间存在着各种联系，学科之间互相渗透，因此使得社会科学研究人员所需的信息往往超出特定的学科范围，学科范围在不断扩大，目前他们不仅要掌握该课题所属学科的信息资料，甚至直接需要某些自然科学方面的信息资料，这不仅表现在哲学研究中，而且还表现在其他学科研究中。

（5）所需信息具有一定的政治评价与选择标准

社会科学研究带有鲜明的阶级性，在信息需求上自然也表现出这一特点。信息收集范围随着研究深入不断扩大，往往会根据各人思想观点、知识结构的不同，在研究过程中要不断调整研究方向和重点，逐步明确进一步的信息需求。

（6）重视通过二次文献及各种途径查找所需的信息资料，科学研究人员除通过口头咨询外，各种书目索引也是检索文献资料的重要工具，此外，往往还要通过浏览核心期刊、书评等发现有价值的信息。

2. 高校用户群体的信息需求

高等学校是知识和人才高度集中的地方。从其用户来看，可分三个层次，一是管理决策层，主要指分管教学、科研工作的校、院级领导和科技职能部门的领导；二是担负教学、科研工作的教师；三是广大在校大学生。

管理决策层是高校教学科研工作的管理者，他们关心国内外政治经济形势，非常重视对党中央、国务院方针、政策的学习，也特别关注教育部有关重要指示。希望了解国内外科技发展的动态。对提供的信息质量要求比较高，希望得到的信息具有全面性、开拓性和指导性。

而教师可分为社会科学专业教师和理工专业教师两种，在信息需求上有着较多的共同点，所不同的仅仅是学科性质的差异。下面我们分别简述一下。

社会科学专业教师的信息需求具有以下特点：

（1）信息的学科范围比较固定，主题明确。社科方面的教师在自己所从事的学科中所需的信息总体来说比较稳定，而且往往以比较明确的方式表示出来，容易被信息部门察觉。

（2）因为社科教师在实际工作中所需求的信息基本上都是比较成熟、可靠的，所以非常重视所需信息的准确性和可靠性。又因为社科教师所从事研究工作时的信息需求和社科研究者基本一样，所以也很重视其专业信息的全面性、系统性、完整性和及时性。

（3）在信息获取方式上，教师一般习惯于自己亲自查阅文献资料，并和相关同事讨论工作中的问题，更重视利用图书馆索取有关信息。

（4）在信息选择上，一般比较重视对综述性和二、三次信息以及题录的获得。

理工科教师的信息需求有如下特点：

（1）信息需求的范围比较广。理工科教师不仅需要从事科研活动所需的必要的有关信息，而且也需要承担教学工作的有关信息。由于理工科教师的科研和社会科学研究活动有着明显的差异，相对而言，理工科教师信息需求的范围要广一些，内容丰富一些。

（2）所需信息的学科、主题比较明确和固定。在本学科内他们的信息需求有一定的阶段性。

（3）十分注重信息的可靠性和成熟性。这一特点主要表现在他们的教学工作中。

（4）理工科教师在科学研究工作中的信息需求基本与工程技术人员的信息需求相同。

在校大学生群体中，既有重在培养创造能力和实践能力的博士、硕士研究生，也有重在工程型人才的本科生。其信息需求一般具有以下特点：

（1）需求的信息重点明确。因受所学专业、选择课程的影响，所以有关专业的教科书，专著和参考工具书，教学参考资料是他们需求的主要对象。另外购书、复印资料也是其获取信息的方式之一。

（2）需求的信息有较强的阶段性和规律性。信息需求随着学习的逐步深入和课程的变化有规律地变化。

（3）就目前情况看，在校大学生所需信息的类型虽然比较单调，但就以后的发展来看，学生将成为重要信息咨询用户，这是因为他们所需的信息量会越来越大，类型也会越来越复杂；获取信息的方式日益多样化，将会成为信息咨询部门的主要服务对象。

3. 从事政治、经济、文学、艺术、新闻、影视等部门工作人员的信息需求

从事政治、经济、文学、艺术、新闻、影视等工作的实际工作人员的信息需求是由他们所从事的工作和其职业要求决定的，他们所需求的信息内容虽然相差非常之大，但也有一些共同的特点，简述如下。

（1）需求的信息涉及范围较广。他们虽然只从事某一方面的工作，但与其他学科或多或少地有联系，互为影响。例如，新闻记者虽然只从事新闻报道工作，但却与政治经济、历史地理、文学艺术、科学技术等密切相关。因此，他们对相关方面的信息需求广泛。

（2）需求的信息有较大的多变性。随着工作任务的变化，他们所需求的信息也会随着工作内容的变动而变化，一般而言，他们总是围绕着工作任务获得所需信息。

（3）需求的信息有其多样性并要求尽快获得信息。在实际工作中，他们不仅仅需要文献信息而且更多地需要具体的信息，如社会发展方面的信息、事实信息等。并希望能迅速取得与实际工作相关而必要的信息资料。

（4）需要信息咨询人员更多的帮助。从事政治、经济、文学、艺术、新闻、影视的实际工作者往往缺乏利用信息的系统知识，利用信息服务的频率不及其他用户，所以他们在实际工作中更多地求助于信息咨询服务人员的主动帮助。

4. 科学研究人员的信息需求

科学研究包括基础科学研究、发展研究、应用研究三个层次。研究的主要任务在于探索自然界各种物质运动的基本规律，揭示各种自然现象之间的联系，开拓新领域、发现新原理，预测新动向，为解决自然科学中的实际问题提供理论依据。所以科学研究的特点是：课题研究周期长、知识积累性强、成果评价难度大，成果主要是科学知识，并多以文献形式发表。在科学实践中由于现有的知识解释不了新出现的现象，必须进一步发展认识，于是产生了信息需求，科学研究人员的工作性质决定了其信息需求具有以下主要特点：

（1）所需信息的学科范围较窄，内容专深。科研人员多集中在一个专深的领域从事研究开发工作，所以，科研人员的信息需求一般不超出他们从事研究的某一门学科的范围。在本学科范围内，研究工作可能会遇到意想不到的困难和挫折，这就使得研究人员所需求的信息内容会越来越专深。而通过信息途径来寻找借鉴和启发，是科研人员坚守的原则和自觉行动。而当今学

科之间的相互渗透也引起了科研人员知识结构的变化，使他们产生了对相关学科信息的需求，扩大了所需信息的学科范围，但是这毕竟是伴随着专门化而出现的，其信息需求总特征仍是范围窄而内容深，这一点与社科研究人员的信息需求稍有不同。

（2）要求信息的系统性、完整性与准确性。科研工作的本质就是继承古人，承鉴他人，探索未来，这就决定了科研人员要系统地掌握完整的课题信息，由于这些信息是科研工作的依据，因而要求信息系统、完整和准确。

（3）对信息需求有明显的阶段性。一般而言，科研工作的进程大致可分为三个阶段，即计划准备阶段、实施阶段和鉴定成果阶段。在计划准备阶段，科研人员当务之急是确定选题，明确工作方向，指出科研所要达到的目标。为此需查询资料，选择突破口，进行文献信息准备；了解国内同行的研究活动以及国外同领域有哪些新进展，避免信息滞后而出现的重复劳动。在计划阶段，科研人员主要侧重于总括、综述性的综合信息。在实施阶段，主要是要解决怎样做的问题，需要"研究方法"方面的诸多信息。最后，还要对科研课题做出一个公平的评价。要了解有关同类内容的信息，通过横向比较，判断一下最初提出的科研目标是否已达到当初设计的要求，鉴定成果阶段则需要横向比较的信息。这三个阶段分段明显，但彼此相联系，科研人员在不同阶段需要不同的信息。

（4）获得信息的方式具有多样化，信息需求广泛。对科研人员来说，通过各种正式渠道获取信息是重要的，但是非正式渠道得到的信息也会有画龙点睛之功。一切信息源只要载有最新的科学知识、科学成果，都是科研人员涉及的信息。除中外文期刊、图书、会议文献之外，交流也是其获得信息的主渠道之一。他们经常参加一些讨论会、讲座、鉴定会，从中吸收一些有用的信息或充实自己的科学研究、或修订自己的实验方法。在不同时期所获信息量的基础上，保证科研工作的质量。另外，科研人员对信息咨询部门最大的要求是为他们提供文献信息线索，并为其查阅原文提供方便。

（5）信息需求难以预见，不易表达清楚。由于自然科学研究是探索未知的活动，科学研究人员往往难以预先准确地表达自己的信息需求。他们在实际工作中不断提出一些检索要求，因而信息咨询部门对其信息保证的难度较大。

（6）由于科研工作的特殊性，所以对信息咨询服务的期限要求不如工程技术人员那样严格。

（7）对信息咨询服务的时间跨度介于社会科学研究人员与工程技术人员之间。

（8）从研究人员利用信息类型来看，科学研究人员需求最多的是理论性较强的一次文献和原始资料。期刊、图书、考察与调查报告、科技报告、专利文献、会议文献等是主要信息源。

国内研究表明，对我国科研人员来说，从事基础研究的科研人员所需信息源主要在期刊、学位论文、科技报告、考察与研究报告等及一些相关的标准，专利文献等。而从事应用和开发研究的科研人员主要需要有关新产品、新技术、新工艺等方面的具体信息，包括技术期刊、标准、专利、样本、图纸、技术报告、实用手册及物化信息，而对学位论文、会议论文需求较少。在满足科研人员信息需求上，他们对信息服务机构的借阅服务和文献复制服务满意度比较高，但对咨询服务、定题服务和信息咨询研究服务的满意度较低。

5. 工程技术人员的信息需求

工程技术人员是数量既多，信息需求也较为复杂的一类信息用户。他们在各种技术行业和产业从事着设计、发明创造各种产品、改工具、改进方法和手段等工作，其成果是物化的产品。其职业特点和专业性质决定了他们的信息需求具有明显的行业特征，其信息需求主要有以下特点：

（1）信息需求有特定的，集中的专业方向。工程技术人员总是围绕着自己特定的行业和专业查询信息。在专业方向集中的前提下，他们需要涉及许多学科和技术范围的信息。如电气工程师总是围绕电气工程专业方向去掌握有关产品原理、产品设计、制造工艺、原材料、能源环境以及市场和法律等方面的信息。

（2）就工程技术人员所需信息的类型而言，重点是有关新产品、新技术、新工艺、新材料等方面的具体应用信息。一般这些具体信息有：技术期刊、专利文献、标准、产品样本、技术报告、实用手册、物化信息等。

（3）工程技术人员的信息需求十分强调信息内容的可靠性、准确性和新颖性。由于工程技术人员要解决的问题大都来自研制、开发和生产的实践，着重解决怎样做的问题，即着重解决在研制过程和生产实践中出现的各种问题。因而需要可靠、准确的信息帮助他们解决技术上的难题，又需要新颖的信息以使其研究开发工作避免重复他人工作，获得理想的经济效益。

（4）工程技术人员信息需求的时间跨度小、对信息咨询服务的期限要求严格。这是由其工作实践的时效性所决定的。一般情况下，工程技术人员总是希望在规定的期限内提供时间跨度不大的近期信息。

（5）工程技术人员对物化信息的需求量越来越大，重点信息是有关新产品、新材料、新工艺、新技术、新设备等方面的应用信息，特别在新产品研制和技术引进中，掌握这些信息是非常必要的。

（6）工程技术人员也比较重视从非正式渠道获取有关信息。

工程技术人员的主要信息源是技术期刊、专利、标准、产品样本、技术报告、各种实用手册、实物、档案图纸等，其中需求量较大的是技术期刊和专利文献。除此之外，同行业间的交流、参观、互赠的技术报告等也是获取信息的渠道。

6. 医务人员的信息需求

被人们尊称为白衣天使的医务工作者，他们从事着防病、治病的任务。他们所从事的科研工作与其他科研工作有所不同，所以他们的信息需求有一些固有的特点。

（1）医务工作者由于经常面临临床中的某些特殊的、有待解决的问题，而需要获得诊治方法、病例以及药物剂量等方面的详细信息，所以对具体事实和有关数据信息的需求量较大。

（2）所需信息必须准确、可靠。与其他专业人员相比，医务工作者更加注重信息的准确性和可靠性。人命关天，所以准确性和可靠性是信息是否被采用的前提。

（3）医务工作者由于其职业的特殊性，决定了所需信息必须以最快的速度获得。这是其他咨询用户所不能及的。

（4）在我国，不少医务工作者是通过各种交往获取信息的，因此非正式渠道的交流也是医务工作者获得信息的一种方式。

（5）临床医生和从事医学研究的专家对文献信息源的需求也有所不同。医生对文献信息的需求按重要性依次为：国内医学杂志、国外医学杂志、专著、科学著作汇编、会议文献；从事医学研究的专家对文献信息的需求按重要性依次为：学术会议资料、学位论文、教科书、科学研究和试验工作报告，考察报告。

7. 决策者、领导者和管理人员的信息需求

决策者、领导者和管理人员是指国家各级政府机关、科研机构（院、所）、设计部门、农业部门、工矿企业、经济实体等方面的各级领导人员和管理人员。他们在各自的岗位上以特有的方式从事复杂的社会活动。这类人员从事的工作是：体制改革、各级计划、规划的制定与管理；各级政策的研究制定；参与不同层次的各项决策活动。

决策者、领导者及管理人员的工作具有如下特点：

（1）与形势任务结合紧密，时间性很强；
（2）工作范围广、层次多、工作忙、事务性较强；
（3）宏观战略指导性和政策性很强，责任重大；
（4）基本上依靠经过评价的完整的资料和数据；
（5）寻求的是可供选择的数种方案，而不是答案。

由此可见，及时、可靠、适用的信息是他们进行决策和科学管理的依据和基础。他们对信息的一般要求是："明白易懂、简明扼要、准确可靠和系统全面。"虽然决策者、领导者和管理人员有层次高低之分，但其职业特点使其信息需求具有共性。具体来说有：

（1）对信息内容的需求具有广泛性、综合性、特别关注有关发展战略，宏观决策和管理咨询等方面的信息。在日常工作中，上述人员所需包括政治、经济、科学技术、法律、管理、市场、资源、环境等多方面的多种信息。涉及哲学、社会科学、自然科学许多分支。

（2）需要经过专业信息分析人员筛选、评价、整理和浓缩过的信息，要求最小信息冗余量。

（3）所需信息必须是准确的、可靠的、及时的、有针对性的。要求信息必须有必要的事实和数据。任何主观信息、虚假信息或过时陈旧信息都将为领导决策和管理工作带来不良影响。

（4）所需信息应该是完整的。各级领导及管理人员非常注重信息的全面性、系统性和完整性。唯有如此，才能统揽全局。

（5）信息必须与领导者、管理者的工作特点和任务相符。这一原则又称为"方向目的性原则"。因此，最新动态信息是这类人员要求的重点。

（6）信息需求不太专深。所需信息要符合简易性原则，内容专深的信息（如科技专业性信息）对他们没有太大的意义。相反，简单明了，易懂可靠的实用信息才是他们所需要的。

（7）所需信息主要通过信息服务人员提供和从正式渠道获取。通过正式渠道的信息提供业已纳入管理工作范畴。如对于现代企业，其管理决策主要通过正规化的管理（系统）系统作保证。

8. 企业管理人员的信息需求

企业管理人员是企业的组织者和决策者，其主要工作是确定企业的发展，制定企业发展规划，进行企业经营决策，对企业进行科学管理，而不从事具体的科学研究工作、设计工作和生产工作。信息沟通是企业这个由人、财、物等多因素组成的经济综合体内物质和能量合理流动的基础，是发挥企业各种要素效能的必要条件，对于企业管理的功效提高有着明显的能动作用。企业管理人员的信息需求的一般特点是：

（1）信息需求量大、面广。主要表现在经济趋势、企业规划、市场走向、价格动态、组织管理、人员结构、科技水平、材料供应、设备情况、环境保护等方面。

（2）需要准确、新颖而且简明扼要的信息。任何主观性信息或误传的信息都会给企业管理人员的经营管理和决策带来严重后果，所以企业管理人员需要的是经过深度加工、仔细分析、正确评价以后的实用性浓缩的信息。

（3）企业管理人员也非常重视经济政策、经营管理、市场营销方面的信息，对本行业，尤其是竞争对手的各种信息十分敏感。

（4）所需信息源主要是三次文献。他们主要从信息人员在调查研究基础上编写的综述、述评、动态报道、预测报告、咨询报告中获取信息，而对原始文献信息、口头信息和实物信息需求量并不多。

（5）企业管理者一般通过正式渠道获得所需信息，他们要求信息人员要有针对性地及时提供有关信息，面对瞬息万变的市场，在对突发事件应做出反应时，更需要信息的及时、准确和迅速。

（6）企业中的三类管理人员，即从事日常业务管理人员、控制管理人员、经营决策人员，在主要信息来源、信息内容、信息范围、信息详略程度、信息新颖程度、信息准确程度、使用频率和信息加工等七个方面均有不同，表现出这三类管理人员不同的信息要求。

9. 广大农民的信息需求

全国90%的农民群体非常渴望技术型信息、政策法规信息、市场行情信息或者是一些见效快、实用性强、能够脱贫致富的信息。他们的信息主要来源于广播、电视、报纸、国家政策文件、用户反馈及购买实物等。由于他们对信息咨询机构缺乏认识，因而利用信息咨询机构很少。

10. 城市居民的信息需求

城市居民由于其年龄、性别、职业、经济收入、受教育程度、专业特长等不同，对信息的需求也各不相同。城市居民需求的信息主要是事实与社会新闻、卫生与健康知识、商品信息、生活知识与技能，对科学技术知识也有一定的需求，最多的信息来源于大众媒体，其次是公共图书馆或高校图书馆以及期刊、图书等。

三、咨询用户信息需求的共同心理和规律

信息需求行为是非物质的,是一种精神需求。咨询用户在这种精神需求过程中常常表现出一种不平稳的心理状态,如咨询用户的个性心理、价值观念、信息意识等对其信息需求心理产生影响。为此咨询馆员应利用管理心理学的原理和方法来研究咨询用户的心理活动,指导咨询用户科学地利用信息。

1. 咨询用户信息需求的共同心理

(1) 咨询用户的信息价值心理。从信息价值的角度讲,信息价值的大小,决定了咨询用户对信息需求的取舍。信息价值越高,咨询用户对信息的需求心理也就越强。

(2) 咨询用户求便心理。人们在解决问题时,总是要找到一个比较便捷,并且令人满意的解决方法,这就是求便心理。反映在咨询用户身上,表现为其在咨询时总是要到距离较近,手续简便,容易获取信息,而且首先要到自己最熟悉,认为最方便的地方。例如,图书馆或科学研究机构的信息中心。利用信息时,越是符合自己习惯的越是方便适用的,越会得到优先、大量的使用。例如,同一篇文献有原文和译文时,首先阅读译文,这些也体现了用户利用信息的求便心理。

(3) 咨询用户求全心理。咨询用户总是特别希望咨询服务机构能尽可能完整地提供其所涉及的感兴趣的学科领域内的各种信息,也期望咨询服务机构有设置齐备的设施。例如,计算机检索系统,复印机等。

(4) 咨询用户求新心理。主要表现为,在信息来源的选择上,以内容新,信息含量大为主。如专业期刊,因其出版周期短,信息量大、内容新,已成为咨询用户获取信息的主要来源之一。在利用文献信息的同时也注意利用媒介传播的信息。在信息的时效上,非常看重信息的时间性,要求咨询服务机构提供的信息时效性要强、时间间隔要短。

咨询用户除了有其共同心理外,也有共同的规律。

2. 咨询用户信息需求共同的规律

(1) 咨询用户信息所需的全面性。每个咨询用户都具有个人的,组织的和社会的多方面特征,通过信息咨询,每一特征都能激发相应的信息需求,并将其转为实际的信息行为,例如家长们不仅希望自己的子女学习成绩优良还不惜代价送孩子上各种辅导班,学习音乐舞蹈、书法绘画、电脑网络等,希望孩子能全面发展。这类现象就表明了用户信息需求全面性的存在。

(2) 咨询用户信息需求的集中性与分散性。我们从大量的咨询情况的

结果来看，用户所需信息呈现出集中与分散的状况。从电子工程技术研究的用户所咨询的范围可以看出，他们所需信息约 1/3 左右来自本学科领域的文献，1/3 左右来自相关学科领域的文献信息，还有 1/3 左右来自关系并不密切的范围更广的学科领域。因此，按学科领域、载体、语种的分布是集中的，也就是说常用的信息比较集中，余下的信息又是比较分散的，为数不多的少量信息分布较广。

（3）咨询用户信息需求的阶段性。任何用户的工作都具有明显的阶段性。工作的阶段性必然导致信息需求咨询的阶段性。如科研人员平时常规信息咨询，研究某一课题中遇到问题时的信息咨询，就在校大学生而言又分为四个年级，每个年级的学生都会根据自己在学习中所遇到的难题进行咨询。所以每个阶段的主要矛盾必然决定着用户在这一阶段主要的信息需求咨询的主要方向。据此可预测和分析特定用户信息需求变化的规律。

咨询用户的信息需求是一个涉及多学科的研究话题。深入进行下去，可发现更多的规律性。以这些规律性为指导，准确地分析和把握特定用户的信息需求，将会更合理地组织信息资源并最大限度地满足用户的信息需求。

第三节 网络环境下如何激发咨询用户的信息需求

一、网络环境下信息检索的不足

目前，在网络环境下随着各种信息系统及其检索技术的发展和完善，面对与之不相适应的需求增长，应吸收和借鉴信息需求研究成果，在考虑以计算机量化方法跟踪分析咨询用户需求的同时，重视咨询用户产生信息需求时的认知因素和寻求外在资源时的情境互动因素。

如何在网络环境下最大限度地了解用户信息需求并激发信息行为？首先应消除咨询用户在使用信息存取系统上的误解，其次应消除咨询用户对信息存取系统的误解。也就是说，咨询用户往往过度信赖（相信）计算机的能力，以为计算机像人一样思考，能自动了解问题的主题与信息需求并做出相应反应来。这样的误解往往使咨询用户所检索的结果无法反映真正的信息需求。其表现为：

（1）我国信息机构地点、服务时间的限制、获取信息程序的繁杂，大大压抑了大量潜在用户的积极性。图书馆作为一种非营利性机构，也让咨询用户习惯了查找信息的低廉费用。

（2）咨询用户在上网查询信息时已经承担了网络使用费用，然而在查询过程中还会碰到重重关卡，如技术上的应用造成了信息上的共享，信息流通的虚假繁荣，大量的杂乱无章、生活化的所谓免费信息充斥其中。

（3）检索技术也造成了信息获取的各种障碍。如界面系统的各具特色、多样性，这就需要咨询用户花费一些时间来个个熟悉，各种规则、各系统的浏览器需要下载。

（4）各个信息机构虽然拥有各种大量的信息资源，但实际上只能服务于其内部用户（如各高校图书馆和院系资料室）。虽然题录数据库是公开的，但全文数据库则有使用权限，服务项目很多，但其核心部分并不对外部人员开放。虽然搜索引擎指引了检索途径，但并不给你检索结果，使咨询用户在检索过程中花费了不少精力，而得不到相应的结果。这种在效果和检索行为得不到统一的情况下，实际上也是对咨询用户下一次检索信息需求的压抑。

二、解决方案

1. 用户培训——试用体验策略

提高信息服务机构人员的业务水平和信息保障系统的功能，无疑有重大意义，这一点很容易被人们理解。然而，人们往往忽略了问题的另一方面——对咨询用户的培训，因为咨询用户的信息素质和检索信息能力也同样影响他们使用信息的质量。

古人云："将欲取之，必先予之。"由于人们对未曾接触过的事物，不知如何使用，也不知会有什么样的后果，所以会产生一些不确定的感觉。但在接触了新事物后，会逐渐了解其功能，并渐渐降低对新事物的疑虑直到决定采用。当然，养成使用习惯还需要一定的时间。因此，信息机构可采取培训帮助、提供免费试用一段时间的形式，让咨询用户在这段时间内测试信息系统是否能满足需求，并据此决定是否购买其使用权限。

开展对咨询用户的培训工作，无论是对图书馆或其他信息服务机构的工作来说，还是对咨询用户来说都是重要的。

对图书情报（信息）服务工作而言，开展咨询用户培训的意义在于：

（1）对咨询服务的工作人员来说，有助于其业务水平的提高。一般情况下，咨询用户的培训工作是由负责咨询服务的工作人员来承担的。在实际工作中，他们要不断地研究新情况，掌握新技术，以适应培训咨询用户的需要。

（2）咨询用户培训工作的普及会使越来越多的人认识到信息工作的社会价值。确定信息工作者作为知识的开发者和传播者的社会地位，从而也有助于图书情报（信息）这一职业的社会地位的提高。

对于咨询用户来说，参加培训也有其现实意义。

（1）利于咨询用户对信息需求的表述。通过培训，咨询用户的信息意识会得到进一步提高，有助于唤起其潜在的信息需求，使其向实际需求转化并得以表达出来。

（2）能更有效地利用现有文献信息资源。通过培养，能提高以文献信息检索为主的综合性信息能力。在实际工作中，一旦需要，他们将自发地、主动地通过所有可能的途径开发文献信息资源，获取所需的信息。

2. 建立与咨询用户的协调机制

图书情报（信息）服务部门的目光不能仅仅盯在本机构内部的运行和机构所接触到的需要，应走出去，走进社会，参与和辅助住处用户构造自己的信息系统，参与或主持对社会群众各类信息资料、技术的管理和协调。

3. 注意捕捉咨询用户的需求，灵活服务方式

咨询用户的普遍心理是就易烦难。图书情报（信息）服务部门可以伸展出去，利用各种信息渠道主动融入咨询用户的信息交流网。利用网络咨询、网络导航、信息主动推送等方式，以灵活、形象、直观的形式来表现服务，来抓住咨询用户的注意力。

结束语：

在网络环境下，信息系统的建设、信息服务是与信息需求和行为研究分不开的。信息需求的研究对帮助咨询用户克服信息交流的障碍、解决信息资源的广泛性和信息利用之间的矛盾，使信息资源的充分开发和有效利用得到有机的统一具有重要意义。应当把激发信息需求行为的战略思考重心放在咨询用户身上。

第三章 参考咨询服务形式

现代通信技术改变着人与人之间的交流方式，也带来了参考咨询形式的多样化。从通信技术角度看，参考咨询的服务方式有传统咨询形式和网络咨询形式两大类。本章将围绕参考咨询服务形式展开论述。

第一节 传统咨询形式

传统咨询形式是指使用计算机技术和网络通信技术之前的参考咨询形式，它是相对于现代网络咨询形式而言的，常见的有咨询台服务、电话咨询和书信咨询三种形式。

一、咨询台咨询

咨询台咨询是一种简捷便利的深受读者欢迎的服务形式，按照问题的难易程度、资源利用方式以及文献专业类型等标准划分，有总咨询台和学科专业咨询台两种形式。

1. 总咨询台形式

总咨询台咨询一般在显眼的位置如大厅设置咨询台，接受到馆读者的咨询，为用户解答简单问题并引导用户接受进一步的咨询服务。这种馆员与读者面对面的直接交流方式，非常有利于了解用户的信息需求，做好图书馆宣传、接待、引导工作，解答到馆读者的口头咨询，也同时接受读者的电话咨询。总咨询台形式受到时空的限制，具有很大的局限性，仅在工作时间向到馆读者提供服务。

2. 专业咨询台形式

专业咨询台一般分散在各个专业阅览室，并在人力、资源等方面进行对应的配置和分布。如美国皇后区公共图书馆总馆设"信息"、"艺术和娱乐"、"小说"、"社会科学"、"商业科技"、"文学语言"、"历史旅游和传记"等9个咨询台，分属7个部门。每个咨询台由1~2名受过专业训练的参考咨询员值班，部门为参考咨询员配备助手，进行辅助工作。参考咨询员除了直接解答用户问题，还直接采购馆藏资料，并将图书简单分类，直接负责馆藏资料的建设、上架等工作。该馆的图书流量连续10年居全美公共图书馆的首位，是和该馆的服务模式是分不开的。专业咨询台服务模式以人力资源和信息资源的纵向分类为特点，适应了用户解决问题的需要，不但使服务效率和服务的友好性有了提高，而且在服务的深度方面优于传统的横向分配的服务模式，是咨询服务朝专业化、个性化方向发展的一种方式。

3. 咨询台形式咨询应注意的问题

读者进入图书馆后，会提出各种各样的问题，需要得到即时答复。这些问题有针对图书馆本身的，如开放时间、日常活动安排、图书馆的资源分布等，也有希望得到其他各种信息的。馆内咨询主要提供的答案是比较容易获取的简短的事实和现有的数据，如对读者进行馆藏利用和文献检索方面的辅导，以及指点相关的信息源。所以，参考咨询员在咨询过程中，一般应注意以下问题：

（1）热情接待读者

接待读者贯穿于咨询过程的始终，既有读者提问时的交谈，也有解答咨询时的沟通，因此是一种双向的、相互作用的行为，双方居于平等的地位。参考咨询员能否以适当的言语、得体的举止接待前来咨询的读者，直接关系到咨询工作的质量，而自始至终表示出对读者的提问感兴趣是参考咨询员必须做到的。参考咨询员应站在容易让读者看到的位置，随时准备以点头、微笑等形体语言向前来咨询的读者作出友好和欢迎的表示。如果当读者来到咨询台时，参考咨询员仍在看书、整理资料或相互闲谈，会使读者感到不安、不悦。参考咨询员友善的言行是对前来咨询的读者的一种鼓励和支持，特别是对于性格比较内向的或略有生疏和紧张情绪的读者，更应给予这种鼓励和支持，使他们消除紧张心理，敢于询问，以顺利地开始双向交流。

（2）仔细聆听读者提问

读者提出的问题深浅不一、五花八门，有的问题可能非常简单，没有什么专业性可言，应该即时答复。有的问题可能相对比较复杂，需要花费一定的时间和精力。无论哪一类问题，参考咨询员都应认真倾听，并以适当举止表示出是否已理解了读者的提问，如点头示意，或对未听清的问题作简要的询问，这都利于营造一种和谐的氛围，以得到读者的信任和认可。在倾听提问或解答提问的过程中，应注意脸必须对着读者，眼睛不要东张西望而显得心不在焉，注意力应集中在读者身上。态度自然、从容，语气平和亲切。要允许读者用自己的话表达想法，不要急于插话或打断读者的问话。必要时，双方可借助眼神、形体动作、画简图等方法帮助表达意思。在对读者的想法不甚明了的时候，参考咨询员可以重复一下读者的问题，或表述一下自己对该问题的理解，让读者做出肯定或否定，以使双方对此问题达成共识。在咨询过程中，参考咨询员不能表示出不屑一顾或满不在乎的神情，因为参考咨询员认为简单的问题对于某个特定的读者来讲，也许是最重要的。

(3) 查找信息

现场解答的咨询问题一般是比较简单的，通过查阅一二种检索工具或其他馆藏即可获得答案。在弄清了读者的提问后，参考咨询员需要尽快做出判断，确定采用哪种检索工具或使用哪种检索方法，使查获答案的可能性最大，而实际检索的工作量最小，以便能迅速准确地答复读者。如何针对不同的提问选用不同的工具书，这不仅是一个理论问题，更是一个实践问题。参考咨询员要了解各类工具书的特征，主要的收录内容，基本的检索方法，同时应注意在实践中做有心人，逐步积累经验，必要时做些书面记录，以备将来遇到类似问题时参考。但是工具书一般具有信息滞后的缺陷，有些问题是无法通过工具书解决的，特别是一些动态性的信息。这时需要查阅报刊，或通过网络检索来查找。

(4) 解答问题

参考咨询员通过各种途径查找到读者询问的信息后，要清晰明了地向读者做出解答。在解答问题时，首先，咨询解答要通俗易懂，尽量避免使用读者难以听懂的图书馆专业术语。其次，一个令人满意的答案应该是正确的、完整的。正确与否取决于答案的准确度，而完整与否则意味着是否向读者提供了与该问题有关的最主要的重要信息。如果在问题解答中查找到非常重要的信息，但用户并没有提出这些需求，在答复读者时也应一并给出。因为，这些相关信息可能是读者潜在需求的信息。再次，问题解答中，有时需要进行必要的说明和解释，特别是对一些用数字和统计资料来回答的问题。有时咨询解答还要提供信息的来源。这些有利于读者了解参考咨询员通过哪些技巧从馆藏资源中检索而得，指导读者熟悉具体的参考资源，同时还表明提供答案的工具书对答案负责任。如果参考咨询员没能找到读者需要的答案，可以向读者说明自己的查找过程，包括所用的工具书和检索词，以取得读者的认可和谅解。这样即使读者决定继续查找或求助于其他图书馆时，不会重复以往的工作。如果参考咨询员确信从其他机构或图书馆能够获得答案，应进一步向读者指示信息源，指示的信息源应尽可能完整，包括机构名称、地址、电话号码等，必要时打电话予以落实。参考咨询员并非对每个问题都回答，但对于不能回答的几类问题应明确列出，并向读者进行必要的说明。

二、电话咨询

电话咨询是读者从馆外获取图书馆信息最便利、最常用的渠道。电话咨询对问题的解答更快、更及时，对参考咨询员的语言表达能力和心理素质的要求也更高。在电话咨询过程中，读者看不到馆员查找信息的过程，在等待参考咨询员的解答时比较容易产生急躁情绪。

为了能较顺利地解答读者提问，咨询部门应做好以下几项工作。

1. 培养电话接听技巧

电话咨询中，嗓音是唯一的交流工具，咨询人员嗓音的清晰悦耳，态度的亲切热情是体现服务质量的重要方面。接听电话时，咨询人员要主动招呼："您好，请讲"，"您好，这里是图书馆电话咨询部"，有利于营造出友好合作的气氛。在聆听读者咨询问题时，要保持思维敏捷，边听边记录，善于从短短的交谈中快速判断读者遇到的问题，弄清楚什么是已知信息，什么是要求的信息，根据已知信息确定检索的主题，而根据其要求确定检索的范围和方向。

2. 配备必要的检索工具

电话咨询要求参考咨询员迅速做出回答，所以应配备必要的参考信息源和相关设备，配备的多少可从本馆的实际需要和经济实力出发，参考信息源越丰富、完整，咨询工作效率也相应提高。常用参考信息源主要有三个部分：一是基本检索工具，如《中国图书馆分类法》、馆藏目录或联合目录、当地的号码簿、因特网网址簿、统计年鉴、指南、手册、百科全书等。二是自建参考信息源，如专题剪报、各种宣传资料等。专题剪报是根据读者常见咨询问题而搜集的时效性较强的信息，剪报工作一般由咨询人员在接答电话的间隙兼任，直接参与信息的采集。随着剪报量的增加，应为剪报编制主题索引，选用的主题词要直接简明，避免过于宽泛。咨询电话中询问馆内活动的占有很大的比例，因此介绍馆内活动的资料是必不可少的，如各阅览室的开放时间、办证的注意事项、专项活动的安排等，一旦情况有变化，必须及时更新。检索工具书和剪报内容的选择，由参考咨询员确定，根据需要进行扩充和调整。三是计算机的配置。计算机的配置对参考咨询工作效率有很大影响，例如，在解答书目咨询时，利用计算机查询机读目录要比查阅书本式目录快捷和方便得多，参考咨询员可以一边检索一边回答。在解答网络信息检索、图书馆电子资源使用等问题时，更是离不开计算机和网络。电话咨询专用工具书、剪报、计算机等设备的安放应突出"就近、便利"原则，最常用的书要随手可得，以节省取书的时间和工作人员的体力，计算机可设置在咨询人员座位的右侧，查询时咨询人员可左手握话筒，右手操作，以便随检随答。

3. 培养应变能力

电话咨询人员应具备良好的心理素质和应变能力。电话的普及，使电话咨询的数量急剧增长，向图书馆打个咨询电话已成为一件很方便很随意的事。在电话咨询过程中，有时会遇到一些纠缠不休的读者，有些读者可能因对图书馆工作有意见而借此发泄，甚至有的是无聊的恶作剧，对咨询答案不满或等待答案时缺乏耐心的读者也可能对咨询人员的劳动不予尊重。这要求电话咨询人员上岗前要做好较充分的心理准备，能灵活地处理各类电话，有较强的心理承受能力，善于借助语言准确地表达思想，有化解矛盾的能力，使电话咨询的过程成为一次双方不见面的愉快的合作过程。

4. 限制电话解答时间

电话咨询主要提供容易获取的事实或数据信息以及进行馆藏介绍，为了保证通信线路的畅通，有必要对通话时间进行适当控制，尽量在控制时间内解答完提问。若问题较复杂，检索较费时，可设定回答时间，约请读者过些时间再打进来，既给咨询人员留有充分的检索时间，又不使读者长时间在电话那头等待，也不至于影响其他读者使用电话线路。有些问题可以回答最简单的事实，同时介绍相关的参考资料和工具书，建议读者来馆进一步咨询或自行研读解决问题。不适合电话解答的课题查询，可将电话转到有关部门处理。一般来说，一次咨询的问题以不超过三个为宜，提供的答案亦不超过三个。一次提问过多，会占用太多的时间和电话线路。当然，在实际操作中，咨询人员有时也需要灵活掌握这些规定，总之其目标应是鼓励读者给图书馆打电话，以求最大限度地利用图书馆的信息资源。

电话咨询也属于便捷型咨询，跨越空间，咨询人员与读者不见面，仅通过电话进行沟通和交流，适用于用户的事实型咨询，可以方便地服务于不能到馆而有急需的用户。缺点是由于咨询问题的难易程度不一，咨询馆员对问题的解答可能不及时或最终解答时间不能确定，往往会造成用户多次电话询问。而且电话咨询时读者无法亲眼目睹参考咨询员在解答咨询过程中所付出的辛苦劳动，不易理解查询中有时会出现的一些情况，以致事不随愿时容易口出微言。

三、信件咨询

读者以信件的方式向图书馆进行信息咨询也是远程咨询的一种常用方式。

在电话日益普及的情况下，咨询信件往往来自比较遥远的地区，写信的读者一般提问比较慎重，对提出的问题往往也认为事关重大，其中不乏学术或技术性的问题，有的涉及读者的一些切身利益，往往对图书馆寄予较大的期望。也有读者认为写信比电话容易说清楚，且通信费用相对便宜，因此喜欢信件咨询。在信件咨询中，应注意以下几个问题。

1. 明确读者提问

信件咨询中读者能否清楚地表达提问是咨询能否成功的前提。有些读者从自己对问题的认识出发，提问表述过于简单，或使用一些含糊不清的字眼，使咨询人员难以判断出提问的目的、要求、所属学科范围。信件咨询不能像馆内咨询和电话咨询那样可以进行即时的双向交流和沟通，在这种情况下咨询人员应该写信问清楚，例如可以提示提问者对问题应表达清楚哪几个方面，也可以附上本馆的咨询清单，请他按要求逐项填写清楚。

2. 书面解答

在以书面形式答复咨询结果时，咨询人员也应注意表述准确、明了，指明信息的来源。课题检索等较复杂的咨询有时不是经过一次通信就能达到沟通的目的。为了节省时间，可询问对方电话号码，改用电话进行联络。咨询信件应作为业务档案，予以保存。对信件咨询应本着认真负责的态度及时处理、复信，不应拖延或敷衍了事。不管检索结果如何，都应给以答复，切忌发生丢失信件的不良现象。

第一节　网络咨询形式

网络技术的迅速发展和应用，使传统参考咨询的提问和解答方式都发生了重大变化，出现了信息推送和虚拟参考咨询等网络咨询形式。

一、信息推送服务形式

信息推送服务形式是参考咨询的重要内容。参考咨询员可以利用信息推送技术，通过电子邮件、"我的图书馆"（My Library）主动将读者需要的信息推送给特定的用户群体。

1. 电子邮件服务形式

电子邮件服务是在计算机网络和通信技术的紧密结合中应运而生的，是一种先进的现代化通信方式。电子邮件服务是目前最基本的数字化参考服务，用户通过 E-mail 将咨询问题以电子邮件的方式发送给相关咨询人员，咨询人员以电子邮件的方式将答案发送给用户。国外的一些图书馆从20世纪80年代后期开始将其引入参考咨询工作，并对这种新型的咨询方式进行研究和探索。图书馆一般在参考咨询主页上公布咨询台的 E – mail，还公布了相关工作人员的邮箱地址，最大程度满足用户的需求，并规定了 E – mail 方式答复读者询问的时间。

电子邮件通告是一种非常实用的服务方式。读者只要加入图书馆提供的该项服务，图书馆便会全面快速地将图书馆购买的新书新刊、电子资源、最新服务项目和公共信息等送至使用者的电子信箱，使读者及时了解本专业的电子资源和相关服务，更好地为教学科研服务。电子邮件的优点是传递速度快，提问不受时空限制，而且可以采用附件形式传递各种类型的电子文档。以电子邮件形式开展的信息服务方式有：解答读者咨询、代查代检服务、信息定题服务、科技查新服务、文献传递服务、邮件通告服务等。但是电子邮件也像普通信件那样，咨询人员不能与读者进行面对面的对话，这对问题比较复杂的咨询来说是不利的，用户对问题的描述往往不够全面，需要与参考咨询员之间的多次交流。

2."个人图书馆"形式

个人图书馆（My Library）就是典型的信息推送模式。个人图书馆是为用户个人搜集和组织数字化资源的一种工具，是当前开发应用较成熟的图书馆个性化定制服务系统，也是一个完全个性化的私人信息空间。系统利用软件保存、修改用户检索历史，分析用户的长期兴趣，根据用户的兴趣来对资源进行过滤，把其中符合需求的内容提取出来为用户提供主动的信息推送服务，从而形成一种因人而异的信息服务形式。如向读者发送图书馆新到的与其专业、研究方向及兴趣相关的新书的索书号和馆藏地、新刊的最新目次页等；不定期向读者发送介绍图书馆电子资源的相关信息；根据读者的学科情况提供比较详细的电子资源相关信息，包括数据库动态、数据库说明、相关数据库简介、最新信息、订购信息、培训信息、试用数据库反馈信息等；向读者介绍图书馆新开展的服务项目的内容、方式；通报图书馆开展的培训、讲座、最新服务项目、假期开放时间等。该项服务主动性强，适应了用户的个性化需求。

二、虚拟参考咨询服务形式

1. 虚拟咨询台形式

虚拟咨询台形式是一种基于 Web 表单形式的咨询服务。读者只要打开某台联网的计算机，就可以登录虚拟咨询台，填写咨询问题表单，提交到服务器。参考咨询员接收到咨询问题后，利用各种方法帮助读者解决问题，并将问题答案通过用户提供的电子邮件地址寄给用户。虚拟咨询台就是以数字图书馆馆藏资源为基础，以因特网的丰富信息资源和各种信息搜寻技术为依托，为读者和用户提供网上参考咨询和文献远程传递服务。虚拟咨询台是针对参考咨询工作的各个环节专门开发的系统软件，便于对咨询问题进行管理、对咨询活动进行监督，对提高参考咨询工作质量具有重要作用。此外，虚拟咨询台还可用于异地咨询员参与解答读者的疑问。

在图书馆咨询网页建立读者需求提问表单，读者按要求逐项填写自己的需求，问题提交后，由参考咨询馆员在规定的时间内给出答复。当用户通过网络进行正式咨询时，首先进入一个咨询说明页面，内容为咨询台的主要服务内容、目的（可以回答什么等），让用户在看了以后再填写表单进行提问，这样可避免一些不属于咨询台回答的问题。表单包含用户和咨询问题的一些基本信息，例如用户名称、电子邮件地址、问题的主题、具体内容等。用户按要求填写表单，具体地表达自己的信息需求，然后发送给图书馆相应的咨询馆员，由他们根据表单提供的信息来为用户解答问题。提出的问题大多为简易型或事实型的参考问题，如查找书目资料、寻找某机构的地址或电话号码、解答有关图书馆馆藏和服务的问题、解答光盘和中外文网络数据库检索的问题、征集读者对图书馆的建议或意见、并督促有关部门解决。

用户通过主页，还可以访问自己需要的图书、浏览各种文献、检索数据库，提出疑难问题。

2. 实时咨询形式

电子邮件和表单咨询都属于异步咨询，为保持馆员与用户面对面咨询中实时交互的能力，实时在线咨询开始发展起来。实时咨询一般通过网上聊天方式进行，它所使用的软件通常是专门定制的，或者是利用已有的，如呼叫中心（Call Centers）、网上联系中心（Web Contact Centers）、电子商务客户服务中心以及有类似功能的商业软件完成咨询服务。数字参考咨询使用的软件能够给用户提供提交问题的表单，在问题提交后它会自动提醒参考馆员，使问题的提问者和回答者之间产生一种互动，可以追踪咨询进行的状态，用户提出的问题和咨询员对问题的解答都记录在检索数据库（Searchable Database）里。这个数据库又被称为知识库（Knowledge Base）。

总之，网络参考咨询是以网络环境为背景，以馆藏实物信息资源和世界范围内的网上虚拟信息资源为主要对象，根据用户的特定要求，以知识和信息的开发为手段，从事知识和信息的调研、搜集、加工、转换、重组与创新的一系列服务，它的核心理念是资源共享、利益对等、责任共担。

3. 联合虚拟咨询形式

随着高新技术在图书馆的广泛应用，信息处理的社会化程度不断提高，参考咨询工作朝着网络化、虚拟化的方向发展。例如，美国国会图书馆倡导并实施的全球数字化参考服务（Collaborative Digital Reference Service，简称CDRS），依托丰富的网络资源及资深的咨询专家，为在任何时间、任何地点提问的任何用户提供高质量、专业化的服务，成为全球规模最大、服务范围最广的网上参考咨询服务系统。

第四章 参考咨询服务内容与工作程序

为了让读者更好地了解图书馆、利用图书馆，参考咨询工作不但被动地接受读者提问，而且利用网络技术开展主动的宣传报道、信息推送和文献传递服务；不但通过个别辅导方式帮助读者查找文献，而且开展各种类型的读者教育活动普及推广信息检索方法；不但开展基础层次的咨询活动，而且开展专题文献研究、专题数据库建设、市场调研活动等，为决策者提供必要的信息产品；不但开展基于文献的信息服务和技术服务，而且开展了一系列拓展服务。

现代图书馆参考咨询服务的内容可谓是丰富多彩，常见的服务内容有：读者咨询服务；馆藏资源的整合与揭示；文献资源与服务项目的宣传；开展读者联谊活动；开展读者教育活动；开展馆员业务培训活动；开展文献检索服务；提供馆际互借与文献传递；读者需求调研；建立专题数据库；开展专题情报研究服务等等。由于各个图书馆的性质、规模不同，所面对的读者群体不同，参考咨询员的素质也不同，致使各馆参考咨询的范围、内容和类型各有侧重，不一而同。从服务的内容层次和服务类型角度，可以划分为读者咨询服务、用户教育服务、网络信息资源组织、专题情报研究服务四大类型。

建立专题数据库，即根据图书馆资源优势建立特色数据库。试用新增加的电子资源，收集读者反馈信息。

读者咨询服务，即解答读者提问是参考咨询工作的首要问题，也是图书馆满足读者个性化信息需求的具体体现。

建立联合目录检索系统，即对馆藏的各种载体形式的信息资源进行集成、建立联合目录，让读者更方便地知道图书馆有哪些资源是非常重要的，这需要对馆藏资源进行整合研究。例如，我国图书馆普遍将信息资源依据载体类型，分成独立的若干个库，由读者自行从中挑选。这样的好处是，读者需要什么载体的资源，可以直接到相应的库中取，缺点是对学科资源的揭示不够全面系统，读者可能只注意到一两个库的资源，而忽略了（或者根本不知道）其他库的资源，或要经过很多的尝试才能打开所有的库。目前，很多图书馆的公共目录检索系统能够检索各种类型的文献资源。

图书馆应加强信息资源和服务形式的宣传，特别要对新到馆的资源及时报道。图书馆可以定期印制宣传材料，介绍图书馆的规章制度、行为规范，服务内容，图书馆利用的基本知识，馆舍布局、利用图书馆的有关知识、常见问题与解答、数据库的使用方法和技巧、宣传图书馆的主页、图书馆提供的网络服务等内容，帮助读者充分利用图书馆，培养用户潜在的咨询服务意识。这些资料可放在馆内的信息宣传架上，读者随时可取，也可主动散发。网络使图书馆自我宣传的方法和途径更加丰富多彩，如虚拟社区、电子邮件、公告牌、留言簿等。

图书馆可以积极参与读者活动，并在文献、场地、人力、经费、管理等方面提供尽可能多的支持和帮助。通过支持读者组织活动，可以提高读者忠诚度，并为图书馆赢得更多的忠实读者。如开设图书评论活动，对一些优秀图书进行评价性导读；举办"图书馆周"、"优质服务月"、"一小时讲座"、"专题文献展"、"服务流动车"等，还可以利用新闻媒体对图书馆取得的成果或推出的新举措进行宣传。为提高馆员的综合素质，图书馆需要经常开展馆员业务培训工作。馆员培训工作一般由参考咨询部门来组织。例如，河北科技大学图书馆开设的馆员业务培训课程有：图书馆基础知识、图书分类、文献资源建设、图书馆文明等。

第一节 读者咨询服务

一、读者咨询服务的范畴

读者咨询服务是参考咨询最常见的服务内容，一般由参考咨询员随时接受读者咨询提问，并提供解答。参考咨询的目的是满足读者的个性化信息需求，但读者提出的问题方方面面，五花八门，深浅不一，并非所有的问题都能够在图书馆解决。因此，明确图书馆参考咨询的范畴，可以省去一些不必要的咨询，提高处理咨询问题的效率。

从读者咨询问题的内容来看，参考咨询服务包括以下范围：了解馆藏资源；了解图书馆的各种服务；提供文献资源利用指南；提供多个权威的专业信息源；对专业期刊进行评价；提供投稿指南；提供专利、会议、成果、内部信息；对科研课题提供查新、采集、组织、跟踪等特别咨询服务；提供专题研究服务；提供定题检索服务等。所有问题的回答不仅仅与参考咨询人员的能力有关，还与图书馆文献资源的收藏情况有关。有时用户的文献需求比较精深，需要提供情报研究服务，对情报的隐性信息进行开发与组织，做出有决策意义的分析报告。如果读者提出的咨询问题范围大、要求高，还涉及图书馆力量问题。有些问题不属于参考咨询的范围，例如，学生的作业题；病人的医方；文物的鉴定；法律问题咨询等。图书馆参考咨询工作应根据文献资源的规模和特点、基础设施、馆员素质、服务对象等，明确规定各馆参考咨询服务的范围。

例如，日本国立国会图书馆规定参考咨询的范围包括：馆藏图书的查询（是否收藏）；藏书机构的调查（当本馆无收藏时查询有收藏的馆，仅限在日本国内）；著录事项的调查（文献的书名、著者名、出版年、出版地等）；文献的介绍（调查某个主题时做参考的文献的介绍）；介绍相应的单位（能回答所提问题的单位）。不属参考咨询范围的问题有：对将来的预测等问题；征询图书馆员的推理、推断、价值判断；推荐好书、中介图书的买卖；古籍、美术品的鉴定及市场价格的调查；文献的解读、注释、翻译；题目的解答、报道、毕业论文、智力竞赛题等；牵涉个人隐私的调查；私人问题、家庭问题及法律、医疗等问题的商量；制作包罗万象的文献目录；代行调查研究；无法正常检索的记事和照片。

参考咨询员在接受咨询问题后，不仅要了解客观需要，明确问题的范围、性质、目的、作用和要求，而且要分析主观条件，看自己是否有力量、有条件解答问题，以及是否应该解答问题。如果读者提出的问题较为重要，又迫切需要，某一图书馆无法单独完成咨询问题的解答，也可以通过同其他图书馆联系，共同来进行解决。因为图书馆事业是一个整体，图书馆之间有相互合作、相互支持的优良传统。

二、参考咨询服务的类型

读者提问内容庞杂，要求的服务深度也参差不齐。按照读者提问的内容特征可分为向导性咨询、辅导性咨询和检索性咨询三种类型。

1. 向导性咨询

向导性咨询是参考咨询工作中最基础的服务层次，这类问题一般比较简单，解答时间比较短。向导性咨询的问题都是一些简单常见问题，如图书馆各职能部门的位置、基本工作内容、联系人、电话，图书馆规章制度、各种手续办理程序，馆藏基本结构、特点、分布，图书馆最新动态、各种讲座、活动等。向导性咨询一般发生在总咨询台，所以很多图书馆都在大厅或读者最容易看到的地方设置总参考咨询台，回答到馆读者提出的各种咨询问题。

向导性咨询的问题都是一些常识性问题，随机性强，读者需要咨询人员能够立即回答。为满足工作需要，参考咨询员需要将问题进行归类、整理成参考咨询手册，并在实践中不断总结经验，及时补充各种新问题，见表4-1所示。

表4-1 向导性咨询中常见问题的类型

常见问题的类型		问题举例
图书馆概况	图书馆发展简史 图书馆面积 发展方针 服务对象	1. 图书馆有几个分馆组成？ 2. 图书馆的面积是多少？ 3. 图书馆的读者构成有哪些？ 4. 校外读者能否利用（高校）图书馆资源？ 5. 图书馆是否为残疾人服务？ 6. 图书馆的馆训是什么？ 7. 如何向图书馆捐赠图书？
部门结构	图书馆部门设置 楼层位置 基本服务内容 联系人及电话 读者借阅规定	1. 到哪里能查到图书馆的电子资源？ 2. 教师借阅图书的期限是多长？ 3. 读者如何获得期刊目次服务？ 4. 生物制药专业的学科馆员如何联系？ 5. 工具书能否外借？ 6. 图书馆自习室为什么不能占座位？ 7. 期刊是否允许外借？
规章制度	开馆时间 读者管理	1. 电子阅览室的开放时间 2. 读者怎样办理借书证？ 3. 申请用户账号时应该注意什么？ 4. 用户密码忘记怎么办？
馆藏资源	馆藏资源的类型 馆藏资源的分布 书刊的排架方式 书刊的查找方法 电子资源检索技巧	1. 图书馆电子资源有哪些？ 2. 图书索书号是怎么回事？ 3. 期刊是按什么排架的？ 4. 我馆电子图书有哪些？ 5. 如何拷贝电子图书的文字内容？ 6. 查找国外学术资源使用哪个搜索引擎好？
服务形式	书刊的借阅 文献检索 馆际互借 原文传递	1. 借书记录与实际情况不符怎么办？ 2. 借阅时书上没有条形码怎么办？ 3. 如何进行用户状态查询？ 4. 怎样预约图书？ 5. 工具书室代查代检服务是如何收费的？ 6. 为什么有些会议文献找不到？ 7. 哪些期刊是中文核心期刊？ 8. 怎样才能知道某一期刊的最近一期是否到馆了？ 9. 如何获得图书馆未收藏的图书或文献？

续表

常见问题的类型		问题举例
宣传教育	散发各种宣传品 展览活动 读者活动 专题讲座活动	1. 图书馆举办哪些读者培训讲座？ 2. 参加读者培训活动是否收取上机费用？ 3. 免费发放读书卡的地点在哪儿？ 4. 从哪里可以获得利用图书馆的指南资料？ 5. 本月有哪些培训活动？ 6. 书画展览活动的时间？ 7. 如何参加读书征文活动？
拓展服务	文献复制 光盘刻录 信息技术服务	1. 图书馆提供打印、光盘刻录、电话和传真等服务吗？ 2. 如何在图书馆无线上网？ 3. 为什么阅读电子期刊要下载专用浏览器？ 4. 请问图书馆有没有投稿方面的信息？ 5. 读者急需的磁带视听室没有怎么办？ 6. 为什么最近有些数据库登录不上？ 7. WindowsXP 的无线网卡驱动在何处可以下载？
读者意见	服务方面 文献资源建设方面	1. 对图书馆的工作及服务有意见或建议，向谁反映？ 2. 有关图书馆的问题向谁咨询？ 3. 图书馆学科馆员的职责是什么？ 4. 能否增加本科生的图书外借数目？ 5. 读者如何向图书馆推荐新书？

2. 辅导性咨询

辅导性咨询是指针对读者在查找资料过程中出现的各种问题而进行的咨询活动。辅导性咨询一般由各个服务岗位上的专职或兼职参考咨询馆员来完成，如图书流通部门的导读工作、阅览部门的文献检索方法辅导工作等。辅导性咨询的内容有事实性咨询和方法性咨询两种。

事实性咨询就是对读者提出的一般性知识咨询，通过查阅各种相关的参考工具书查找线索或答案，直接回答读者，或指引读者利用某一工具书、刊，直接阅读有关咨询问题的资料。如查找具体的人物、事物、产品、数据、名词、图像等。事实性咨询，读者往往需求关于某一事实的具体信息，问题范围很广，涉及科学、技术、社会、文化、生活等各个方面。事实性咨询要切实解决读者的问题。例如，一位退休老教师收集了平时遇到的90多个偏僻古文字，到图书馆查找它们的读音和注解。这些字在现代汉语字典中是查不到的，于是我们利用图书馆收藏的《汉语大字典》、《康熙字典》、《难字大字典》等工具书进行查找。由于需要查找的偏僻字多，而这些老字典的使用也不太熟练，有时一个字连续几种字典都查不着。经过这位老教师和几位馆员的共同努力，多方查找，最后只剩下个字未能查到。虽然问题没能全部解决，但馆员的帮助节约了教师大量的时间，教师感到非常满意。

方法性咨询，即解决读者在查找文献过程中，因不熟悉检索方法而遇到的困难。这类咨询的特点是主动性强，图书馆工作人员可以充分发挥自己熟悉馆藏、熟悉检索工具的优势，给读者以检索方法的辅导和帮助。例如，某学生因写毕业论文需要参考《化学农药制备技术》一书，在书库没有找到，通过查找馆藏目录确信本馆没有收藏该书后，又查找图书馆联合目录，结果发现北京农业大学图书馆收藏该书，于是向信息咨询部门提出馆际互借申请。咨询人员明确读者需求的书名后，通过查询本馆电子图书数据库，结果在超星数字图书馆中找到该书。有了咨询馆员的帮助，读者在短短几分钟内就解决了难题，感到非常满意。

辅导性咨询是参考咨询工作的基本内容之一，已经渗透到图书馆读者服务的各个环节，如文献的流通、阅览、检索等活动中，通过面对面的交流，馆员不断地针对各个具体问题给出解决问题的方案。通过图书馆员对读者在阅读目的、内容、方法等方面给予的直接指导和帮助，提高读者选择文献、利用文献、理解读物和消化知识的能力。参考咨询员在开展咨询性导读的过程中，遵循针对性、主动性和科学性原则，以提高阅读效率和质量为宗旨，对不同类型和层次的读者开展不同内容、不同形式的导读，全面改善读者对图书馆的了解，提高馆藏深层利用率。参考咨询员应该深入到读者的科研和工作中去，与读者进行学术探讨与交流，指出阅读重点，解决实际难点与处理策略，帮助读者提高阅读能力及利用图书馆的广度、深度和速度。辅导性咨询需要一定的专业技术和业务能力，参考咨询员在工作中积累了非常珍贵的经验，应该注意积累，相互交流，提高服务水平。辅导性咨询的常见问题如表4-2所示。

表 4-2　辅导性咨询中常见问题的类型

常见问题		问题举例
图书导读	图书的查找方法 工具书的使用 图书推荐 专题书目 标准的查找 专利的查找 会议录的查找	1. 图书馆是否提供专题书目服务？ 2. 如何查找教学参考书？ 3. 查找国际标准的工具书有哪些？ 4. 各种会议录存放在哪里？ 5. 专利的检索途径有哪些？ 6. 如何查找机构名录？ 7. 如何利用统计年鉴查找统计信息？ 8. 外文原版图书在哪里查找？ 9. 图书馆收藏有哪些外语学习的资料？
报刊查找	现刊的查找 过刊的查找 目次页服务 题录服务 检索工具的使用	1. 日俄文期刊在哪里查找？ 2. 中文过期期刊的查找方法？ 3. 时事类报刊有哪些？ 4. 如何使用报刊索引？ 5. 图书馆收藏哪些文摘类期刊？
电子资源的利用	光盘目录 数据库目录 数据库使用说明 搜索引擎使用说明 网络导航服务	1. 为什么从《中国期刊网》上下载的全文都是乱码？ 2. 随书光盘的安装与利用方法？ 3. 图书馆提供哪些学科网络导航？ 4. 图书馆自建数字资源有哪些？ 5. 图书馆能否提供电子资源使用说明书？

3. 文献检索性咨询

　　文献检索服务是根据读者提出的问题，通过查找有关文献、文献线索及动态进展性情报开展服务。为满足用户的个性化需求，文献检索服务需要以馆藏文献资源和网络信息资源为基础进行系统全面的检索，一般由专职的参考咨询员来完成，常见的服务形式是代查代检。用户咨询时需要填写提问申请单，检索申请及检索后的结果可以通过电子邮件来传递。从文献检索的内容看，常见的类型有：专题检索、科技查新、专利检索、三大索引检索、标准检索等。

　　专题检索：即围绕读者提出的某一特定问题开展的文献检索服务。专题检索主要针对自然科学、社会科学及人文科学各个学科、各种目的的研究课题，以描述课题的主题词、关键词作为检索入口，开展文献检索服务。检索结果提供文献的目录、文摘，部分可提供全文。如专题目录就是对于读者提出的非一般性知识的咨询（如专项研究课题），所进行的提供一组专题的文献目录，供他们根据这种目录去查阅有关的文献资料，求得问题的解答。这种咨询的特点是系统性和回溯性强，要求提供的文献全面、系统、针对性强。

科技查新服务：是指查新机构根据查新委托人提供的有关科研资料查证其研究结果是否具有新颖性，并做出结论。通过查新能为科研立项、科技成果鉴定、评估、验收、奖励、专利申请等提供客观依据。

三大索引检索：通过作者姓名、作者单位、期刊名称及卷期、会议名称、会议时间、会议地点、文献篇名、发表时间等途径，查找文献被世界著名检索工具（SCI/EI/ISTP 等）收录及被引用的情况，并依据检索结果出具检索证明。

我国国家图书馆利用电子邮件开展的代查代检服务除了文献检索、三大索引检索外，还有商业经济信息检索服务，如提供国内外公司的名录、产品、经营范围、雇员人数、财政状况、销售额等信息检索服务。图书馆将检索结果包括书目资料、图表或全文等，利用电子邮件寄至使用者的电子邮箱。

为方便读者，图书馆还提供馆际互借和文献传递服务。当读者查到文献信息却无法在本馆获得资料原文时，可利用馆际互借服务。同时，图书馆开展文献传递活动，帮助读者获取期刊论文、专利说明书、技术报告和学位论文等文献资料，以最大限度地满足读者需求。馆际互借申请与资料到馆通知的最佳工具是电子邮件，电子邮件可加速信息的传递与处理。例如 OCLC 的馆际互借子系统及美国国家医学图书馆的 DOCLINE 系统，就是利用电子邮件提供全国性和国际性的馆际互借服务。我国的国家科技图书文献中心的文献传递服务，通过电子邮件与账号管理功能，可让使用者在查到馆藏目录或期刊目次以及各类全文数据库的检索服务后，立即通过电子邮件订购原文，从而免去了传统馆际合作中许多烦琐的程序，同时，为保证中心的注册用户方便、可靠地利用电子邮件方式获取所订购的全文文献，中心为注册用户提供开设专用信箱（50M）服务项目，作为接受所提供的全文的信箱。文献检索型咨询中常见问题的类型如表 4 - 3 所示。

表 4 - 3　文献检索型咨询中常见问题的分类

问题类型		问题举例
论文收录情况	三大索引	1. 如何判断自己的论文是否被三大检索工具（SCI、EI、ISTP）收录？ 2. 怎样查到最新的 SCI 收录期刊的排名？ 3. 如何知道哪些期刊被 SCI、EI 等检索工具收录？

续表

问题类型		问题举例
文献检索	文献检索基础知识 图书、论文检索 专利检索 标准检索 科技报告检索 事实和数据检索	1. 文献检索的基本方法有哪些？ 2. 知道某篇文献的出处，如何获取原文？ 3. 如何找到与课题相关的文献？ 4. 图书馆提供文献的代查代检服务吗？ 5. 如何获得即将召开的国际会议信息？ 6. 如何查找国外专利文献？ 7. 在哪里可以检索中文期刊的文摘索引？ 8. Internet 网上有哪些免费利用的文献资源，如何访问？
原文传递	国内原文传递 国际原文传递	1. 外文原文传递服务的收费标准？ 2. 原文传递服务申请程序有哪些？ 3. 文献传递能否获得补贴？
科技查新		1. 图书馆是否具有查新认证资格？ 2. 科技查新的收费标准是什么？ 3. 如何办理科技查新申请手续？

第二节 用户教育服务

尽管图书馆作为社会文化教育机构，与公众有着广泛的接触，但在一般人印象中，图书馆仍旧只是借借还还的场所，而对图书馆丰富的文献资源和提供的多种类型的服务知之甚少，对图书馆员的服务能力也持怀疑态度。网络环境下，用户更倾向于自我服务，而这种自我服务是以具备一定的信息利用知识和掌握一定的检索方法为前提的。

图书馆肩负着对用户进行信息教育的职责，要主动参与人才的智力开发、能力与技能的培养和训练诸方面的教育。参考咨询员要针对用户利用图书馆过程中存在的共性问题，开展用户教育。用户教育不仅对用户至关重要，也是图书馆等信息服务机构生存和发展的需要，更是图书馆义不容辞的职责。通过用户教育，还能有效地提高信息资源的利用率，充分发挥图书馆的社会职能，从而不断增强图书馆在经济建设、科技发展与社会进步中的地位与作用。所以，积极宣传图书馆资源与服务，开展用户教育是参考咨询工作的又一项重要内容。

一、用户教育的内容

用户教育，是指图书馆情报部门对图书情报系统的潜在用户和现实用户，实施情报意识和情报技能的教育。用户教育的目的是增强用户的信息意识、信息获取能力与信息道德，使每一个图书馆用户具备较强的信息素质，能够独立、及时、准确地找到所需要的信息，使他们从图书馆保存的文献资料中获得最大收益。用户教育的内容主要包括以下几个方面。

1. 如何利用图书馆

如何利用图书馆是关于如何利用图书馆的基本知识和技能的培训，培训对象一般是新入馆的读者，培训目的是为了让读者认识图书馆、了解图书馆文献的布局和分布、规章制度，熟悉图书馆服务内容与形式、借阅流程，进而更好地利用图书馆。具体培训内容包括三部分：一是图书馆概况介绍，如各个部门的业务范围、工作流程、规章制度等。二是馆藏资源的介绍与宣传。丰富的馆藏资源是图书馆为用户提供的最快捷、最确定的资源，但很多读者对图书馆文献资源不了解，仅仅能够利用图书馆资源中很少的一部分。这一方面造成巨大的资源浪费，而另一方面，自己的需求却得不到满足。因此，参考咨询员理应承担对本单位的宣传工作，对馆藏资源进行宣传，提高图书馆的知名度。三是图书馆服务内容与形式的介绍与宣传。随着参考咨询工作的深入开展，图书馆提供的服务内容越来越多，图书馆应让读者了解这些服务，相信参考咨询员的能力并利用这些服务。

2. 信息资源的使用方法与技巧

关于信息资源的使用方法与技巧的培训，既要让读者树立起利用馆藏资源的意识，又要让读者了解到不同类型资源的特点和使用方法，尤其是电子资源数据库的收录范围、数据量、检索途径等，掌握这些数据库的检索方法，并且从中体会到利用计算机进行文献检索的优越性。此外还应介绍互联网上的免费资源，在对网上信息资源进行筛选、整理后，将网上一些免费数据库介绍给用户。

3. 信息技术教育

数字图书馆的发展，给读者利用图书馆还带来一系列信息技术方面的困难，在咨询问题中有很大一部分问题是关于信息技术的，如网络信息搜索技术、数据库检索技术、各类阅读器的下载与安装、网络链接等。参考咨询员应该主动为读者开展一些技术类培训活动。

二、开展用户教育的形式

图书馆开展用户教育的形式很多,首先可以利用网页形式向读者介绍图书馆提供的各种服务内容,如利用常见问题解答(FAQ)专栏向用户宣传帮助解决用户利用图书馆的问题,使读者更加充分地了解图书馆,更有效地利用图书馆。其次,各种读者培训教育活动也是开展读者教育的重要形式。

1. 常见问题解答(FAQ)

常见问题解答(FAQ),是参考咨询人员收集并汇总读者咨询过程中经常遇到的、带有普遍性和典型性的问题,进行详细解答并分类编排,汇集成数据库,提供网络查询的服务形式。常见问题的内容十分广泛,如参考咨询部门的联系方式与咨询方式,馆内服务台位置、电话、网上咨询方式,用户使用图书馆的联机目录查询系统,馆际互借服务,代查代检服务,查新服务,专利检索服务,标准检索服务等。由于 FAQ 是采用网络数据库查询技术开发的,其构成和制作过程也相对复杂一些,下面具体介绍其制作方法和步骤。

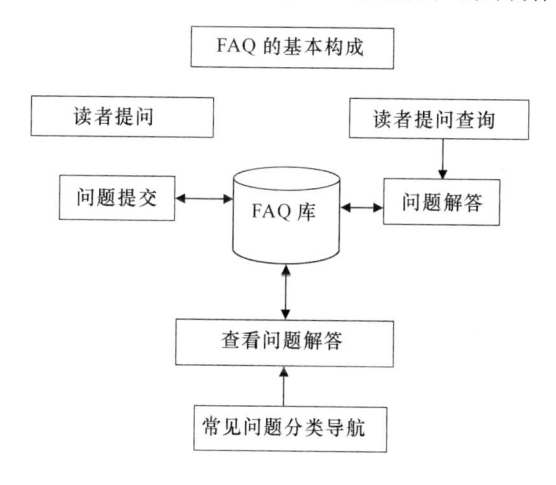

图 4-1 FAQ 的基本构成

FAQ 的制作方法和步骤如下。

(1) 创建常见问题解答数据库

FAQ 数据库一般可以采用 Access 数据库来创建,数据表包含编号、问题名称、问题类型、问题描述、读者姓名、读者邮箱、问题答案等字段。

(2) 读者问题提问网页及问题提交处理程序

读者提问网页采用表单形式来引导读者采用规范格式对提问问题进行描

述，问题提交后由问题提交处理程序将问题追加到 FAQ 问题库。

(3) 读者提问查询网页与问题解答处理程序

参考咨询员通过读者提问查询网页查看读者提交的咨询问题，选择具有普遍性的典型问题，进行详细解答，并由问题解答处理程序提交到 FAQ 库，供读者查阅。对于那些不具有普遍性的问题，可以直接将答案按读者提供的电子邮件地址发送给读者。

(4) 常见问题分类导航和查看问题解答

FAQ 库中是一些比较常见的问题，读者可以在网上浏览、查询。为便于读者查找问题，需要按问题的内容性质进行分类整理，建立分类导航栏来显示具体问题。分类导航栏采用 JAVA 语言来设计。

根据常见问题的内容可以建立如下问题分类表。

一般性问题
  开馆时间
  图书馆平面布局
馆藏资源
  印刷型资源
  数字资源
  音像资源
  资源分布
图书馆服务形式
  常规服务：
    图书借阅
    报刊阅览
    上网检索
  特种服务：
    复印服务
    个性化服务
    学科馆员
    馆际互借
    文献传递
    捐赠图书
    校外读者
公共书目查询
  图书查询

  图书排架

  报刊查询

  报刊排架

  新书新刊购买与查询

 借阅规则

  借书证

  用户账号

  借阅卡问题

 参考咨询

  文献检索

  工具书

  事实和数据服务

  技术问题

    无线上网问题

  文献收录查询

 读者教育

  检索知识

 其他：

  核心期刊

  考研

  投稿指南

  学位论文

  这样，读者可以通过浏览常见问题，解决自己在使用图书馆中遇到的多个疑难问题。FAQ实际上就是一部图书馆使用指南，可免去读者直接询问的麻烦，是一种节约时间和人力的效果显著的网络咨询服务形式。它不仅能够帮助用户方便快捷地获取答案，也能够帮助读者更多地了解图书馆的服务内容及注意事项。

  通过用户教育，要让用户接受如何使用传统图书馆与数字图书馆以及怎样检索专题文献、怎样充分利用参考咨询服务的教育。这不但向用户宣传了图书馆拥有的传统资源、数字资源、网络资源与参考咨询服务项目，又提高了用户利用图书馆及其各种形式的资源的能力。

  2. 专题讲座

  针对读者使用图书馆过程中出现的共性问题，信息咨询部需要围绕某些专题开展读者教育活动。讲座内容一般围绕馆藏资源与服务指南、电子资源的检索与利用、常用软件使用指南三个方面展开。例如，一些高校图书馆开设的专题讲座有如下几种。

(1) 图书馆文献资源与服务方式

为广大读者提供文献资源服务是图书馆的办馆宗旨，开展图书馆服务的前提是必须让每一个读者了解图书馆的文献资源和服务形式。详细地介绍图书馆各种类型的文献资源以及图书馆最常见的服务形式。

(2) 馆藏图书的分布及开架区找书办法

图书是一种重要的文献资源类型，迅速准确地找到要用的图书是做学问的一项基本功。由于很多图书馆有多个分馆，馆藏图书分布比较分散。如2006年以前河北科技大学图书馆藏书分散在四个校区，由于合校等历史原因，1999年以前的图书采用的图书分类法有《中图法》、《人大法》和《科图法》三种，给读者查找图书带来一定的困难。该讲座能够帮助读者熟练地在书库中查找图书，具体内容包括介绍馆藏图书的分布与排架方法、怎样在书库中找到要用的图书、如果在书库中找不到所需图书，怎样通过其他途径如馆际互借等满足需求等。

(3) 馆藏目录检索

馆藏目录检索是读者利用图书馆的第一步，该项讲座帮读者全面地了解图书馆的馆藏书目状况、熟练地使用计算机进行书目查询。讲座的具体内容包括：馆藏书目现状，如卡片式目录和机读目录的现状；图书馆机读目录的检索方法，包括如何上机操作、如何利用各种途径（题名、作者、关键词等）查询书目、如何查看书目记录、如何填写索书单、如何查询读者借阅状况、如何续借与预约等。

(4) 电子资源介绍

电子资源是当今教学科研和生产都离不开的重要资源，该讲座具体内容包括：介绍电子资源的类型、特点及其功用，包括数据库、电子期刊、电子图书、电子报纸等；介绍馆藏电子资源的主要检索方法和检索技巧；介绍本馆最新提供的电子资源及其服务等。

(5) 中文电子报刊数据库使用技巧

图书馆的电子学术期刊资源已相当丰富，利用电子期刊可以更快速及时地提供阅览，可以随时随地存取、打印与传递，可以足不出户了解最新学术动态。具体内容包括：《中国学术期刊网》（CNKI）的使用技巧、《中文科技期刊数据库》（维普）的使用技巧、《万方数据资源系统》（数字化期刊）的使用技巧等。这些全文期刊库包含了国内出版的大部分期刊，还有部分会议论文、学位论文等，是读者最常用的中文数据库。

（6）本馆外文电子期刊的使用

该讲座将介绍外文期刊的使用方法，并对一些由组织或个人、学术机构等提供的电子期刊，以及网上的其他免费学术期刊进行介绍。如德国的 Springer 全文电子期刊、生物学全文数据库 ProQuest Biology Journals、世界科学出版社的电子期刊、外文科技期刊文摘数据库、国外报刊目录、印刷型外文期刊订购目录等。

（7）本馆中文电子图书的使用

电子图书是很受图书馆重视及受读者欢迎的最新型电子资源之一。一些学术资源单位和数字信息公司分别利用其资源和技术优势开发了几个大型的电子图书网络服务系统，其学术性图书相对较多，或图书时效性较强，具有较大的参考价值。讲座具体内容有《书生之家》电子图书的检索与利用、《超星》电子图书的检索与利用、本馆随书光盘的检索与利用。

（8）英文电子图书的使用

主要介绍本馆英文电子图书如"美星数字图书馆"的使用方法。

（9）学位论文查询

主要介绍常用的学位论文查询系统，如万方学位论文库、CALIS 高校学位论文库、以及其他的中国高等学校学位论文检索信息系统等，帮助读者查询和利用学位论文资源。

（10）理科参考性工具书的使用

在种类繁多的工具书中，参考性工具书占大多数，例如，专门性词典、百科全书、年鉴、手册、表谱、图录、组织机构指南及人名录等。工具书不仅可以告诉人们查找资料的途径和线索，还能给人们的学习、工作、科研提供一定的参考价值的资料。讲座内容包括怎样查找专业名词术语、怎样查找新兴学科知识、怎样查找当代时事资料、怎样查找人物资料等。

（11）文科常用中文工具书介绍

讲座内容包括：介绍怎样查找专业图书目录与文章篇目索引、怎样查找字词语句、统计数据、人物资料、地名资料、历史事件、机构组织以及年月日换算等有关参考工具书、资料性图书。

（12）电子工具书介绍

讲座介绍一些重要的中、英文事实型和数值型数据库，提供各种统计性和工具性的资料。常用的数据库有中国资讯行数据库中的名词解释库、商业报告库、上市公司文献库和统计数据库等；新华社中文综合信息库中的人物库、中外名词翻译库、组织机构库等；万方数据资源系统中的公司产品库、成果数据库等；此外还介绍一些中英文工具书、百科全书和词典等。

（13）综合性权威检索工具介绍

《科学引文索引》（SCI）、《工程索引》（EI）、《社会科学引文索引》（SSCI）、《科技会议录索引》（ISTP）和《艺术与人文科学引文索引》（A&HCI）是国际公认的权威检索数据库，对论文被收录和被他人引用等情况进行了比较权威的统计和反映。讲座介绍怎样查找某个专题领域最权威或最具代表性的文章、怎样了解某篇论文在国内外尤其是在国际上所引起的反响、怎样了解您或您所认识的人们的学术成就、怎样了解国内外某种期刊的重要程度。

（14）中外标准文献的检索与利用

标准文献也是一种常用的文献类型。讲座的具体内容包括：中文标准的检索方法与技巧、外文标准的检索方法与技巧。

（15）中文专利数据库检索

讲座主要介绍常用的查找中文专利文献的数据库的使用以及专利文献的分析和利用，如《中国专利数据库》。

（16）外文专利数据库

讲座主要介绍常用的查找外文专利文献的数据库的使用以及专利文献的分析和利用，如《世界专利数据库》。

（17）本馆最新电子资源简介

目前电子资源的发展速度越来越快，信息含量不断增大、产品不断更新升级，形式越来越多样化，读者的需求也越来越多。讲座介绍本馆最新引进的或最新试用的电子资源。这些新增的电子资源是根据专家意见或读者需求而精选的最优秀的资源，有些是图书馆已经正式购买的，有些则先由图书馆引进给广大校园网用户试用。

（18）电子资源的综合利用

学术论文写作是传承知识、创新知识的一个主要形式，在现代教育体制中占有极为重要的地位。目前图书馆的电子学术资源数量庞大、种类丰富，不同的资源分散在不同的检索平台上，以致用户常常不能把握电子资源综合利用的技巧。讲座主要介绍如何利用电子资源进行课题查询和论文写作，如学科电子资源的种类、数量、用法，结合具体学科、结合用户具体的课题查询或其他相关需求，介绍电子资源的选择、课题查询的方法和步骤；如何对检索结果进行分析，以及如何利用电子资源进行学科的学术论文写作、学科科研活动以及课题研究等；如何利用检索到的信息进行开题报告和论文写作。

（19）Microsoft Word 基本使用方法与各种技巧

当今世界流行着多种文字处理软件，而 Word 是其中的佼佼者。它不但有强大的文字编辑和排版功能，而且有着杰出的易用性，因而深受广大用户的喜爱并拥有世界上最大的用户群。该讲座是 Word 的入门讲座，将重点介绍 Word 的基本操作技巧。

（20）Microsoft Excel 使用方法与技巧

Excel 是一个功能极强的电子表格软件，自它问世以来，就因其独特的功能特性被公认为是功能最完整、技术最先进和使用最简便的电子表格软件，并逐渐占据了世界商用软件的市场。本讲座将介绍 Excel 的基本使用技巧。

（21）Microsoft PowerPoint 使用方法与技巧

Powerpoint 是个很实用的多媒体演示软件，在所有多媒体制作工具中，它应该是比较容易入门的，尤其是对于已经熟悉 Word、Excel 的朋友来说，更易于接受。

（22）网页与网站开发方法与技巧

介绍如何用 HTML 语言和 ASP 语言开发网站和提供数据库检索。

（23）常用工具软件安装和使用简介

讲座主要介绍工具软件的使用：如压缩软件 WinZip 和 WinRAR，介绍目前比较流行的压缩软件的安装和使用；翻译软件如金山词霸的安装、使用，在 Internet 上"冲浪"或阅读外文资料遇到陌生词汇、短语时，可以借助翻译软件；下载软件如网络蚂蚁（NetAnts）、网际快车（FlashGet）等。

（24）本馆未收藏的常用电子文献资源及其获取途径

Internet 网上信息浩如烟海，获取有用的信息难于大海捞针。搜索引擎是广大用户搜索信息资源的必备武器，讲座将帮助读者了解搜索引擎技术的原理和检索方法，讲解如何有效地利用搜索引擎准确查找您需要的信息，演示查找专业学术信息和日常应用信息的检索方法和具体实例，介绍图书馆电子资源的利用。

（25）特种文献资源的使用

在种类繁多的图书馆文献中，标准、科技报告、会议文献、专利、政府出版物等以其独特的用途，高技术的含量发挥着其不可替代的作用。

3. 文献检索课

科技文献检索课是根据国家教育部的文件精神开设的高等学校公共基础课，也是高等院校唯一的一门培养学生情报意识、获取文献信息能力的课程。在高校图书馆一般都面向大学生和研究生开设了文献检索课程，科技文献检索课的开设有助于增强大学生的情报意识，使学生了解各自专业及相关专业信息的基本知识，学会常用检索工具、数据库和参考工具书的使用方法，懂得如何获得与利用信息，增强自学能力和研究能力。通过长期的教学实践，文献检索课教学已经建立了一套较为完整的教学体系和有经验的教师队伍，分专业、有针对性地对高年级学生开展教学，对学生的情报意识培养、利用信息资源的手段和方法的培养起到了重要的作用。

4. 网络远程教育

网络远程教育是指在线学习或网络化学习，具有开放性强、协作性、实时交互性等特点。网络时代电子资源的蓬勃发展不仅带来了丰富的信息资源，也使信息检索和利用变得相当困难。为配合学校教学发展、辅助教学工作、帮助学生开拓视野、培养学生良好的自学习惯，图书馆提供了不受时间和空间限制的网络培训服务，读者可以根据自己的实际情况进行选择性的浏览和学习。例如，目前北大的网络培训包括以下四个部分：电子资源的检索与利用、馆藏资源与服务指南、常用软件应用使用和其他网络培训。其中，电子资源的检索与利用部分主要介绍北大现有的电子资源（包括数据库、电子期刊、电子图书、电子报纸等）的检索和利用。馆藏资源与服务指南部分主要介绍 OPAC 使用、馆藏分布和规章制度等图书馆利用基本知识。常用软件应用使用部分主要介绍的软件包括办公编辑软件、下载软件、压缩软件、播放软件等。其他网络培训部分则提供国内外有价值的信息素质教育指南的网站或素材的链接，包括著名的 TILT 等。

此外，为配合学校教学发展，提高教学质量，进一步开发和利用图书馆的网络和信息资源，图书馆开始围绕教学教参提供网络远程教育服务。如北大图书馆提供了"Doing English Digital"、"Language & Culture: Selected Topics"、新制度经济学、法律经济学、生物技术制药基础、电子资源检索课、美国研究文献资源指南等网络课程。

随着参考咨询工作的逐步深入，用户教育的内容不断完善，教育形式也是多种多样，在开展用户教育过程中必须注意以下问题。

第一，要融合传统资源、电子资源、数据库资源与网络资源等内容，系统提供文献检索的理论、方法，培养与增强用户的信息意识，掌握获取文献知识的方法，提高他们的自学能力与创新能力。数字资源有着巨大的优势，检索获取方便，用户更愿意利用，但是数字资源在学科范围、收录时间上的局限会造成漏检，因此必须教育用户不能仅限于数字化资源，而必须结合传统资源完成资料查找工作。

第二，要重视对用户进行计算机及网络知识的教育培训，包括计算机基础知识、网络基础知识、光盘及数据库检索知识、图书馆自动化软件系统的使用方法等。总之，用户教育应当采用传统方式与网络方式相结合的方式进行，针对各个专题讲座制作的培训课件，让用户形象直观地了解电子出版物、电子图书馆、数据库以及网上信息资源的利用与检索方式。在图书馆丰富资源基础上，多媒体交互式计算机网络远程教育应是图书馆参考咨询服务的另一特色服务趋势。如开展技术教育或专业课程的远程培训，能为社会人士增加更多学习机会。此外，还可以举办专题讲座、知识竞赛活动等，开展多层次、多形式的用户教育活动，这不仅充分体现了图书馆强烈的用户教育意识和服务意识，而且真正体现了网络环境下参考咨询工作的现代化。

第三节　网络信息资源的组织

网络是个高度自由的领域，其信息内容包罗万象，丰富多彩，覆盖了不同学科、不同领域、不同语言，但网络资源的无限性、无序性及良莠不齐、优劣混杂成为人们利用网络资源的主要障碍。因此，对网络资源进行组织与开发也成为参考咨询的一项重要内容。网络信息资源异常丰富，网络信息的组织过程实际上就是信息增值的过程。网络信息的组织包括信息选择、信息组织和信息系统建设三个部分。

一、信息的选择

网络信息资源的组织具有一定的目的性和针对性，只有有价值的信息才可能被有效组织，所以必须精心选择信息。

网络信息的选择，首先必须坚持以用户需求为中心，充分调查与捕捉所在机构的主要任务、服务用户的个性化信息需求；其次必须依托馆藏资源，开发建立以体现本馆重点学科、优势专业、权威课题及重点用户特需专题为主的特色数据库与信息资源服务体系，直接为用户长期积累而形成的优势数字化文献信息资源和时效性、针对性较强的知识信息咨询服务。再次要确保专业化程度适应用户水平，既要在主题的切入角度、内容的组织筛选等方面有的放矢，又要将那些过于肤浅的、过于深奥晦涩的、普及型的、趣味性的等等不适合用户需求的信息排除在外。随着用户及其信息需求日益个性化和专门化，进行网络资源选择时要注意用户潜在的、未来的信息需求。信息的选择要根据信息组织的目标、用户的实际需求或其他相关信息评价标准（如各种排名等）。选择与评价网络信息资源的常用方法有：利用搜索引擎、依靠学术领域的专家推荐、专门网络信息评价站点或出版物、参考咨询员以及网络用户的经验积累。网络信息资源的组织需要投入大量的时间、人力、物力和财力，在确定了网络信息组织选择的内容、范围和标准后，要统筹规划，制定长远目标和近期目标。只有科学统筹的管理和规划，才能建立高效而丰富的网络信息资源。对已经具有的资源要注意维护更新，还要不断增加新的资源。

二、网络信息的组织形式

信息组织就是采用一定的方式，将某一方面大量的、分散的、杂乱的信息经过整理、控制、加工，以一种系统而统一的方式存储，形成一个便于有效利用系统的过程。但是，网络信息的存在状态是多样化的，其类型多样、存储格式各异，在开发网络信息资源时必须规定信息揭示的统一标准和获取使用信息的具体规则，以保证信息资源能够得到充分利用，同时也保证用户的信息需求能够得到满足。目前国际公认的网上信息资源内容、格式标准化是元数据标准。

常用的网络信息资源组织有网络信息资源报道、常用网络资源导航、学科资源导航和专题数据库4种形式。

1. 网络信息资源报道

网络信息资源报道，是一种动态的推荐性导航服务，它的内容经常变动。为使其报道性突出，往往放在主页显著的位置，它不仅对报道的网站作链接，还有宣传介绍文字。

2. 网络常用资源导航

提供网络常用资源导航的网站通常有：国内外重要网络检索引擎、网上免费数据库、大型图书馆网站、学术机构站点如大学、研究所、著名公司等，尤其是与本馆服务对象相近的专业性网站。此外，网络常用资源导航还要对网上搜索引擎进行介绍，从数据库规模、索引方式、检索功能、检索结果、界面设计以及响应时间、查准率等几个方面来进行评估，并向用户介绍各种搜索引擎的特性及所支持的查询和检索方式，编制使用指南。

3. 学科资源导航

网络学科导航是一种针对性强的深层次的网络资源搜索并进行有序化组织的情报产品，是结合本馆资源的专题数据库，是一种很有效的信息咨询服务。它可满足知识创新信息用户便捷、高效地访问重点学科相关资源的特殊需要。网络学科资源导航，通过多种搜索引擎对某个或某些主题信息上网查询、浏览，并参考有关文献，选择参考价值较高的信息资源，对相关网站进行评论、介绍，然后总结、组织、归类、设置类目而形成的目录型信息。经过专业人员对信息的选择、加工、组织，信息更加系统准确，导航作用更强。例如，我国"高等教育文献保障系统"（CALIS）提出构建重点学科导航库系统的内容包括 7 项：研究机构；相关电子出版物、电子文献等；相关国际会议预告；其他相关机构信息介绍；本学科和行业的相关标准、规范、协议等；主要新产品与市场；新成果、新创造与发明、专利等。某些重点学科的网上资源进行搜集，按标准法规、会议信息、机构组织、资源服务、专家学者、综合站点等进行归类，设置类目。

4. 专题数据库建设

专题数据库是按专业或专题组织的数据库，它提供相关的文献检索、文献订购、数据库链接、全文传递等服务，采用实体资源与虚拟资源共存的方式来满足读者的专业化、个性化需求。这种专业化的全面信息服务的实现一般是基于图书馆、文摘索引商、出版商、发行商以及文献传递服务商等的链接操作。参考馆员要加强对网络信息的研究整理，努力发掘网上具有特色、免费的信息源，针对用户的需要与馆藏资源的专题数据库相配合，选择有价值的信息备份下来，收纳进相关的全文数据库，并利用网络技术自动跟踪，然后将最新信息提供给用户，节省用户的上网时间与精力。

网络信息资源组织已经取得了很多研究成果。一些高校图书馆的学科网络资源导航，一般根据本校学科分类，在因特网上利用搜索引擎去粗取精、去伪存真，将可能隐含的潜在的科研和商机信息应及时提供给特定用户，建立一批有价值且与本校学科及科研有关的专业性信息资源指南库。例如，美国国家医学图书馆的 PubMed 系统，不仅将 MEDLINE 数据库与 500 余种全文期刊链接，还在试验着将数据库检索结果与全文的权威工具书和教材链接，为检索者提供相关背景知识。斯坦福大学图书馆编制了 27 种学科专题的研究指南，将各载体（印本文献、数据库、电子书刊、图像、多媒体资料、网络资源等），各种内容（书刊、词典、目录、索引、百科全书、会议信息、机构信息等）的资源，以学科或专题为线串联起来，起到了很好的信息导航的作用。由高校图书馆组织的 CALIS 学科资源导航项目已经建成了综合性多学科网络信息资源。如河北科技大学图书馆的"药物研究开发知识库"，将大量的自建药物信息数据库、网上免费专利网站链接、国内外药品管理机构网站链接等内容组织在该知识库中，满足了该领域用户的专业化、个性化需求。

网络信息资源的开发应注意两个问题。

一是要求有相对完备的信息保障。用户在检索某一学科或主题的文献时，总希望一次能检索到尽可能多的相关信息，甚至希望通过一次检索就能达到检索要求，而不必再到别的网站去查找。因此，收集信息要尽可能全面，注重连续性和完整性，善于运用多种搜索引擎、用不同的查找方法和途径来发现信息，并对信息资源进行长期跟踪，及时增补新的信息，保证有足够的相关信息量。

二是注意信息使用的方便性。经过开发的网络信息资源，应该便于使用，在开发、设计新检索系统时，要考虑资料的组织是否科学、合理，界面是否友好、易用，检索功能是否完善，检索途径是否多样，检索方式是否灵活，是否可提供打印、存盘、电子邮件传递等方式输出数据等。

第四节　专题情报研究服务

专题情报研究服务，是一种深层次的参考咨询服务，是情报服务的主要内容和科学研究的前期工作，一般需要较高的水平和较多的时间。某些专题咨询的解答，实质上就是一种科学研究活动。专题情报服务可以协助科研人员选择正确的科技策略，提高效率，减少人力或投资方面的重复和浪费，节省科研人员的时间和精力。我国各大中型图书馆，都普遍建立了咨询服务部门，配备学有专长的工作人员从事咨询服务。还有的图书馆成立了联合性的咨询委员会，将图书馆的专门人才组织起来，对口分工解答读者提出的各种咨询问题。专题情报研究有定题服务、专题剪报服务、专题数据库建设等多种形式。

一、定题服务

定题服务是信息机构根据经济建设和用户研究需要，选择重点研究课题或亟待解决的关键问题为目标，深入其中，通过对信息的收集、筛选、整理并定期或不定期地提供给用户，直至协助课题完成的一种连续性的服务。

定题服务是情报检索的延伸，是一种特殊形式的检索服务。定题服务的基本特点在于主动性、针对性和有效性。

首先，它是一种主动性的服务工作。图书情报人员需要深入实际，主动了解生产、科研进展情况，选择服务课题；主动与用户挂钩，加强与各方面的联系；主动搜集调研文献情报动态，编制专题文摘、索引及专题综述、述评、专题参考资料；主动定期向用户提供定题最新资料通报。

其次，定题服务具有定向跟踪的特征，是一种针对性很强的工作。即根据用户的特定需求，围绕某一专题，在一定时期内主动地、连续地为用户提供对口的文献情报服务。它包括定题情报检索服务、专题回溯检索、研究项目的信息跟踪服务、专题文献研究等。从选题到调研再到文献服务，都体现了很强的针对性。它从大量的科研课题中，选择关键性的课题；从广泛的研究项目中，选择重点研究项目；从众多的咨询问题中，选择具有突破性的咨询问题，而排除那些一般性的课题、次要的项目以及其他的问题。一经定题，就只针对课题服务，不涉及读者的其他需求，并跟踪课题的进展，了解动向，围绕课题范围，搜集、查找、编制资料，针对课题需求提供文献，服务到底。

此外，它还是一种效益很高的服务工作。大量事实证明，通过定题文献服务，解决了国民经济和科学研究中一系列重大难题。这其中凝结了图书馆工作人员的辛勤劳动，展示了文献定题服务的重要贡献。

定题服务尤其适合大学图书馆为重点学科建设、学科带头人、重点科研项目、高层科研管理等开展专门信息咨询服务。网络数据库以及因特网学术信息是极为重要的信息资源，网络数据库更新快，并且提供范围稳定的有序化信息，因特网站点和网络检索引擎以变化快、动态报道为特征，两者互相弥补，均为跟踪前沿学科和热点研究的重要信息源。定题服务需要长期跟踪用户需求，根据用户课题的主题制定检索策略，根据课题的学科范围选择数据库，并定期对网络数据库和因特网学术信息进行检索，将检索结果进行筛选，以电子邮件形式，每月或每季度将这些最新信息实时地传送给使用者。

对于深层次的定题服务，参考咨询员应选准重点服务课题，如国民经济发展的规划、国家各主管部门下达的生产任务和科研课题、各生产系统科研系统的重大项目、生产实践科学实践中存在的亟待解决的重点问题、国家引进新技术的实际需要等。随着图书馆工作不断走向社会化，图书馆作为社会的文献信息中心，还应加强与社会的联系，与其他的信息中心开展联合咨询，逐步扩大咨询范围，提高咨询水平和咨询能力。

二、自建专题数据库

传统的参考咨询工作是以馆藏文献为依托的，而现代文献信息服务环境下的参考咨询工作更多是以完备的数据库系统为依托的。目前，专题数据库的建成方式主要有两种。

一是通过购买。网络环境下，各种数据库应运而生，但这些数据库一般都是专门的商家组织力量制作的，大都是以营利为目的的通用性的数据库。图书馆根据本馆经费情况、服务对象及其信息需求来确定购买数据库的种类和规模。如高校图书馆主要面向本校的教学科研工作，用有限的经费订购必需的专题数据库,而公共图书馆则考虑面向社会的公共专题服务。

二是进行自建。随着信息技术的进一步发展与应用,图书馆也开始依托本馆资源特色、技术力量,针对用户需求自行建立各具特色的专题数据库。这种数据库针对性很强,但需要对各学科领域内最新信息及研究动态、成果进行搜集、筛选、整理,从数据的采集、整理、录入到发布都需要投入相当的人力及物力。现今,衡量一个图书馆的服务能力,不再只看传统的纸质文献和电子文献,专题数据库已成为一个重要指标,专题数据库的建设业已成为文献信息资源建设新的亮点。

1. 自建专题数据库的类型

对图书馆具有资源优势的一些专题信息资源,参考咨询员还要进行二次加工,使这些信息资源的组织系统化,并且进行知识挖掘、重组和再造,发现隐含在信息中的有用知识单元并整合成知识产品。目前图书馆专题数据库建设有了很大发展,主要包括两大类型。

(1) 以学科文献为中心的数据库

数据库是信息资源管理与开发利用的基础,随着科技的发展,学科的结合、分化或交叉发展,给教学科研人员全面了解本学科领域的出版物带来一定的困难。因此,图书馆应建立以学科文献为中心的数据库,为教学科研人员提供方便、快捷地检索本专业的文献信息的服务。

以学科文献为中心的数据库建设,必须深入全面地揭示各种类型的文献资源。具体包括本学科的书目数据库、学术论文数据库、报纸数据库、网络动态信息数据库、引进的专题数据库等。例如,中科院资源环境科学信息中心持续性地进行了数字化资源系统的自建、引进和合作建设工作,现已形成了包含文摘、索引、全文等多种类型的40余个网络数据库系统,覆盖了资源环境科学、化学化工、物理、电子信息科学、工程技术等重要学科领域,可以很好地满足这些学科用户不同层次的文献信息需求。

(2) 以地方特色为中心的数据库

地方特色数据库是以地方特色文献、地方特色文化、地方特色经济为基础建立的数据库。

地方特色文献,指地方独有的或比较系统收藏的文献,包括目录和全文。如广西图书馆的广西地方文献资料索引数据库;广东图书馆的广东地方志目录数据库、三明学院图书馆的客家义献目录库、天津图书馆的天津地方文献全文阅览检索服务等。

地方特色文化,是只有某一地区特有的且又有一定影响的和较大价值的文化，具有一定的地方性、特色性、影响性、价值性等特点，包括物质文化和精神文化，如各种地区性的历史文化遗产、历史事件和历史人物、风景名胜、风俗习惯、土特产品等为对象的文化。如山西省图书馆的山西名人数据库、山西地名数据库、戏曲视频库等，上海图书馆的"上海图典"，广东中山图书馆的广东名人数据库、广东特色医院库等等。

地方经济数据库，指为地方经济建设服务的数据库。当今，地方特色文化的研究者不少，著述也不少，利用地方特色文化来发展当地经济的做法也越来越被重视。在经济建设方面，它可以使当地读者方便快捷地了解当地特色产业的现状及其历史，可以方便快捷地了解当地具有特色的资源及其利用情况。当地的独具特色的产业及资源可以通过数据库和因特网方便快捷地起到一种对内对外的宣传作用和资料的利用作用，有利于扩大特色产品的销路、吸引投资、开发利用特色资源，从而促进当地经济的发展。如桂林图书馆的桂林地方资源图文数据库、农业实用技术全文数据库，重庆图书馆的招商项目数据库，浙江图书馆的房地产剪报数据库等等。通过建立数据库，可使地方文化资料得到一种比纸本资料更好地保存和保护；有了数据库可以方便地检索和查询，为地方文化的研究者提供方便，扩大特色文化的宣传，吸引更多的读者。在帮助领导决策方面也可起到一定的作用。当地领导在决策本地的政治经济文化建设时，必须从本地的实际出发。了解掌握本地具有特色的实际情况的资料，对领导者做好本地建设的正确决策十分重要。

（3）以知识服务为中心的数据库

知识服务是一种增值服务，它关注和强调利用自己独特的知识和能力，对现成的文献进行加工，形成新的具有独特价值的信息产品。知识服务不再是具体信息、数据、文献的简单的获取和传递，而是只对用户的需求进行系统分析，通过对信息的分析和重组，形成符合用户需求的知识产品。例如，河北科技大学图书馆的药物研发知识库，以化学制药企业和从事药物中间体的精细化工企业作为目标用户群体，在知识内容上，以化学制药知识为主要内容。在知识库的构建过程中，依据知识发现的原理，对知识库的畅销药物信息、药品管理信息和原料药及主要中间体部分进行了组织，并在信息的查询设计中引入了知识关联和知识聚类的方法进行系统设计以提高知识库的使用效果。

（4）以教学信息为中心的数据库

在国家教育部网络教育文件中多次提到资源共享问题，网络教学课件共享可以借阅设计费用，避免重复建设，利于课件设计的标准化。高校图书馆还应重视对教学信息、教研参考资料、教学课件等教育资源的收集、整理、开发，建设教学参考资料系统。

2. 建立专题数据库的方法

下面以河北科技大学图书馆的药物研发知识库为例介绍专题数据库的建设方法。

（1）药物研发知识库的内容

药物研发知识库共分 8 个栏目，分别是畅销药物信息查询、药品管理信息查询、海洋生物制药信息、药学文献资料汇编、药学虚拟图书馆、免费信息资源导航、几种必备软件简介、网上信息查询方法。

《畅销药物信息查询》栏目提供了历年来的每年度销售额及处方数前 200 位药物数据库、原料药及其中间体数据库、畅销药物详细处方信息库以及 FDA 药物批准信息库等多个数据库，并通过这些数据库实现知识的查询和挖掘，通过数据库之间知识检索点的关联，实现知识的关联。

《药品管理信息查询》栏目通过自储和链接的信息资源，将可查询线索进一步扩展到 1991 年以来 FDA 批准的所有药物和医疗器械，并汇集了重要的药品管理机构站点。

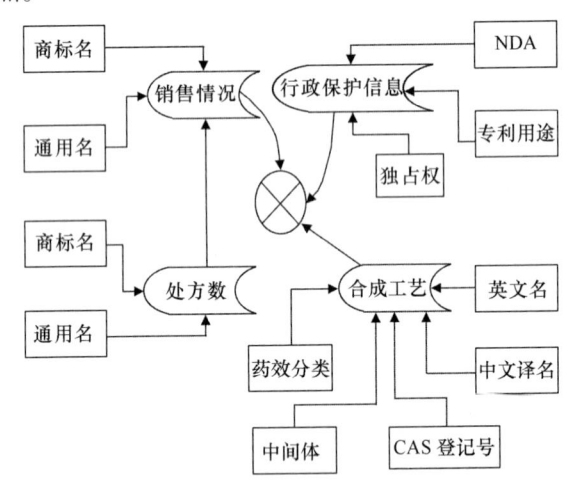

图 4-2　药物研究开发知识库的系统架构

《海洋生物制药信息》栏目专门提供海洋药物资源及其研究进展信息。

《药学文献资料汇编》栏目是多年积累的有关药物的原始文献资料。

《药学虚拟图书馆》栏目将全球化的虚拟图书馆系统中的药学虚拟图书馆推荐给用户。

《免费信息资源导航》栏目提供的是医药、化工免费资源的分类导航。

《几种必备软件简介》栏目介绍了几种利用网络信息、知识的常用软件。

《网上信息查询方法》栏目提供了医药化工网上信息检索及利用的网络版教程。

(2) 药物研发知识库的信息来源

药物研究开发知识库中的知识主要涉及药物销售信息、药学信息、药物行政管理信息、药物专利、药物合成工艺信息等，知识库中的知识采取了静态储存和动态链接相结合的方法为用户提供。药物研发知识库中知识的主要信息有以下几个来源。

Scott-Levin's Source Prescription Audit 公司常年对 3.6 万余家药品经销商和供应商的药品经营状况进行跟踪调查，并以 Top 200 药物销售额排序表的形式在 Drug Topic 网站公布；Rxlist.com 提供 1985 年以来的"美国药剂处方数 Top 200 排序表"，这些数据对分析预测全球药品市场变化提供了重要的参考依据。

Rxlist.com 根据药物的通用名或药物组分，提供有关药物的简介、临床药理学、适应症与剂量、副作用与药物相互作用、禁忌症、过量危害及患者信息等相关资料。

美国食品与药品管理局定期公布药品批准信息，包括药物专利信息和独占权保护信息。

美国专利和商标局提供药物的美国专利全文信息。

(3) 知识库开发环境

Windows 98 是 Microsoft 开发的 32 位操作系统，主要用于桌面 PC，是 PC 中应用最广的操作系统。PWS (Microsoft Personal Web Server) 是一种桌面 Web 服务器，可用于建立企业 Internet 上的 Web 站点，也可在 Internet 服务提供商 (ISP) 处建立站点之前使用它开发和测试 Web 站点。选择 Windows 98 和 PWS 作为系统的开发和测试平台，是因其应用范围比较广，与用户使用环境相一致，而且高版本的操作系统具有向下兼容的特性，在 Windows 98 环境中开发的程序，在高版本的 Windows 操作系统，也可以得到很好的应用。

Access 2000 是一个中、小型的面向对象、采用事件驱动机制的关系数据库管理系统，可同时面向数据库最终用户和数据库开发人员。Access 2000 是一个典型的开放式数据库管理系统，可通过 ODBC 实现与其他数据库的连接，进行数据交换与共享，以及向其他数据库进行数据迁移。Access 2000 是 Microsoft Office 2000 套装软件的一个组件。作为桌面数据库管理系统，Access 2000 既可以在单用户环境下工作，也可以在多用户环境下工作，并且具有完善的安全管理机制，适宜数据加工人员在单机环境下进行数据处理。

HomeSite 是由美国 Allaire 公司发布的专业级网页编辑工具，它内置浏览器，可以边编辑边浏览效果。HomeSite 的文件处理界面，可以让用户同时编辑和处理多个文档。HomeSite 将最常用、最重要的命令和功能显示出来，将不常用的隐藏或集中起来，版面显得非常简洁。HomeSite 在网页设计时，可以将指令部分用不同的颜色进行区分，执行速度也很快，并具有灵活的自定义和自动的功能，对喜欢使用源代码的开发人员具有很强的吸引力。HomeSite 支持 XHTML 和 VHTML，并支持 XML 等新的文本类型。用户也可以用双字节模式类支持 Unicode 或者其他的国际字符设置。HomeSite 拥有一个 FTP 管理器，可让用户轻松管理 FTP 连接和文件传送。

ASP（Microsoft Active Server Pages）是近年来应用非常广泛的一种构建动态网页技术，作为微软开发的服务器端脚本环境，ASP 内置于 IIS 中。通过这种环境，网页设计人员可以结合 HTML 网页、ASP 指令和 Active X 组件建立动态、交互、高效的 Web 服务器应用程序。ASP 使用基于开放实际环境的 Active X 技术，用户可以自己定义和制作组件加入其中，通过使用 VB Script、Java Script 等简单易懂的脚本语言，结合 HTML 代码，实现网站应用程序的快速开发。ASP 在服务器端直接执行，与客户端浏览器无关，由服务器端将执行的结果以 HTML 方式返回给客户端浏览器，大大减轻了客户端浏览器的负担。ASP 无须编译，易于编写。

（4）信息查询功能

药物研发知识库具有非常方便的查询功能。例如，畅销药物查询分为商标名和通用名两个检索入口，可以按名称进行查询，也可以按年度进行浏览。在年度排序表中，点击排序表中的药物商标名，如 Paxil，可对其历年排序情况进行查询，查询结果除提供历年销售情况外，还提供通向其他知识内容的链接入口。例如，在畅销药物查询结果页，点击商标名，如 Paxil，可获得有关药物的简要信息；在药物简要说明页上，点击商标名，可获取药物的处方信息（Prescribing Information）。在药物简要说明页，点击开发商，可链接到 www.google.com 搜索与该开发商相关的网页；点击通用名或成分可链接到 www.rxlist.com 查询药物的专题信息（Drug Monograph Information）。点击药物的中译名，可获取中文药品说明书，内容包括药品名称、通用名、英文名、主要成分及化学名称、化学结构式、性状、药理毒理、药代动力学、适应症、用法用量、禁忌症、不良反应、注意事项、药物相互作用、过量反应等。Paxil 在药物简要说明页上，点击 FDA 批准号，可获取与该药品有关的所有 FDA 药物批准信息。有口服液和片剂两种剂型。在药物简要说明页，点击 MSDS

项，可分别获取其物质安全数据。在畅销药物查询结果页，点击化学药物词典的相关条目，可链接到化学药物词典，获取药物合成工艺信息。

三、剪报服务

剪报工作是图书馆一项传统的专题服务项目。各个图书馆都根据其馆藏特点、服务用户群体来选择具体主题内容。例如，国家图书馆剪报服务中心以国际企业集团、大型国有企业、著名公关公司为服务对象，依靠馆藏海量的信息资源和专业信息咨询人才，全面开展平面媒体监测、专题信息搜集、行业分析报告、电子剪报服务、文献检索、数据库制作等业务。上海图书馆打出的"世博会剪报"、"金融分析参考资料"、"中国房地产资料汇编"、"企业分析和战略决策"等具有上海特色品牌。深圳图书馆根据深圳经济特区的功能定位及其临近港澳台的特点，发挥最先获得港澳台报刊的优势，为读者提供专题剪报等信息服务。广东佛山图书馆着力于经营"房地产信息摘报"、"保险剪报专题"等特色项目。

四、信息调研

图书馆规章制度和建设发展方针的制定、各项服务的开展、大型文献数据库的购买等重大问题都需要科学民主的决策。要保证科学决策，就需要了解读者群体的基本情况。因此，用户需求调查也是参考咨询工作的一项长期内容。例如，用户需求调查的内容包括：用户年龄、学科专业、接受教育程度等的结构比例、用户利用图书馆情况统计分析、重点用户群体的确定及其需求特点、图书馆文献资源构成及发展趋势等。用户需求调查也是获得信息服务课题的一条重要途径。在用户调查中，往往能够发现一些用户的潜在需求，鼓励用户提出自己的文献需求。用户需求调查的方法：问卷调查、座谈会方法、专家调查法。不同的调研目的，所采用的方法不同。例如，图书馆各项服务的评价可以采用问卷调查的方式；图书馆建设与发展方针的制定可以采用专家座谈会调查方式。

第五节 参考咨询工作程序

参考咨询问题千变万化，但都遵循一定的参考咨询工作程序。参考咨询员在分析问题与解决问题的过程中，一般要经过受理咨询、调查了解、查找文献、答复咨询、建立咨询档案五个环节。五个环节构成一个完整的工作程序，每个环节都有明确的内容、具体的方法和要求。对各个环节的具体要求，就构成了参考咨询人员的行为规范。

一、受理咨询

受理咨询就是接受读者咨询问题的过程，既包括读者通过口头、书面、电话或信函等方式提出的咨询问题，也包括图书馆深入实际，主动了解到的咨询问题。在受理咨询过程中，要注意如下问题：

1. 判断咨询问题的性质和范畴

每个图书馆都有特定的咨询范围，凡是超过咨询范围或涉及党和国家重大机密的问题，参考咨询员必须向读者说明情况并婉言谢绝，属于咨询范围的问题都应受理。

2. 了解咨询目的和意图

同样的问题，不同的人有不同的咨询目的，对咨询的广度和深度要求也不一样。参考咨询员可以在交谈中逐步了解读者的身份、咨询的目的和意图，初步判断是生活、学习需要，还是科研、生产需要，进而了解解答问题的范围和深度。

对于比较简单具体的问题，可以利用各种参考工具书、各类数据库或互联网等进行检索，直接进行口头解答。对于比较复杂的问题，须作书面记录，责成有关人员专门进行系统解答。对于一些大型参考咨询项目，如果需要通过联合其他机构共同承担，应向读者说明。对于超过图书馆咨询能力的问题，应建议读者向其他情报服务部门提出咨询。

二、课题分析

受理咨询后，首先要对读者提出的问题进行深入的分析。根据读者提问，文献检索类咨询问题一般有三种类型。

特定文献的检索。读者要求查找某一篇文章、某一作者的著作、某一具体数据、或发表在某一时期某刊物上的文献。读者通常已知道具体的文献或线索，只要按照读者所提供的线索去查找，一般比较容易检索到有关的文献。

特定主题的检索。读者要求提供某一主题的文献。这就需要查明该主题的实质与内容范畴，查明读者针对该主题所需要的文献类型、时限、语种等具体要求，以便有的放矢地进行特定主题范围的文献检索。

特定课题的检索。读者要求查找某一研究课题的文献，课题的文献范围比主题的文献范围更加广泛，也更加复杂，它可能涉及几个学科，也可能包含几个专题。对于特定课题的检索，必须对课题情况、读者水平和文献的需求状况进行具体的调查和了解，以便从实际出发，有针对性地解答读者的咨询问题。

因此，对读者提出的特定课题要进行深入的了解和研究，掌握与课题有关的基本知识，以便准确地选择和确定检索途径，有效地检索特定课题所需的全部文献。

在咨询课题方面，应与读者共同确定其所属的学科范围及其相关的学科，它的基本内容与基本要求，它在有关范围内所处的地位以及国内外进展情况。

在读者需求水平方面，应了解从事这一课题研究的人员的整体情况和个别情况，了解他们的人数、年龄、学历、职称、业务水平、掌握的语种、课题的计划、完成的期限，投入的人力和文献调研的需求与具体安排。

关于文献需求状况问题，主要是了解读者对文献的认识与掌握程度，查明该课题文献的内容范围、重点、时间及深度，课题内容在分类体系中的归属以及文献利用效果和存在的问题等。

在详细调查基础上，图书馆工作人员可以根据课题范围，熟悉有关材料，并向有关专业人员请教等，为查找文献做好充分的准备。

对于定题服务，要深入课题，了解技术上存在的关键问题和研究中遇到的疑难问题，了解技术人员、专业人员的专业知识、外文水平、掌握文献情况及具体需要，学习本课题的有关专业知识和文献知识，掌握定题服务的主动权。定题服务仅仅靠一次调查是远远不能解决问题的，参考咨询员必须跟踪课题，深入调查研究。

三、文献检索

文献检索需要根据读者提出的课题，在深入调查研究基础上，制定周密的切实可行的计划，并按照一定的步骤、方法和途径来查找文献。其基本程序为：

1. 选择检索工具

经过课题分析，明确所需学科范围、文献类型，就要进一步考虑确定检索工具。选择检索工具应注意检索工具的编辑质量、选题价值、收录文献是否实用；检索工具文献收录是否齐全；检索工具报道文献信息是否迅速；检索工具揭示的文献特征是否准确、深入；检索工具提供的检索方法是否简便和多样。参考咨询员要根据自己对检索工具掌握的熟练程度和检索经验选择质量高的检索工具。

2. 选择检索方法

文献检索有三种方式。

(1) 追溯法

就是以文献著述末尾所附的参考文献为基础进行跟踪查找的方法。这种方法不必利用大量的检索工具，只需利用原始文献后面所附的参考文献追踪查找，扩大检索范围，最后取得检索结果。追溯法的优点是，在没有检索工具或检索工具不全的情况下，也能获得一些所需要的文献资料。缺点是所得文献资料不够全面系统，并可能导致重要的文献被遗漏。

(2) 常用法

就是利用各种检索工具，全面系统地查找所需文献资料的方法。这种方法是文献检索过程中经常使用的常规方法。常用法必须依赖于完善的检索工具，并严格按照检索工具规定的程序、途径与标识系统进行检索，以增强检索的广度和深度，使检全率和检准率取得可靠保证。

(3) 分段法

就是将追溯法和常用法交替使用，循环查找文献的综合检索方法。在检索文献时，既利用检索工具，又利用文献后面附录的参考资料进行追溯，两者分期分段地交替使用。分段法适用于过去年代的文献资料较少的专题，其优点是当检索工具不全或缺期的情况下，也能连续获得所需年限内的文献线索。

一般来说，检索工具比较齐全的大中型图书馆和情报部门，大多采用常用法检索文献，其他两种方法对科技人员和小型图书馆的文献查找比较方便可行。从大量的检索工具中找出文献线索，然后再查找原始文献，并标明文献收藏地点和单位，便于读者利用。

3. 确定检索途径

各种检索工具具有不同的检索途径。其中包括：

内容途径，是根据研究课题的内容性质需要，提供的检索途径，包括分类途径和主题途径。分类途径是按照学科的分类体系检索文献的途径，主要是从学科专业体系的角度查找文献，以满足读者有关特性检索的需要。常用的工具书有图书分类目录、文献资料分类索引等。主题途径是从主题角度检索文献的途径，适合于查找具体的课题文献，以满足读者有关特性检索的需要。常用的检索工具有主题索引、关键词索引、叙词索引、单元词索引等。

著者途径，是根据已知著者名称检索文献的途径。它能比较准确地回答某著者的文献在检索工具中反映的程度，在一定意义上具有族性检索的特点。

但所获得的文献不够全面，不宜作为查阅文献的主要检索途径。通常采用的检索工具有著者目录、著者索引、机关团体索引等。

号码途径，是根据已知文献本身的专用号码（如专利号、标准号、科技报告、合同号等）查找文献的途径。主要是利用"号码索引"进行检索，可以满足读者在课题中有关特种文献的具体需要。

其他途径，利用分子式索引、地名索引、动植物名称索引、药物名称索引等专门途径来查找文献资料。这些专门索引，都是为某些自然科学、技术科学专业所特用的检索工具。它们的专指性强，是辅助性的检索途径。

检索途径选定后，应准确地找出相应的检索标识。各种检索途径有不同的检索标识，如采用分类途径，就应明确该课题所需文献属于什么类目及其分类号码，类目及其类号名称就是分类途径的检索标识；如采用主题途径，就应明确该课题所需文献的内容范畴，选用准确的主题词作为检索标识。确定检索标识之后，就可以使用有关工具，按照特定标识顺序检索文献资料。

4. 进行文献检索

文献检索就是根据读者研究课题的实际需要，按照一定的标识系统与途径，从大量的书目、索引、题录、文摘等二次文献中，查找出与课题有关或有用的文献的一种服务方法。检索服务的实质，是文献信息的查找服务，它是科学研究活动的前期劳动。开展检索服务，可以节省读者检索文献的时间和精力，开阔读者的知识视野，使科研人员在短期内便能获得所需要的国内外文献资料。

对检索结果进行筛选。查找文献的内容范围要对口，文献的起讫年限要对口，文献类型和文种也要对口。检索的资料，要经过用户的鉴定、筛选并及时编辑、整理，制成文摘卡片，编印出专题索引，尽可能做到资料完整、内容新颖、对口实用。图书情报人员要同用户加强联系，共同研究，同步发展。做到每个阶段需要什么资料，就提供什么资料，遇到什么问题，就集中力量解决什么问题。

四、答复咨询

经过一系列文献调查、查找、鉴别和整理工作，获得读者所需要的文献或文献线索，即可作出正式的书面解答。其答复咨询的方式有多种：直接提供答案；介绍参考工具书；提供专题书目、二次文献以及文献线索；提供原始文献或文献复制品；提供综合性文献资料等，可依课题的性质和读者的需求而定。

五、建立咨询档案

咨询档案既是一种总结经验、改进工作、探索规律的基本教材，又是一种有价值的参考工具。图书馆对于咨询课题，应当有选择地建立档案，凡是本单位有长远意义的重点课题、重点学科的学术带头人及有关的行政部门的课题，都要建立完整的档案，包括各种原始记录、解答过程、最终结果等。其中对收集的资料和文献线索，若具有普遍意义和推广价值，应迅速编印成书目、索引、文摘等二次文献进行通报，供有关单位或个人参考利用。

总之，咨询服务是图书馆文献信息服务的主要方法，是一种比较复杂的有较高水平的服务工作。它要求图书馆的工作人员具有较完善的知识结构，熟练的文献检索能力；要求图书馆的文献资源具有多类型、多类别、多层次的合理结构；要求图书馆服务工作不但要敢于承担课题任务，善于解决实际问题，而且还要在服务效率、服务质量、服务效果等方面达到相当的水准，才能为社会所认可或受到较高评价。

第五章 参考咨询人员的素质

参考咨询工作是咨询人员以自己的聪明才智以及丰富的知识、经验来满足读者信息需求的过程。它既是一项主动性很强的服务性工作，又是一项技术性很强的科学研究工作。参考咨询工作的效果，既取决于图书馆丰富的文献资源保障，也取决于完善的读者服务体系，更取决于高素质的参考咨询馆员。

只有拥有优秀的参考咨询员，才能保证参考咨询的服务质量。优秀的参考咨询员，不但应有强烈的责任感、爱岗敬业、积极主动、勇于奉献，而且还应具有合理的知识结构、较强的业务研究能力和创新能力，能够利用现代技术创造性地解决和处理各种疑难问题，能够不断开拓新的服务领域和服务内容。本章将围绕参考咨询员必须具备的基本素质、业务素质展开论述，并在此基础上，探讨参考咨询员培训的内容与方法。

第一节 参考咨询人员的基本素质

现代社会对图书馆的功能提出了更多更高的要求，参考咨询工作需要面对更多的读者和更多的问题。要胜任参考咨询工作，参考咨询员必须具备较高的的基本素质。首先是良好的心理素质和职业道德，不计个人名利，热爱读者服务工作。其次是良好的口头和书面表达能力，能和用户顺利交流沟通，使信息服务快捷高效。另外，参考咨询员还需具备一定的外语能力和计算机能力。

一、良好的职业道德

为社会提供文献信息是图书馆发展的根本动力，也是图书馆各项工作的基本任务，否则，图书馆就失去了存在的价值。高尚的思想品德是做好参考咨询工作的基础。首先，参考咨询馆员必须具有良好的职业道德，热爱本职工作，对本职工作具有崇高的使命感和强烈的责任感。参考咨询员要坚持"以人为本"的思想，牢固地树立服务至上的观念，不为名利，不怕麻烦，全心全意为读者服务，急读者所急，想读者所想，时时处处以读者的利益为工作的出发点，对于读者提出的咨询问题应耐心解答，不能敷衍了事。只有具备较强的事业心，参考咨询馆员才会变被动服务为主动服务，才能刻苦学习、善于钻研、执著追求、锲而不舍，千方百计满足读者的文献需求，真正发挥图书馆的各项社会职能，使图书馆成为社会发展的文献保障系统。其次，参考咨询员还要提高自己的政治素质，在信息服务中遵循一定的信息法律与道德，以此来规范自己的信息行为活动，保障信息安全，尊重知识产权，诚实客观地提供信息，保护用户隐私及商业秘密，不制作、散布不良信息及垃圾信息，同时还要对读者进行信息道德教育，合理开发和利用各种信息。

二、良好的交流能力

良好的交流是保障参考咨询工作顺利开展的基础。参考咨询馆员要与用户交流，语言是最基本的交流工具，在某种意义上，语言表达能力是参考咨询工作成败的关键。因此，参考咨询员不但要具有良好的身体素质和性格开朗的心理素质，与人为善，文明礼貌，亲切和蔼，而且要具备一定的语言表达能力、文字写作能力和公共关系能力。

1. 语言表达能力

面对面的口头解答是图书馆参考咨询工作中最基本的服务形式，参考咨询员需要根据用户提出的问题，利用馆藏文献目录卡片、文摘、索引、字典、年鉴等检索工具，向用户提供具体事实或有关文献资源。参考咨询员应该具有较强的语言表达能力，这样才能轻松地回答读者的咨询问题。语言表达能力不仅包括礼貌用语，还应具有用户沟通技能和敏锐的思维能力，能够准确地把握用户需求，运用所掌握的专业知识和检索技巧，正确地解答咨询问题。

语言表达能力是思维能力的一种外在表现，思维能力的提高，将为语言表达的准确、规范、科学打下良好的基础。用户需求分析是高质量信息服务的保障，这就要求参考咨询馆员在与用户进行交流的过程中很好地把握和挖掘用户真实的信息需求。如果参考咨询员能思路清晰地组织问题的回答，则一般会较好地向读者表述。相反，如果思路不清，对一些较为复杂的咨询要求抓不住要点，对咨询结果不能有条理地归纳分析，自己也不太明白，说不清楚，不能很好地解答问题，无法使读者获得满意的解答。如果咨询员抓不住提问的要点，缺乏逻辑思考，就会出现无法用正确的语言进行表达的窘境。由此可见，良好的语言表达能力，并不在于使用华丽的辞藻，而需要对问题的认识具有深度，语言的组织符合逻辑。口头表达能力是能够通过练习改进的，可以选择一些范文进行背诵、朗读，善于利用语言环境，学习他人的谈吐，记下一些妙语佳句，适当地加以运用和实践。

2. 文字写作能力

随着参考咨询服务深度的提高，参考咨询员对于读者提出的专题性参考咨询需求，往往要用书面形式给以解答，甚至读者要求参考咨询员能提供调研报告之类的咨询报告，这就要求参考咨询员必须具备一定的文字写作表达能力。文字写作能力是语言表达能力的另一种表现，与人的综合分析能力有密切的关系。参考咨询员在撰写专题咨询报告或书面回答读者问题时，应注意咨询问题的实质内容，切忌辞藻华丽。如果是撰写咨询报告，则应紧紧围绕咨询专题的目的，即针对读者咨询的需求，以形成的观点为基础，列出进行撰写的提纲，并把综合分析所获得的心得，融合到提纲中去，使之紧扣主题，条理清楚。在按提纲进行具体撰写时，为支撑所提出的论点，务必要有论据。阐述论据时，应少用逻辑推理性质的概念性语言，可多用数据或实例来论证，使之更有说服力。

3. 公共关系能力

随着图书馆对外开放的程度逐步加深，图书馆公共关系也越来越受到领导的重视，并成为参考咨询工作内容的一部分。为了实现图书馆自身的目标与任务，充分发挥图书馆的整体功能，在社会上树立良好的图书馆形象，使读者从图书馆可以获得高层次的服务，图书馆需要与外部社会进行充分的信息交流。参考咨询员的公共关系能力，将直接影响着业务能力的提高。为适应新的工作内容，参考咨询员不仅要业务娴熟，还要有信息商品意识和营销能力，开展图书馆资源与服务的宣传，向用户推销信息产品，以便吸引更多的用户。参考咨询员为提高自身的公共关系能力，应该面向社会编织两个公共关系网，将能人与有识之士组织在自己周围。一个网络是检索专家网，云集一批检索技巧娴熟的高手与能人，遇到疑难的参考咨询题目时，参考咨询员可进行请教，请求指点。另一个网络是学科专家网络，在为读者开展参考咨询服务的过程中发现读者中的有识之士，按专业进行选择，形成覆盖多个学科的专家网络，使这些读者成为参考咨询员请教专业内容的专家。当参考咨询员遇到自己不太熟悉的参考咨询项目时，就可以按专业在网络中物色对象，进行请教，出色地完成参考咨询任务。

三、较高的外语和计算机能力

1. 外语能力

随着图书馆外文文献数量的不断增长和读者对外文文献需求的日益增多，

参考咨询员在提供文献检索报告或专题研究报告时，不仅要查阅大量的国内资料，也要查阅大量的国外文献。外文文献已经是参考咨询中重要的信息源，外语能力是顺利开展服务工作的基础，也是考核参考咨询人员的一项重要标准。参考咨询员具备了较高的外语翻译能力和文字处理能力，就可以充分利用各种类型的文献资源，迅速准确地了解国外先进的科学文化信息动态，选择和获取有用的信息，开展综合性的信息获取业务，才能更好地为读者服务。

外语能力的提高是一个长期的过程，参考咨询员要经常阅读、摘译外语资料。还可以参加各类外语学习班，包括口语班，学习的同时，必须学以致用，运用于参考咨询服务。为了掌握外语，笔译全文进行外语水平的锻炼，还是必不可少的。笔译要以理解文章原意为基础，注意一些翻译技巧。参加翻译技巧班学习或挑选一两本介绍翻译技巧的书籍进行自学，都是可取的。同时可以选择几篇水平较高的翻译文章作为范本，将自己翻译的译文与之对照比较，从中可领悟出自身的不足，记下心得笔记以及典型翻译语句，日积月累，外语水平将会有长足进步。随着国际交往日益频繁，要求参考咨询员能为外国读者服务，或者参加国际学术交流会议，外语口语又是信息交流必不可少的语言工具。

2. 计算机能力

在网络信息环境下，虚拟参考咨询工作成为参考工作的主流，参考咨询馆员要掌握娴熟的计算机操作及网络检索技能，善于利用现代信息技术和高科技手段，从多种渠道收集各类信息资源，认真筛选，去粗取精，尽量满足读者对参考咨询服务的要求。因特网上大量的信息资源，是图书馆馆藏资源的重要补充，也是参考咨询工作需要的重要信息源。参考咨询工作人员只有具备了计算机网络操作及检索技能，熟悉网上信息资源的种类和特点，并能有效地使用各种网上查询工具，才能为用户提供优质的智能型服务。

计算机技术、网络技术、通信技术以及多媒体技术在图书馆的广泛应用，为用户提供了各种功能强大、灵活方便和实用性强的检索工具。用户通过 E-mail、图书馆咨询网页上的读者提问表单、实时咨询软件等方式向馆员咨询问题。参考咨询员应能够熟练操作计算机，掌握网络技术知识，熟悉各类型电子信息资源的检索途径，能够利用各种数据库及参考工具书，或借助于智能化网络搜索工具对信息进行收集、筛选、加工、存储、组织、利用，为读者提供高水平的服务。咨询员借助计算机与网络技术，大大提高了信息服务的速度和质量。

计算机已经成为参考咨询员开展日常咨询服务的常用工具，从工作的内容看，参考咨询员的计算机能力主要集中在三个层次：一是熟悉办公自动化系统的使用，能够进行一般的文字、表格处理；二是能够熟练地利用图书馆电子资源和网络信息资源开展咨询服务，能够利用电子邮件、论坛、网络咨询软件等形式与读者进行网络交流；三是能够完成网页或网站的开发、管理与维护，能够通过自建数据库对信息资源进行组织、管理与对外服务。因此，参考咨询员使用计算机不应满足于一般的文字处理，其重要目的是能熟练地从网上收集解答咨询所需的信息，并运用相应的软件，建立个人的知识数据库。

第二节 参考咨询人员的业务素质

参考咨询工作的质量最终决定于参考咨询员的业务能力。优秀的参考咨询馆员除了具备前面的基本素质外，还应具备较强的业务素质，这是参考咨询工作向高一层次发展的阶梯。参考咨询工作的内容几乎涉及所有的学科领域，那么参考咨询人员是否需要具备所有专业的知识呢？馆员的知识结构和科研能力是影响馆员业务能力的重要因素。良好的知识结构包括扎实的图书情报学专业知识和广博的知识结构。扎实的专业基础可使我们对客观事物有一个触类旁通、举一反三的认识能力；广博的知识结构可使我们广拓思路，提高创造能力和创新能力。只有具备这样的知识结构，才能对包罗万象、纷繁复杂的信息资源进行去伪存真、去粗取精的筛选、鉴别、加工，通过有效整合使信息被用户利用，也才能为用户提供全方位深层次的信息服务。

一、扎实的专业基础

优秀的参考咨询馆员必须具备较强的信息意识和信息能力，牢固掌握图书情报学方面的基础知识和基本技能。参考咨询员不但要熟悉各类文献检索工具，熟练掌握各类检索工具的使用方法，而且要有良好的信息意识，能从网络信息的海洋中敏锐地发现和及时准确地捕捉到有参考价值的信息，能对信息进行科学的处理，通过对信息研究和深层次加工，形成信息咨询报告提供给用户，使信息在服务过程中得到增值。

1. 熟悉各类参考工具书

参考咨询员应该系统地了解各类参考工具书和数据库，对于各种类型的文献应该系统地掌握，如对各类索引、文摘、年鉴、手册、字典、词典和百科全书等参考工具，以及各国专利、工业标准、科技报告、专业会议录等连续出版物，应该系统地了解其编制方法和检索途径。在网络环境下，还应了解和熟悉一些常用的综合性站点和专业性站点，熟练使用多个搜索引擎。一旦读者提出文献需求，参考咨询员应能知道从哪些文献源中可以找到答案。参考咨询员可以从关心各个时期的社会热点着手，逐步收集与组织有关专业知识，建立个人专用数据库，这将有助于参考咨询员的专业知识素质的提高。

2. 掌握文献检索方法

为做好参考咨询工作，参考咨询员要具有良好的文献检索能力和获取信息的能力。文献检索是参考咨询工作中的基本内容，参考咨询员应熟悉文献资源组织与管理的基本方法，熟练掌握文献检索的方法与技巧。例如，熟悉与掌握有关的大型综合性检索工具和有关的专业性检索工具，包括文摘、索引、书目和百科全书等；熟悉与掌握重要的综合性期刊、专业性期刊、会议录、科技报告、专利文献、手册、年鉴、工具书以及有关的图书与报纸；熟悉并掌握因特网上的信息源，这是参考咨询员应用现代信息技术的基本功，也是体现自身业务水平的重要方面。在从事日常工作中，为了更好地指导读者阅读，解答读者各种咨询问题，进行各种情报服务，参考咨询馆员还要掌握社会学、心理学、教育学知识，学习这些知识可以帮助参考咨询馆员了解读者阅读动态，分析读者阅读效果，指导读者正确阅读。此外，还应掌握一定阅读技巧，善于理解并分析文献，能够迅速、准确地传递文献。同时，能够运用语言技巧，宣传文献，宣传文献利用知识。

3. 较高的政策水平

对于开放的图书馆，参考咨询员面对的服务对象包括海内外各方读者，只有提高参考咨询服务的政策水平，才能深化服务深度，提高服务质量。参考咨询员要了解并掌握党和国家的总体方针与政策，例如，社会主义初级阶段的理论，国家农村改革、经济体制改革和科技体制改革的方针、政策与措施等。从微观上，应掌握科技、经济和社会发展的方针政策，如引进外资政策、对外贸易政策、知识产权保护政策、发展高新技术政策，甚至环保政策、能源政策以及养老保险、医疗保险和房改等政策，具有相当水平的参考咨询员在接受读者参考咨询需求时，不但能解答读者的需求，而且能从政策上给予解释，引导读者开拓思路，从而创造性地完成参考咨询服务。例如，读者为开发某项产品，需要查找同类产品专利时，具有良好素质的参考咨询员，除了进行常规的指导专利查询外，还引导读者在同类产品专利基础上进行创新，同时告诫读者在产品开发中不能侵犯他人专利。

4. 卓越的信息组织能力

良好的信息组织能力是参考咨询员出色完成参考咨询任务的基础。参考咨询服务不能满足于就事论事的服务，读者需要什么就提供什么。对读者提出的参考咨询要求，有时需要运用自身的综合分析能力，提供正反两方面的咨询建议，以利于读者获得正确的咨询结果。为了储备丰富的参考咨询信息资源，在图书馆基本馆藏之外还要注意收集政府信息、科技信息、市场信息、社会资源信息等。

（1）政府信息

包括政府对政治、经济和社会发展采取的有关政策与措施。具体内容包括有关政治与法令方面的信息，如政界动态、人事更迭、国际形势、外交关系、国际关系、法案与法令修正等；有关政府方针、政策的信息，如财政年度的计划、预算分配与决算、税收政策、物价政策、金融和保险政策等；有关产业政策的信息，如产业结构调整政策、高新技术产业化政策、产业重组政策、产业的振兴与培育等；有关经济与社会信息化的信息，如国民经济信息化计划、信息高速公路建设计划等；有关社会福利的信息，如社会福利计划、养老保险条例、医疗保险条例、老龄化计划等；有关文化发展的信息，如文化政策、文化设施建设、文化发展规划等。国内外人文、社会科学和文化事业的发展情况。从经、史、子、集四部全书到近代百科全书，从文学艺术到文博图书，从人物传记到年表和历表，都可作基础积累，还可应用有关的专著、工具书。

（2）科技信息

具体内容包括有关专利和知识产权的信息，如专利法、知识产权法、专利申请等；有关科技创新与技术创新的信息，如科技研究与开发计划、重大科技创新工程项目、高科技园区计划、软硬件的技术革新等；有关生产技术的信息，如制造、加工、操作等方面的新的生产方法与技术；有关新产品开发的信息，如新产品开发计划、新产品的应用等；有关新材料开发的信息，如新材料开发计划、新材料的应用等；国内外有关科技进步、经济建设和社会发展的历史沿革、现状与发展趋势。积累的内容着重于数据性，例如，科技、经济和社会发展的各类指标。国内外有关新技术、新工艺、新产品和新设备的发展及对科技与产业发展的影响情况，可以先从本省或本市所关心和重点发展的行业和科技领域着手，按产品或项目进行积累。应用有关的期刊、统计性年鉴、出国考察报告和专业会议录，能有效地获取所需积累的内容。

(3) 市场信息

具体内容主要与经营或竞争有关,包括需求预测的信息,如需求结构及用户分析;市场份额的信息,如同行业之间市场份额状况、市场份额变化等;消费者和用户动向的信息;有关竞争的信息,如竞争的产品及服务,价格及质量情况,竞争对手公司的市场计划、销售目标、销售战术等情况;有关产业结构调整引起市场变化的情况等。

(4) 社会资源信息

包括人力资源信息,如人才市场与职业介绍情况、人力资源开发与培训情况、社会老龄化情况等;原材料和物资的信息,如国内外工业原材料情况、物资市场供应情况等;能源资源的信息,如石油、煤、电力、天然气、原子能和新能源开发利用情况等;土地资源信息,如土地批租、土地开发利用情况等。

面对大量的信息资源,参考咨询员不可能也不必完全由自己掌握全部信息源,只要能做到心中有数,在读者提出参考咨询需求时,能懂得运用各种信息源来获得解答参考咨询的信息即可。在实际运作时,参考咨询员能了解这些文献信息源的性质、特点以及专业范围、使用方法等,以便按参考咨询的要求进行有选择性的使用。此外,时常参加有关专业会议、研讨会、专业展览会以及有条件时参加国外专业考察,这都是了解掌握最新信息的重要途径,也是典型的混合信息源;与主管科技、经济与社会发展的政府部门以及相应的民间协会、学会保持经常联系,这也是开辟信息源的重要方面,特别是对于有关政策的掌握以及学术动态的了解,起着重要作用;与熟悉科技、经济和社会发展领域的专业人员有广泛的工作联系,甚至交上朋友,成为参考咨询员解答咨询的人际信息源。

二、广博的知识结构

读者需求多种多样,除了一些常规性的文献检索类问题外,参考咨询工作还有大量的深层次的定题服务、专题情报服务等,而这些服务的开展要求馆员必须具备相关的学科专业背景。因此,参考咨询馆员必须具备广博的知识结构。

参考咨询员怎样积累自己的学科专业背景知识呢?隔行如隔山,但隔行不隔理。毛泽东在关于知识分类问题的论述中指出:"什么是知识?自从有阶级的社会存在以来,世界上的知识只有两门,一门叫做生产斗争知识,一门叫做阶级斗争知识。自然科学、社会科学,就是这两门知识的结晶,哲学则是关于自然知识和社会知识的概括和总结。"所以,参考咨询员应当努力学习和运用马克思主义哲学、邓小平理论、中国共产党代表大会的精神，及时了解国家的方针、政策、国家的法律、法规、国家经济建设的各个五年计划的内容，提高自己的政治思想水平；在工作和实践中不断学习，开拓知识视野，学习一些人文社会科学方面的知识，如地理、历史、风土人情、语言文学、经济管理等；此外还要了解自然科学以及工程技术方面的知识，如数理基础、生物化学、机械电子、能源环保、交通运输等，它们对知识结构的构成相当重要。随着科学技术的迅速发展，参考咨询员所具有的基础知识，还应瞄准当代世界新学科，特别是交叉学科，例如，数理经济学、统计计量学、运筹学、文化社会学、工业社会学、科学美学等；综合学科，例如环境科学、决策科学、领导科学等；横断科学，包括系统科学、控制论、信息论等；比较学科，例如比较哲学、比较伦理学、比较政治学、比较经济学、比较社会学等；元科学，如科学学、哲学学等。

广博的知识获得更多地依赖于参考咨询馆员的自我学习和完善的基础知识的积累。所谓积累，指的是对一些基础信息，不是靠几篇文献资料或几本图书就能全面掌握，而是要求参考咨询员依靠日常逐步地收集和整理加工而成。一方面，参考咨询员在开展咨询服务中获得的基础资料，在向读者进行咨询解答之后，有必要进行整理加工，积累起来，成为今后参考咨询的基本素材。另一方面，在学习与了解过程中，参考咨询员可以综合运用知识分类框架和时空框架来构筑个人的知识库，通过学习，锻炼自己的认知能力和智力水平。从学科分类角度看，结合自己的专业背景、研究兴趣、读者重点需求来构建自己的学科知识框架，然后按时空框架系统地组织基础知识。从时间维度，分过去、现在、未来，也可分成古代、近代与现代；在空间维度，可粗分为本地、国内和国外，细分则有本地与本省、国内各省市与国外各国家。在这个时空主框架下，将学习基础知识的要点与心得，进行记录，加以填充，在开展参考咨询服务的实践中，逐步充实自己的基础知识库。

三、较强的科研能力

参考咨询是高度智能化的信息服务，是一种创造性的科学劳动。一个合格的参考咨询馆员必须是开拓型的，还需具备较强的科学研究能力。在咨询过程中，参考咨询馆员要利用丰富与扎实的图书情报学专业理论和广博的知识结构，不断地检索、查询、扫描本行业及相关行业的发展动向，审视世界政治与经济局势的发展，随时掌握最新科研动态，能对科研课题进行科学的预测，设计检索策略，要能敏锐发现问题，善于去捕捉信息、挖掘信息，并通过对信息的分析与综合、归纳与演绎，作出正确的分析与判断，预测行业发展趋向，为决策者提供专业的服务。此外，参考咨询馆员必须在工作中要自我努力、自我提高、自我完善，要大胆采用新颖、独创、有突破性的方式方法服务于用户，善于利用现代信息技术和高科技手段开展各种参考咨询服务，始终走在社会发展的前沿。

第三节 美国参考咨询人员的素质要求

美国图书馆对参考咨询人员的资格审定、业务考核、职务聘用与晋升等一直比较严格。早在20世纪20年代，美国图书馆协会就对参考咨询服务的特征和参考咨询人员的素质作了明文规定，列出了27项特征和180条素质条例。

美国的图书馆界普通提倡图书馆学和其他专业的人员的合理搭配，力求参考咨询人员的知识结构能够在专业上取长补短，配合协调，适应参考咨询工作的需要，卓有成效地开展各项工作。美国图书馆的大部分参考咨询人员，都具有图书馆学硕士学位（Master Of Library Science），他们对目录学、文献检索等方面的知识与技能掌握得较好，其他的人员一般都是非图书馆学专业毕业的大学生，但参加图书馆工作前必须接受一段时期的图书馆学专业的培训，他们当中不少人获得过双学位，即本专业再加上图书馆学专业，由于本专业学识渊博，业务水平较高，在参考咨询服务中往往能够解决涉及专业的深层次问题。

美国图书馆协会（ALA）的参考咨询与用户服务分会（RUSA），是一个专门负责制定各类读者服务规划和指南的组织，其职责是促进与支持各类型图书馆为所有群体提供参考咨询和信息服务，满足读者的需要和帮助图书馆吸引潜在读者。RUSA制订发布了许多关于参考咨询与信息服务的指导性文件，其中涉及参考咨询人员素质的文件有两个：《参考咨询和读者服务图书馆员专业资质》（Professional Competencies for Reference and User Services Librarians）和《参考咨询与信息服务专业人员行为方式指南》（Guidelines for Behavioral Performance of Reference and Information Services Professionals）。

一、美国参考咨询员的专业资质

《参考咨询和读者服务图书馆员专业资质》从内在能力方面对咨询馆员提出了要求，规定了参考咨询员和读者服务馆员在五个方面应具备的能力。

1. 获取问题能力

获取问题能力，即参考咨询员要具有理解读者信息需求的能力。首先，参考咨询员要搞清楚读者的问题是什么，然后根据读者提问的信息，准确识别出读者需要的是什么样的文献类型。

这个过程所要求的具体能力包括：问题的反应能力、服务的组织与设计能力、批判性思考和分析能力。

2. 知识基础

参考咨询员的知识基础包括两个层次。

第一个层次的知识是咨询馆员应具备最基本的知识面，主要包括：信息资源的结构知识；基本信息工具，包括联机目录、检索系统、数据库、网站、印刷版和电子版的期刊和专论、视频和音频的知识；初级读者的信息搜寻模式和行为；与读者亲身和通过其他渠道沟通的基本原则；技术对信息结构的影响；版权与知识产权法；信息资质标准。

第二个层次的知识是咨询馆员在工作中不断进行知识的更新与交流，主要包括：环境审视；知识应用；知识传播；主动学习等。

为此，咨询馆员必须通过接受一定程度的教育和不断的自学，获得相应的知识积累与更新。

3. 营销能力

咨询馆员应能够运用经济学中的概念和方法，推销和宣传自己的服务。具体能力包括：服务对象与服务产品调查；服务宣传与扩张；服务评价。

4. 协作能力

由于信息的膨胀和信息访问方式的变化，咨询馆员必须与其他图书馆、专业组织、机构和团体合作，来确保读者及时以最合适的方式获得所需的信息服务。协作能力包括：与读者的关系；与同事的关系；与同行的关系；与其他非图书馆学科专业人员的关系。

5. 资源与服务的评价与评估

咨询馆员应能使用各种评价方法，包括正式方法和非正式方法，对图书馆信息咨询服务进行总体评价。评价的出发点应该是读者需求，具体的评价对象包括：读者需求；信息资源；服务方法；信息接口；信息服务提供者。

二、美国参考咨询员的行为方式

《参考咨询与信息服务专业人员行为方式指南》是针对面对面的参考咨询过程，从可以直接观察到的五个方面对参考咨询人员提出具体的行为指南。

1. 接待用户时的亲和力

为了获得理想的咨询效果，用户首先要确认一位合适的参考咨询馆员，而且在整个咨询过程中始终乐于接受馆员的帮助。因此，馆员的行为应该表现出对用户的欢迎和接纳，并尽量使用户感到放松。为了做到这一点，参考馆员应该：随时准备着迎接用户的咨询；工作时间不得忙于与用户咨询不相关的事，如读闲书、聊天等；养成与用户主动接触的习惯；通过微笑或身体语言表示注重用户的来访；主动在开始的交往中礼貌性地问候用户或与用户近距离交谈；对其他等候用户予以确认；最大限度地重视用户的需求；在咨询处经常走动，只要有可能，要主动向用户提供帮助。

2. 服务过程中的兴趣

成功的参考馆员一定要具有对参考咨询服务高度的兴趣和热情。并非每一次的咨询工作都具有挑战性和吸引力。面对日常琐碎的工作，馆员应该对每位用户的信息需求产生兴趣，主动提供最有效的帮助。如果馆员对用户的咨询问题表现出浓厚的兴趣，能促使用户产生高度的自我满足感。要做到这一点，馆员需要：当说话和聆听时，面对用户；在交流过程中始终保持与用户的接触；根据用户语言或非语言反应，与用户保持适当的物理距离；对用户的需求，通过言语或身体语言予以确认，如点头或问几个问题；在整个咨询过程中表现出镇定、沉着；全神贯注于用户。

3. 聆听/询问的技巧

面谈是参考咨询服务工作的核心，对整个服务起着至关重要的作用。馆员应有效地确认用户需求，以使用户感到愉快的方式达到这一效果。为达到这一点，馆员应该：根据交流过程的性质，选择合适的嗓音和说话的方式；在交流过程中始终保持接纳、诚恳和鼓励的姿态；在作出回答之前，允许用户以自己的语言充分陈述信息需求；重新组合用户的问题或需求，并得到用户的理解和确认；使用无固定答案模式的提问技巧以鼓励用户延伸问题的广度或陈述附加信息；使用已经有结论或明确的提问方式精简检索提问；寻找并区别易混淆的术语，避免使用晦涩生僻的词语；馆员使用的专业术语要为用户所理解；保持客观性，不要随意插入自己的主观判断。

4. 高超的检索技术

检索过程是参考咨询的核心环节，为了获得较高的检准率，要依赖馆员的行为。作为一个有效的检索者，馆员应该：构建一个有竞争力的完整的检索策略；将一个提问分成特定的几个方面；确认其他对提问产生限制的限定词，如数据、语言、完整性等；选择最切题的检索词；首先在最受限制的范围内检索；在初次检索中改正拼写或其他可能性事实错误；确认最切合用户提问的信息源；当咨询户不能独立确认自己的问题的信息源时，向咨询专家、数据库或其他馆员寻求帮助；与用户共同讨论检索策略；鼓励用户阐述自己的见解；向用户解释检索程序；在用户分配的时间范围内完成检索；陪伴用户左右；若用户显示出兴趣，馆员应负责解释信息源的使用；当检中率低时，与用户共同缩小或扩大检索主题范围；在初步结果获得后，如果还需要额外信息，向用户询问；负责向用户介绍更合适的图书馆、参考馆员或其他信息源。

5. 跟踪服务

当情报用户离开图书馆后，参考服务工作并未结束。参考咨询员应肩负起两方面的职责：一方面判断用户对检索结果是否满意；另一方面向用户负责推介其他信息源。为了做到这一点，馆员应该：向用户询问是否已经完整地解答了咨询问题；鼓励用户随时重返图书馆参考服务部门寻求帮助；在用户对信息源有所了解后，馆员再次来到用户身边解答、指导；当遇到跨学科问题时，主动向其他馆员或专家请教；即使自己已离开图书馆，馆员应在合适的时机，主动安排与用户共同探讨课题；通过联合其他机构、团体或图书馆和与问题相关行业部门竭力向用户提供最优质的信息服务，保证信息量的需求和信息源的供给；向用户推介其他图书馆或信息机构时，在信息服务手段上通过提前电话预约和交流提供方向和建议，向咨询用户提供尽可能多的信息；当用户对咨询的结果不满意时，馆员负责向用户推介其他有可能符合用户要求的信息源或学术团体、科研机构。

从上述两个文件可以看出，馆员内在素质因为个体培养过程的长期性、随外界技术变化的多样性、针对个体用户的特定性等因素，无法用一致的标准来量化规范。美国图书馆正在把多样化的内在素质统一为外在行为特征，用基础的专业标准来培养适合时代需要的馆员队伍。

第四节 参考咨询员的培训

我国图书馆参考咨询员大体由两类人员组成，一类是图书馆学情报学专业毕业生，另一类是其他学科专业毕业生。图书馆学情报学专业人员掌握了丰富的文献检索知识，但在解答某个学科专业问题时，则显得背景知识比较贫乏，与用户交流沟通的深度受到限制。相反，其他学科专业的毕业生没有系统接受过图书馆知识培训，在文献检索与利用方面也存在很多不足。所以说，参考咨询员普遍面临接受继续教育的任务。

继续教育的核心内容是根据图书馆事业发展计划的要求，结合参考咨询部门的实际情况，提高参考咨询员素质，为适应不断变化的工作环境，更新参考咨询员的知识以及增强参考咨询员的技能。培训计划旨在将人才的培训与开发与图书馆的事业发展规划相联系，系统地提出培训的需求，具体目标，培训的对象、内容、组织实施与评估等，为参考咨询员提供指导和帮助。

一、培训形式

参考咨询员的培训形式多种多样，主要有在职培训与脱产培训两种形式。

1. 脱产培训

脱产培训指离开参考咨询岗位，或在走上参考咨询岗位之前，按照图书馆对参考咨询员岗位的要求，就满足岗位要求所需的基本知识、基本技能或行为规范进行教育培训。

2. 在职培训

在职培训指按照图书馆的整体工作计划，为适应参考咨询的需求，使参考咨询员在开展工作的同时，接受为有效地完成工作所需的知识、技术和行为规范的培训。参考咨询员培训可以拓宽参考咨询人员的知识面，提高其理论修养，更新他们知识结构，提高他们的计算机网络技术水平。

在职培训的形式有很多种。

在职学位教育：在职学位教育指通过函授等形式进行的图书馆学、情报学专业教育，有研究生、本科、大专等不同教育层次。在职学位教育课程体系比较系统，是馆员继续教育的重要形式。

在岗自学：是参考咨询人员实现知识更新，完善自我知识结构和能力的主要途径。参考咨询人员应结合自己的岗位要求，针对自身知识结构，实际操作能力，在干中学。通过自学，完善自己知识结构，提高自己的操作技能，成功实现从传统参考咨询员向网络信息咨询员角色转变。

讲座式培训：通过举办专题学习班或开办讲座等形式进行培训。专题学习班往往是针对一个或几个主题，试图通过培训学习，使学员能较为系统地了解或掌握有关专题，因此其课程计划、课程内容与课程实施是否与参考咨询服务工作紧密结合，则是学习班能否产生良好效果的关键。开办讲座这种培训方法，可在相对集中的时间内，向受训者介绍同一专题知识，传递较大信息量。例如请计算机专家来馆指导培训参考咨询人员，提高参考咨询人员的计算机网络知识水平。

讨论会式培训：将需求相同的人聚集在一起讨论并解决问题的一种普通使用的培训方法。讨论会能使受训者相互交流信息，互相启发思路，了解最新专题情况，从而开拓视野，有利于提高参考咨询岗位的服务水平。例如案例研究，就是召开讨论会采用的有效培训形式。可针对一个特定问题，在提供大量背景材料的基础上，要求受训者依据背景材料进行分析研究，共同讨论，提出解决这个问题的对策措施。在案例研究时，一方面发挥了受训者的主观能动性，参与性很强；另一方面，召开讨论会的召集者应起到教师的作用，引导受训者，同时教学相长。

考察访问式培训：考察访问可作为一种独立的培训方法，也可成为附属于其他培训方法的一种培训形式。针对某一专题有计划、有组织地安排参考咨询员进行考察访问，能获得良好的经验，改进自身的工作。送有经验的参考咨询人员夫开展咨询服务比较好的图书馆学习同行的经验，通过优秀咨询人员的传帮带，在实践中掌握咨询服务的技能。

除此之外，还有学术活动、训练、辅导、函授、实习、轮换工作岗位、远程教学、电视会议等培训形式。

二、培训内容

参考咨询工作要求咨询员具有一定的专业水平与业务能力，如拥有丰富的经验和较广博的知识，善于研究读者心理需求，能够跟读者和用户建立良好的关系，掌握解答问题的技巧，对所提出的问题提供令人满意的解答，掌握一两门外国语，能够通过交谈了解读者的专业知识水平并确定对方是否具有使用所推荐的文献资料的能力，在本馆缺乏读者所需求的文献资料或者无法解答其他信息时，能够主动地积极地介绍其他的途径，耐心地辅导读者独立使用检索工具书、各种载体的目录资料，能够培训读者使用自动化检索系统，等等。优秀的参考咨询队伍能为读者提供广泛的、深层次的服务。他们除了在馆内解答读者的难题外，还需要走向社会，与政府机构、企业和科研部门建立联系，为他们分析信息需求，研究统计资料，建立课题档案，开展信息咨询与鉴定评估服务。因此，参考咨询员培训的内容非常广泛，大体可分为知识培训、技能培训和行为规范培训三个方面。

1. 知识培训

知识培训的目的是使参考咨询员具备完成木职岗位工作所必需的基本知识。这些基本知识包括如下几方面。

(1) 计算机和网络技术

网络信息咨询是图书馆现代化服务的标志,但参考咨询人员普遍存在计算机和网络技术水平低的问题,相当一部分参考咨询人员安于现状,缺乏现代信息咨询意识,观念封闭保守,对网络信息咨询这个新事物不是积极接受,努力学习去适应,而是消极等待,服务观念和服务手段远远落后于时代的发展,不能适应网络环境下信息咨询服务的要求。因此,培训的内容首先应集中在提高计算机能力,使他们熟练地利用现代信息技术对网络信息资源进行检索、存储和处理。

(2) 外语水平低

图书馆参考咨询人员中精通一两门外语的人比例比较小,很多人不能熟练运用英语查检信息。能够阅读某一学科的外文资料,开展深层次情报服务的人才就更少。

(3) 知识结构不合理

目前,图书馆参考咨询员中,不同程度存在知识陈旧和知识面狭窄的问题,不能适应新知识、新学科层出不穷的网络信息时代,不能很好地为用户提供全方位、深层次的情报服务。

图书馆可根据开展参考咨询工作的实际情况,有针对性地、适时地提出有关知识培训的内容,从而安排培训计划,组织实施。

2. 技能培训

技能培训,应使参考咨询员具备完成本职岗位工作所必需的基本技能以及相关技能,如承接课题技能、网络信息搜索技能、人际关系处理技能等。

参考咨询员的技能培训,不仅要有所授课程的基础知识,而且要有实践的经验,操作性较强。这对培训教师提出了较高的水平要求,既讲授理论,又讲授经验。

3. 行为规范培训

行为规范培训,应使参考咨询员具备完成本职岗位工作所必需的爱岗敬业精神,自觉地维护本部门和本馆的声誉和形象。可以围绕参考咨询员岗位的行为规范的制定,实施培训计划。"百问不厌,百问不倒",这既反映了参考咨询员的行为规范的侧面,也反映了参考咨询员的知识和技能的侧面,同样也是参考咨询员所追求的目标。

第六章 参考信息源建设

参考信息源是人们在书山探宝，学海求知的"器"。"工欲善其事，必先利其器"。建立完备的参考信息源是图书馆开展参考咨询服务的基础。由此可见，参考信息源建设的重要性。参考文献信息源的范围很广、门类繁多，涉及各种出版方式和文献载体形态，其收集和整理工作已形成自身的特点和规律。本章从传统参考信息源和电子信息源两方面对参考信息源建设进行详细阐述。

第一节 建设参考信息源的意义

参考信息源通常包括参考工具书、各种数据库和网络信息资源。建设参考信息源就是使图书馆的参考信息源形成一个具有较强功能的有机整体，最大限度地满足咨询用户的信息需求。其意义主要体现在以下几方面。

一、拓展服务内容

在网络环境下，用户的信息需求日益多样化和复杂化，传统的咨询服务内容已不能满足用户需求；同时，参考咨询源的载体和类型日益增多，咨询用户利用文献信息的环境变得越来越复杂，对图书馆的参考咨询服务的依赖性也有所增强。为了满足咨询用户的需求，图书馆参考咨询员需要利用馆藏资源和网上丰富的参考咨询工具，凭借自身熟悉馆藏、拥有文献信息收集、整序和网上信息检索的技能来拓展服务内容。只有提供内容多样、具体适用和经过深加工的信息，才能最大限度地满足咨询用户的需求。

二、深化咨询服务

参考咨询服务是借助于一定的参考信息源开展的。在对文献信息进行收集、分析、加工、整合，将具有增值的信息提供给咨询用户的过程中，参考信息源起着相当重要的作用。即使是针对用户在利用图书馆场所、设施和组织策划服务中提出的咨询问题，有时也需要一些特殊的咨询信息源，例如，有关该项服务的介绍资料、服务制度和规定、设施设备的使用说明书、成功案例资料、合同样稿、多媒体演示系统等。所以，参考咨询服务内容的范围及质量的高低，在很大程度上都与参考信息源建设的程度相关，丰富的参考信息源能增强图书馆信息服务的能力，为用户开展个性化的参考咨询服务。

三、增强教育职能

参考咨询工具的知识与信息含量非常丰富，不仅具有情报职能，同时也具有教育职能；它不仅是人们查找特定信息资料、检索文献信息、更新知识的工具，同时也是用户情报教育的重要组成部分及人们学习和工作必备的工具书。通过对参考咨询工具的学习与利用，人们能不断积累知识、扩大知识面和进行知识更新，从而提高个人综合素质。

第二节 参考信息源的类型与特点

一、参考信息源的类型

参考信息源的分类方法很多，根据载体形式可分为两大类：一类是以纸张为载体的印刷型参考信息源，也就是传统参考咨询服务所使用的参考资料，也叫传统参考信息源；另一类是以磁带、磁盘、光盘、网络等为载体的参考信息源，也叫电子参考信息源。

1. 传统参考信息源

传统参考信息源是根据一定的查阅需要，系统汇集有关的知识资料或文献信息，按易于检索的方法编排的信息密集型文献。包括书目、索引、文摘、字典、词典、类书、政书、百科全书、年鉴、手册名录、表谱、图录和丛集汇编。

2. 电子参考信息源

电子参考信息源是以电子技术为基础，以数据库形式存储于光、磁等物理介质中，通过单机或网络终端显现的信息集合。包括机读数据库（磁带版、光盘版和网络版）和联机数据库、数字化图书馆、网络搜索引擎、因特网信息服务站及传统工具书的电子版。

二、参考信息源的特点

参考信息源具有如下特点：

1. 高精度的资料性

从文献类型来说，参考信息源是经过筛选和条理化了的情报源，属于二、三次文献和数据集合，是对原始文献的描述、重组和综合。

2. 高密度的知识性

就文献内容来说，参考信息源是信息密集型的文献，是集成度很高的信息库，是知识的浓缩，能为人们提供丰富的知识资料和文献信息。

3. 高效率的检索性

就文献结构来说，参考信息源依据特定的需要，十分讲究科学的编排形式和高效率的检索方法。它要求本身能构成严密的有机体，形成网络，以覆盖有关的知识领域和文献范围，做到以简驭繁。

4. 高频率的查考性

就文献功能而言，参考信息源主要供人们临事查考、释疑解难之用，而且这种查考往往持续时间短，但常多次反复进行。

第三节 参考信息源建设原则与策略

一、参考信息源建设的原则

1. 多样性

在现代技术条件下，参考信息源已突破了传统的工具书类型，从载体形式到内容都呈现出多元化的趋势。所以，建设参考信息源必须注重传统参考信息源与电子参考信息源同时并举。

2. 系统性

参考信息源建设应充分考虑学科的完备、类型的齐全和多种类型的配套。对于电子参考信息源则应从时间、数量、空间三个方面，尽可能保持其在网络运行中的全面性、完整性、连续性，特别是要保证与学科建设密切相关的重要信息资源及特色资源的系统性，以满足咨询用户多方面的需求。

3. 实用性

现代图书馆已从传统图书馆的以"藏"为主转变为以"用户为主"。馆藏文献资源的多少已不再是评价一个图书馆信息服务能力和质量的唯一标准，而是要把信息资源是否实用和具有特色、检索查询系统是否方便使用、用户的需求是否得到满足作为主要的评价依据。因此，建设参考信息源要从实际情况和用户需求特点出发，确定搜集的范围和重点，选择所需的类型与文种。比如，地质类院校应收藏《英汉地质词典》、《中国地质文摘》、美国的《环境文摘》（Environment Abstract）等专业性强、具有学科特色的参考咨询工具，因为它们能在本学科的信息服务中发挥其优势。

4. 权威性

参考信息源种类繁多、数量庞大，应充分考虑编纂者和出版制作者的权威性，选择质量较高的各种参考信息产品。权威性指标包括编纂者的教育程度和资历，出版者和代理机构的声望。印刷性参考源权威性的认定比电子参考源相对容易，因其出版资料较电子版资源容易获取。

5. 发展性

随着科学技术和文化教育事业的发展，新的学科专业及新产品层出不穷，应注意跟踪搜集，及时补充新的参考资源，使参考信息源体系更能满足用户的信息需求。

6. 协调性

参考信息源不仅数量庞大，而且价格不菲，尤其是电子参考信息源价格更为昂贵。因此，各个单位不可能也没有必要贪多求全，应该注意协作和协调，特别是电子参考信息源建设要走共建共享的道路。例如，一个地区或一个系统的各个图书馆或信息机构联合起来，统筹规划，互补余缺，形成完整的电子参考信息源体系，从而实现广泛的资源共享，提高电子参考资源的利用率。除此以外，参考信息源的建设还要考虑其使用功能和价格。资源的使用功能体现在编排方式、索引、著作风格和应用特征四个方面；资源的价格体现在出版质量、定价高低和替代因素三方面。所以，应选用那些编排方式规范化；索引配备合理、使用方便；文笔简练、叙述准确；目标明确、体例清晰、编辑规范；出版质量高、价格性能比好的参考信息源。对于参考工具书和数据库之间功能重叠或功能相似的资源，可以通过替代的方式达到合理使用、节约经费的目的。

二、参考信息源建设的策略

1. 通过出版机构订购参考信息源

参考信息源建设的渠道主要有两条：一是通过出版社、书店、邮局订购传统参考咨询文献。二是通过出版机构购置电子参考信息源。

现代出版业发展迅速，各种参考咨询文献琳琅满目，特别是参考工具书。比如，各种词典、百科全书等，有不少在内容上大同小异，订购时要注意其收录范围、内容、版本、版次等，避免重复购置，造成资金和资源的浪费。检索工具书基本上是以刊的形式出版，有周刊、半月刊、月刊、季刊、半年刊和年刊，属于连续出版物。检索工具主要是通过出版发行机构代理征订，少量是出版社自办发行。要注意选择信誉度较高的出版发行机构按时订购，以保证检索工具的完整性。

数据库具有检索途径多、速度快等特点，是现代图书馆开展参考咨询服务的重要工具。数据库购置要选择收录范围广、数据更新频率快、检索性能强、易于使用的数据库。此外，购买电子参考信息源时，还应考虑图书馆的设备条件以及电子参考信息源的价格、使用率、平台设计及功能、售后服务几方面的问题。

（1）设备条件

无论是光盘版还是联机版的电子参考信息源都需要配套的计算机设备和网络条件。图书馆的数字化参考咨询服务是面向多用户的，既有馆内用户，也有馆外用户；既有本地用户，也有远程用户。电子参考信息源的普遍应用要求图书馆建立局域网的环境，达到同时满足较大数量的用户同时检索和浏览各种数据库。所以，电子参考信息源的建设首先要考虑与图书馆的计算机和网络设备相匹配。

（2）价格策略

根据咨询用户和参考咨询员的需求以及图书馆的财力状况，制定出合理的价格策略。首先，横纵向对比数据库的价格。将同类数据库的价格作横向对比，购买价格合理的数据库；另外，在购买某一数据库之前，还要对其自身连续几年来的价格作纵向对比，如果数据库每年有适当的涨幅是可以接受的，但如果只是大幅度的涨价而没有质和量的提高，那么该数据库就没有购买的必要了，因为该数据库的性价比越来越低。

其次，选择合适的购买方式。电子参考信息源的购买价格由购买方式决定，购买方式不同，价格也不同。一般来说，有购买所有权价格、购买使用权价格和购买服务价格。所以选择合适的购买方式是很重要的。购买所有权就是购买数据库的占有权，也就是在本地做镜像，将裸数据安装在本地服务器上，使其成为本馆馆藏的一部分，即使某年取消对该数据库的续订，以前所购买的数据库的数据依然可以使用。购买使用权就是购买数据库资源的访问权及相应的使用保障机制。假如一旦不再续订，那么以前可以访问的数据库也就不能再使用了。而购买服务就是响应本馆用户的信息请求，有偿地利用馆藏之外的文献信息来为本馆的读者服务。主要包括传统的馆际互借、文献传递服务。购买服务可以保证所付费用价有所值，所购买的信息资源绝对是有用的，不会造成任何浪费。然而购买服务的响应速度不如前两种方式，容易耽误用户对文献的使用。

因此，对于那些本地用户有大量检索需求，要求文献的适时性又高，希望及时获取最新信息的数据库可以考虑镜像版。对于时效性较强的动态性数据库，如新闻类数据库，则应考虑购买数据库的使用权。对于很少检索的参考信息数据库，最好采取购买服务的方式。

（3）使用率问题

对一般商品而言，使用意味着消耗，意味着贬值；但对知识商品来说，使用非但不是消耗，反而意味着增值，这是因为原有的知识依然存在，而且用户通过对其利用、吸收，还能创造出新的知识资源来。所以，购买的参考数据库需要得到用户的关注和充分利用，只有这样才能实现它的价值。

（4）平台设计及功能问题

数据库平台是用户进行检索的入口，其设计是否友好、是否人性化、功能是否全面，在很大程度上影响着用户对数据库的使用。

（5）售后服务问题

图书馆购买了某一数据库的镜像资源之后，如果本地系统出现故障，镜像资源无法访问，数据库供应商能否及时提供应急措施以保证用户的正常使用，能否在短时间内到达并给予技术支持，如果购买数据库的使用权（也即网上包库），在遇到网络速度较慢、网络不稳等问题时，数据库供应商是否能提供专线访问，或及时做出响应并给予解决。

总之，综合考虑以上的各种因素，才能达到经费和资源更为合理的配置，提高参考信息源的质量，真正实现为社会提供信息保障的职能。

2. 通过多渠道收集参考信息源

利用搜索引擎从网上收集一些有参考利用价值的工具书以及某个专业或某种特定的信息作为本馆馆藏，实现资源共享。

从图书情报机构、科研机构及同行业中收集一些有参考价值的科技成果汇编、年鉴、产品目录、馆藏参考工具目录、考研目录及有关的网址等，用于扩大馆藏或补充订购中的不足。

与相关学科的研究人员、专家学者合作对网上免费资源站点进行搜集整理，收集一些具有权威性，学术价值高的免费站点。

此外，收集一些相关学科的邮件列表和讨论组以方便用户使用也比较重要。用户利用廉价、快速的电子邮件可以向一些专家学者请教，一般都能获得及时的回答，除文本信息外还有可能获得图像、照片、声音、视频等多种形式的信息。用户通过专题讨论组能与世界各地的专家学者就本领域的问题进行探讨，掌握本领域的最新动向，同时还可以向各位学者请教自己在学习科研中遇到的疑难问题，吸取各方面的经验。

3. 自建参考信息源

在参考咨询服务过程中，有时参考咨询员会感到图书馆现有的参考信息源不能圆满地解决用户的问题，而需要自己编撰参考信息源，解答众多用户提出的共性问题。自建参考信息源主要集中在检索型的书目、题录、文献和资料性的信息剪报、史料汇编、专题资源介绍等方面。根据载体形态的不同，自建参考信息源包括自编参考工具书和自建数据库，自建数据库包括馆藏书刊数据库、专题特色数据库和重点学科网络导航库。

在新的信息环境下，各图书馆重视发挥馆藏资源丰富并具有特色的优势，可根据实际情况，自建参考信息源，丰富馆藏，这也是参考咨询信息源建设的一个重要组成部分。如《图书馆读者使用手册（指南）》、《馆藏书目数据库》、《中文现刊目录数据库》、《资料图纸题录数据库》、《学位论文数据库》、《中国国家标准汇编目录数据库》等。自建参考信息源应遵循有特色、有深度、标准化、持续性四项主要原则。图书馆可依托自有的特色馆藏或自有的特色信息积累基础形成参考文献信息特色和参考咨询专题特色。根据图书馆在某一学科或专业领域的馆藏优势来确定自建参考文献特色，编撰独一无二的参考文献；根据图书馆多年来形成对某一学科文献整理加工的成果积累，或者参考咨询员熟练掌握和运用某一学科文献的经验优势来确定参考专题特色。参考咨询员在揭示文献内涵，充分利用文献方面具有较强的专业优势，应该也有能力编撰有深度的参考工具书，充分体现参考咨询工作的专业特色。由图书馆编撰的参考信息源必须在文献的著录、标引、摘要、编辑和索引等方面严格遵守国家标准。另外，图书馆的参考信息源建设一定要坚持文献的持续性增加，自建参考信息源重视这个问题，就可以保证文献增值效应的充分体现。

4. 通过集团采购的方式购买参考信息源

电子资源集团采购是国际图书馆界适应网络环境的需要，实现资源共享、消除数字鸿沟的新举措。电子资源集团采购是指由若干图书馆自愿组成集团，共同推举谈判代表与电子资源提供商谈判价格与使用条款，最终购买合同则由各加盟馆签订，购买费用由各成员馆自行支付给提供商的一种新型的电子资源购买方式。我国已先后有国家科技图书文献中心、中国高等教育文献保障系统（China Academic Library & Information System，简称CALIS）组织的集团采购，但是这种采购与发达国家之间尚存在一定的差距。

采用电子资源集团采购可以显著降低电子资源的成本，减少风险；可以缩小大中小型图书馆的差距；易于共享和整合资源，促进馆际合作；便于以集团名义要求数据库提供商改进工作和优化服务；能解决电子资源的长期保存问题。

采取电子资源集团采购的对策：建立采购集团与加盟馆的互利互信伙伴关系；平衡采购集团与成员馆的利益；规范集团资源采选程序，特别要加强标准建设；确保采购运作模式的科学性与透明性，强化成员馆之间的分工协作；建立合理的成员馆费用分摊模式。

三、参考信息源建设中存在的问题

1. 认识上存在误区

在网络环境下，各类电子出版物大量出现，参考咨询工具的类型和载体呈现出多样化，越来越多的参考工具和检索工具被转化为数据库。因而不少人在认识上出现了误区，认为有了各种数据库，特别是全文数据库就能替代印刷型参考咨询工具建设。为什么说这是一种认识误区呢？因为数据库并不能完全替代参考咨询工具的建设，数据库的使用受到诸多因素的制约，包括设备配置的状况，网上信息资源收集、整合、有序的程度，检索系统的传输速度，以及查准率和查全率等。由于这些因素的制约，数据库不可能替代参考咨询工具建设，而应形成一种共存互补的关系，让参考咨询工具和数据库各自发挥其优势。

2. 经费不足的影响

自20世纪90年代以来，书刊价格持续上涨，参考咨询工具的出版发行，不仅版本大，而且卷数、册数也增多。比如我国的《辞海》、英国的《科学文摘（SA）》等，它们都是卷/册数量多、信息量大的连续出版物，价格昂贵。一般中小型图书馆经费不足，难以购买。近年来，部分图书馆采取保普通书刊、减参考工具和检索工具的做法，这也在很大程度上制约了图书馆参考咨询服务的深化与发展。

第四节 传统参考信息源

传统参考信息源是指图书馆所拥有的参考类资料，主要是指图书馆所收藏的印刷型参考工具书。它的品种繁多、形式多样。参考工具书的作用是指示读书门径，解释疑难问题，指引资料线索，提供参考资料，辅助辑佚校勘，传播思想文化。其特点是以查询为目的，而不用全篇阅览；内容是广采博收，旁征博引；撰写方式是简明扼要，尽量不加形容词或修饰词，有时甚至还大量使用缩略语或代码；编排方式采用使用方便的查检方式，如按部首、分类主题或时间、地理位置来排序。根据使用特点的不同，传统参考信息源可以分为检索型信息源、知识型信息源和数据图表型信息源。

一、检索型信息源

检索型信息源主要包括书目、索引、文摘和名录。每一种类型的信息源都具有不同的出版形式，如书本式、期刊式、缩微胶片式、光盘式、联机数据库式等，但是检索作用是相同的。

1. 书目（Bibliography）

书目也称目录，是著录一批相关文献，按照一定的次序编排而成的一种揭示和报道文献信息的工具。我国最早的书目是汉武帝时杨仆撰写的《兵录》。西汉刘向、刘歆父子编撰的《别录》、《七略》创图书六分之史例。而清代《四库全书总目》集经史子集四部分类之大成。书目是人们控制文献、传递文献信息的有效工具，它具有检索、报道和导读等功能。这是因为书目全面登记与报道一个地区或国家的图书馆近期或往昔出版物的文献总目。通过书目，可以有效地掌握图书以及知识的生产和保存状况、发展过程，并且加以控制。书目又提供了知识记载的线索，指出获取文献的途径，是重要的文献检索工具。古人对书目的作用评价甚高。清代学者王鸣盛在《十七史商榷》中曾说："目录之学，学中第一紧要事，必从此问途，方能得其门而入。""凡读书最切要者，目录之学。目录明，方可读书，不明终是乱读。"

参考咨询常用的书目按照著录方式可以分为列举式书目和分析式书目。列举式书目主要是指按照国际或国家颁布的著录标准著录，按国家或行业认定的分类法、主题词进行标引、编辑而成的书目，图书馆员都非常熟悉这些书目的应用范围和使用方法。分析式书目是带有研究成果的特殊书目，在著录上有特殊的要求，每一种文献都有专业的说明或注释，在分类或编辑上也有特殊的要求，供专业人员使用。例如，《中国古籍善本总目》反映了版本研究成果，全书分经、史、子、集、丛五大部类，排列采用四部分类体系。而《中国地方志联合目录》除了著录书名、著者、版本等项目外，还对古今地名变迁、书名歧义、内容详略、版本区别都加以注释，全书是按照我国现行的行政区的划分来编排的。

书目按照编撰方式和时间等方面的特点可以分成古典书目和现代书目两种。古典书目包括官修书目，如《四库全书总目》；史志目录，如《汉书艺文志》；私家藏书目录如《郡斋读书志》；古籍版本目录，如《遂初堂书目》；宗教目录等。现代书目可分为：国家书目、联合目录、地方文献书目、个人著述书目、推荐书目、馆藏书目、分学科的专题书目、大型的回溯书目等，还包括不同的文献类型如报刊目录、视听资料目录、电子出版物目录等。书目是参考咨询服务工作必备的一种参考信息源。

2. 索引（Indexes）

索引是记录和指引文献中有关事项及单元知识的位置出处，按照一定的方式编排起来的一种检索工具。索引是将各种图书、期刊、报纸、专利、标准、商标等文献中的所述的人名、地名、题名、语词、事件、主题或概念等，加以分析并提取为款目，再依一定的方法如笔画、字顺、年代、数字等排列，注明资料出处的系统化的指南。主要作用是指南、示址，如《古今图书集成索引》、《中国古典文学研究论文索引》、《十三经索引》、《中国专利索引》等。

我国唐宋时期就出现了篇名和人名索引，如《群书备检》、《中兴登科小录》。索引在明代有了发展，出现了字词索引，如《洪武正韵玉键》、《两汉书姓名韵》。清朝乾嘉时期，不但索引的类型增多，而且章学诚还提出了关于索引的理论。国外的索引可追溯到公元7世纪的《圣经》索引。20世纪以来，许多国家编有大型索引检索刊物，并采用现代信息技术制成电子版检索刊物，这些在科学研究中发挥了重要作用。

索引的类型繁多，根据索引标目的性质划分，可分为：篇目索引、语词索引、主题索引、著者索引、分类索引、专门索引（分子式索引、化学物质索引等）。索引标目也就是查找文献的检索途径，如著者索引是按著者/编者姓名字顺编排，集中某一著者（个人著者或团体著者）的全部文献的信息，可供用户方便查询。篇目索引，包括书名或篇名索引、论文或报告名索引、引文索引、评论索引等，按照字母顺序或笔画顺序编排，检索非常方便。分类索引是一种按照某一分类体系或分类表编排的索引，它既有综合性的文献索引，也有某一学科的文献索引，分类索引对于图书馆的参考咨询员来说是非常容易的，这是因为参考咨询员熟悉各种文献的分类体系，但对于一般咨询用户来说相对有些困难。主题索引是以文献的内容主题为标目的索引，可用作主题索引的内容范围很广，如人名索引、地名索引、事件索引、年代时间索引、物品名索引等，对咨询用户来说，比较愿意使用主题索引进行检索。

根据使用功能划分，索引可分为：综合性索引、专业性索引和单一性索引。综合性索引收录范围较广，涉及许多一般的或专门学科领域，如美国的《工程索引》、上海的《全国报刊索引》。专业性索引收录范围相对狭窄，只涉及某一学科领域，如美国的《化学文摘》收录全世界56种文字16万余种期刊的文章，囊括全世界化学领域90%的成果。单一性索引仅限于某一种文献，如英国的《世界专利索引》和美国的《美国政府报告通报和索引》。

3. 文摘（Abstract）

文摘是指明文献的作者、类型和出处，并以简明扼要的文字对原文内容作实质性的描述。文摘的特点是：文摘是对原文的一种替代，是原文的一种情报模型（要求是完全相符性，可用语义相符性评价；与模拟对象的不变性，可用语义相当性评价）；包括语种的转换、表达方式的转换等。从编撰目的和职能来看，文摘大体可分为普及性文摘和情报性文摘两种。情报性文摘，按其对原文献的压缩程度，又可以划分为报道性文摘和指示性文摘两种。

报道性文摘是全面真实地反映文献内容的创造性部分，含有较大情报量，可使部分读者免于查阅原文献的一种文献形式。其文摘内容包括原文献讨论的范围和目的，研究的手段和方法，取得的成果和结论，有关的数据和图表，甚至包括参考书目和插图数量等，也就是比较全面地报道了原文献中一切有情报价值的事项和数据。指示性文摘是对原文献进行更高度的浓缩。这类文献有时又称作简介。

此外，根据文摘编者又可分为作者文摘、学科权限文摘和专职文摘员文摘；根据文摘编写形式可分为文章式文摘和电报式文摘；根据文摘刊登的地方可分为同址文摘和非同址文摘；根据文摘的出版形式可分为单卷式文摘和期刊式文摘。目前，图书情报界利用的大量科学情报文摘大都是以连续出版物的形式出版发行的。文摘期刊和工具书通常是按学科编辑的，集中在一两个学科领域的文献资料范围内，更适应于专业读者的应用。

文摘除了具有一般检索工具的功能外，还具有以下一些特殊的功能：了解各学科文献情况，把握各学科发展的现状和趋势；确定文献与读者需求的相关性，提高文献检索的查准率；直接获取文献的情报信息，避免不必要地阅览全文，为读者节省了查阅资料的宝贵时间。

4. 名录（Directory）

名录是以介绍机构、团体概况为主的一种便捷性工具书。主要记载政府机构社会团体、文化事业、科研、学校、工商企业等单位的概况和通信联系方法，还有记载地方历史沿革的地名录。早期的机构名录只包括名称，缩写和地址等，内容比较简单，多数按名称字顺编排，类似辞典。现在的机构名录的著录项目较为详细。一般包括：机构的全称、简称、国际上流行的译名，创建日期、地址、宗旨、沿革、组织概况、负责人姓名、活动情况、成员情况、会议情况、出版物和奖励办法等。常用的机构名录大体有三种类型，即国际性、国家地区性和单一性。名录一般要包括有关专名的最新基本信息资料。名录的编排方式或按照地域、或按照行业、或按照内容性质。如《美国政府研究中心名录》（Government Research Centers Directory）、《在版名录》（Directories in Print）、《世界环境组织机构名录》（World Directory of Environmental Organizations）、《科技名录指南》（Directory of Technical and Scientific Directories）、《世界大学名录》（World List of Universities）、《国际出版商名录》（Publishers' International ISBN Directory）、《中国企事业名录大全》、《中国工商企业名录大全》、《中国高等学校简介》、《中国图书馆名录》、《中国政府机构名录》（分中央卷和地方卷）、《中国农业科学研究机构》、《中国科学研究与开发机构名录》等。名录与书目、索引和文摘有所不同，它不引用原文，而是提供机构、团体的线索，是特殊的检索性信息源。

二、知识型信息源

知识型信息源主要包括词典、百科全书、年鉴、手册、传记资料等学术性较强的参考工具书。用户的咨询疑问能够在这些参考工具书中直接找到答案，是图书馆参考阅览室的主体藏书。

1. 词典（Dictionary）

词典常被人誉为"学海津梁"、"良师益友"，读书的"案头顾问"，治学的"得力助手"。尤其是自学，可以没有老师，但却不能没有词典。词典是解释词汇的读音、写法、含义、用法、词源、常用词语和重要名词的工具书。汉语的词典分为：以解释单个字为主的"字典"和以解释词语为主的"词典"、"辞典"。

人们往往习惯地认为词典只有一种类型，事实上，它有多种类型，几乎可以满足各个方面的需求。根据用途的不同，词典可以划分为以下几种类型。

（1）综合性词典

如汉语字典中的《中华大字典》、《汉语大字典》、词典中的《辞海》，英语的《韦伯斯特大词典》。

（2）古词语词典或历史词典

它展示一个词汇由产生到目前发展变化的历史。如汉语字典中《康熙字典》、词典中的《辞渊》、英语的《牛津英语大词典》。

（3）外语词典

这是一种双语词典，它用一种语言来解释另一种语言中词的含义。如在汉语和英语两种语言中，以汉语为主的《汉英大词典》，以英语为主的《新英汉词典》。

（4）专科词典

它集中定义某一专门领域的词汇。如语言学科的《汉语成语大词典》、《中国俗语大词典》，其他学科领域每个学科都有专门词典，就其内容而言，可分为许多类型，如《哲学词典》、《管理科学词典》、《计算机术语词典》等。

（5）"其他"词典

包括缩写词、俚语、用法等各种专门词典。

词典是图书馆中数量最多，门类最广，使用频率最高，最实用的参考工具书。它通常是不定期修订出版的。

2. 百科全书（Encyclopedia）

百科全书的名称是从 Encyclopedia 一词译过来的，源于希腊文，其含义虽屡次变化，但总的意思还是"各种知识的汇编"。百科全书是一种以词典形式编排的大型学术性参考工具书，它覆盖所有的知识，内容广博、科学性强、文字简练，有详细的索引，是参考咨询的首选用书，也称其工具书中的"巨人"，并赞扬为"没有围墙的大学"。百科全书一般在 10 卷左右称为"百科全书"，20 卷以上者称为"大百科全书"。

百科全书通常只提供概念性和事实性知识，一般不做理论性研究、分析或评论。百科全书一般有两种基本类型：综合性百科全书和专业性百科全书。综合性百科全书收录各个知识领域和学科门类的条目，试图囊括世界上各种学科的所有知识。大型综合性百科全书，往往代表一个国家的学术文化水平，如我国的《中国大百科全书》、法国的《拉鲁斯百科全书》、德国的《布罗克豪斯百科全书》、日本的《世界大百科事典》。有的甚至体现了世界级的学术水平，如著名的《不列颠百科全书》，初版于 1768 年，迄今已有 245 多年历史，载体形态有书本式、光盘版和网络版。还有以地区为主的百科全书，如《上海百科全书》、《香港百科全书》等。专业性百科全书则是收录某一知识领域或学科门类的条目，包括历史渊源，发展现状，重要概念和人物等。如以学科为主的《哲学百科全书》、《教育百科全书》、《图书馆学百科全书》；以某一专题为主的《外交政策百科全书》、《奥林匹克百科全书》、《集邮百科全书》；甚至以个人为主题的《毛泽东百科全书》。

百科全书的知识是最完备的，有的百科全书的条目下还附有参考文献目录，是最有价值的参考工具书。要查以下问题，如：概念、定义、背景性材料、人物传记资料、地名、组织机构、规范材料、图像材料、事件、活动、奇特事务等一般事实性咨询问题，就会利用百科全书。另外还有一种介于百科全书和词典之间的工具书——百科词典，收录的词条与百科全书的条目相似，但解释却较为简单。百科全书的收藏和使用情况可以作为评价一个图书馆参考咨询工作的重要指标。

3. 年鉴（Yearbooks，Annuals And Almanacs）

年鉴又称年报、年刊，是汇集一年内的国家重要决议和文件；政治、经济、文化、教育方面的发展情况；统计资料，政府部门、人民团体、学术机构等的组织和工作进展以及国内外大事记；有些还附有大量图表和插图等，并按年度连续出版的工具书。年鉴编辑单位具有一定权威性，多为政府有关部门，学术团体或研究机构，也有由报社编辑部门或大百科全书出版社编辑出版的。年鉴的内容多取材于各种政府公报和国家主要报刊反映的材料和统计资料。要了解某一领域或学科在一年内的进展情况，翻阅年鉴可一目了然，由于年鉴是连续出版物，又可以利用它来不断积累资料。年鉴的主要功能是：

（1）提供新资料

知识是个既广又深、纵横交错、多层次的不断更新的体系。知识既要结晶，又要不断更新，它是个开放的循环不已的"系统工程"。近年来，科学技术的飞速发展，知识的信息量大幅度增加和更新，人们称之为"知识爆炸"。各种年鉴，就是高密度、大容量的知识结晶体，是纵横经纬，多层次常更新的知识结构的中心环节。所以说，年鉴是现代科学"知识爆炸"的产物。年复一年，更新不已的年鉴可以弥补那些不能经常出版和修订的大型工具书的缺陷。

（2）提供简明的事实

年鉴的编写原则是不加修饰的梗概性的事实记载。

(3) 反映事实的发展趋势

正是由于年鉴具有连续性，每年出版的年鉴积累起来便可反映出事实发展的详细过程。

(4) 提供人物资料

年鉴集中刊登本领域的重要人物资料。年鉴主要分为两大类型：综合性年鉴和专业性年鉴。综合性年鉴的作用相当于年度版的小百科全书，如《世界年鉴》、《中国百科年鉴》、《广州年鉴》等。专门性年鉴主要反映某一学科和行业的情况，如《中国出版年鉴》、《中国体育年鉴》、《中国图书馆年鉴》、《中国历史学年鉴》。年鉴的编辑框架较为规范，内容主要有：文献（法规和文件）、概况、专论和文选、大事记、统计资料、人物和机构资料、附录、索引等，查检方便。由于年鉴是时代的一面镜子，它反映时代的要求，记录时代的脉搏，它能及时地通过大量的信息反映时代的新情况、新变化和新问题，因而年鉴被视为是知识密集、信息密集、时间密集、人才密集型的权威性参考工具书。甚至说"年鉴集万卷于一册，纳一年为一瞬，无愧为信息时代的骄子"。

年鉴在英语中有三种表示方法：Yearbook、Annuals 和 Almanacs。西文的 Yearbook 类年鉴，主要以描述与统计的方式提供前一年的动态性资料和各项最新信息及连续统计数字，一般只收当前资料而不收回溯性资料。Annuals 类年鉴，一般都逐年综合述评某个领域的进展状况，多为专科性年鉴，内容仅限于相应年份的当前新资料。Almanacs 一词在阿拉伯语中为"骆驼跪下休息的地方"。随着岁月的推移，它的含义是以历法知识为经，以记录生产知识、社会生活为纬的年鉴出版物，它与 Yearbook 在内容上有区别：Yearbook 不收录回溯性资料，而 Almanacs 有回溯性资料。但在使用过程中，可以把它们视为同一类工具书。

年鉴可以说是大百科全书的补充。大百科全书篇幅浩大，内容极其丰富，尽可能反映出科技发展的新水平、新成就，但是，由于出版周期过长，如一部全书至少要八至十年才能修订完，因此，为了适应这一发展趋势，弥补缺陷，大百科全书编辑部门，都按年编辑出版年鉴。

4. 手册（Handbook，Manual）

手册是汇集某个学科或工作领域基本知识的简便型参考文献。它的特点是专业主题明确，收录的内容都是已确定的知识，叙述使用简练、科学的专业语言，采用大量的表格、图解、符号、公式和数据，信息量大、实用性和概括性很强，是一部指导操作的工具书。手册的品种繁多，各种分支学科和专业技术领域的手册不计其数，门类也极其复杂。既有针对有经验的专家或对某一学科有一定了解的实际工作人员的专业性手册，例如《电工手册》、《物理化学手册》、《中国分类主题词表标引手册》、《机械工程手册》、《橡胶工业手册》、《溶剂手册》、《电子器件数据手册》等，也有介绍日常生活基本知识的普通手册如《消防知识手册》，或是某种复杂机器或设备的详细使用/操作说明，甚至连《吉尼斯世界纪录全书》也被列入手册。手册类的工具书有时被冠以其他名称，如"指南"，《传感器敏感元器件实用指南》；如"大全"，《中国律师实用大全》；如"总览"，《世界新学科总览》；如"便览"，《交叉新学科便览》等名称。虽然名称不一样，但作用是相同的。一般篇幅不大，通常为一卷。手册很难有标准的概念定义，有些很容易与其他类别的工具书混淆。如"词汇手册"实际上是字典，"化工产品手册"可能只是产品目录。手册通常不定期修订。

手册、年鉴、百科全书既有相像又有不同的地方，如何来区分呢？

手册与年鉴的共同处：所包含的事实、数据等实际资料丰富；两者的区别在于手册提供的是成熟的既定知识和公认的事实、数据等；不涉及当前发展过程中的新知识、新材料；年鉴则提供发展过程中的知识与动态性资料。因此，手册用来查回溯性的实用资料；年鉴则是当前新信息、新资料的主要来源。

手册与专科性百科全书相同处：两者都是针对某专业领域，提供全面而成熟的知识与资料；区别：手册侧重于汇集专门性的事实、数据等实用资料，一般不注重深入探讨论述；专科性百科全书强调系统、全面地阐述专门学科知识，而不注重于提供实用资料。主要是关于某课题基本知识和背景性材料的工具书。

年鉴与百科全书相比，相同点为两者都包含百科性知识和背景性材料；区别在于：年鉴及时提供动态性的最新资料，百科全书则注重系统提供既定的回溯性资料。

5. 传记参考资料（Biographical Reference Material）

传记参考资料是查找古今中外人物的主要线索和资料源。人物资料极为丰富，分布很广，在百科全书、年鉴、手册、词典、报刊、专著等处都能提供人物的生平和史实。作为参考信息源的传记资料主要有传记辞书和传记索引。传记辞书又分为名人录、人物词典和姓名工具书。

名人录是最有代表性的传记类工具书，在国际上被称为"Who is who"系列，收录全世界范围内或某个国家、地区或某个学科领域内有名望、取得重大成就、做出重大贡献、具有重要影响的人物传记简介，提供名人的联络方式。其中影响最大的是英国伦敦出版的《国际名人录》（The international Who is who），初版于1935年，每年一版，每版收录万余位名人小传。名人录基本上只收录在世的人物。当今世界各国出版的各种各样的政治家、科学家、艺术家等的名人录不计其数。名人录不定期或定期累积修订。

  传记辞典是叙述完整、学术水平较高的人物资料。传记辞典与名人录的区别之一在于人物的出生或年代。传记辞典可能收录历史上所有的名人。《英国传记大词典》就是一部有世界影响的历史人物传记工具书，初版于1901年，共63卷，以后每10年出补编1卷，累计收入人物传记3万多篇。我国的《中国人名大辞典》收录民国以前人物4万多名。有些学科人物传记辞典可能比名人录提供更为详细的信息。传记辞典也是不定期累积修订。

  姓名工具书是查检人物的别名、笔名、假名、字、号、斋名、绰号的专用工具书，美国盖尔公司出版的《假名与绰号词典》收录了8万个假名和55 000个绰号。《中国近现人物名号大词典》收录1万多人的近7万别名、笔名和字、号。

  传记索引是查询人物传记资料来源的参考工具书。提供出现在图书、期刊或名人录、传记字典中的人物传记索引。最有名的传记资源索引是美国盖尔公司的《传记词典总索引》，1980年版提供了世界各国325万个人名的资料线索，并每年出版年度补编。

三、数据图表型信息源

  数据图表型信息源是指各类统计数据、历史年表、地图以及其他器物图片。它属于那种文字简练、直观性强的说明性参考工具书。

  1. 统计数据工具书

  统计数据工具书是社会和经济研究工作的重要资料，各国际组织和世界各国政府都十分重视统计数据的整理、编辑和出版。统计数据参考文献包括统计期刊、统计年鉴和统计汇编。从统计数据的内容来说，可以分为社会统计和经济统计两大类。地理统计、人口统计、教育文化和科研统计、司法统计、社会福利统计等属于社会统计类，而经济统计类涉及国民经济统计、专业经济门类统计、价格统计、国际经济统计等。

  统计期刊有周报、旬报、月报、季报、年报等各种类型，它们是由各个国家或地区，以及省市专业统计部门编辑和颁布的，是现代社会重要的统计方面的信息源。

另外，一些国际性组织，如联合国下属的教科文组织、粮农组织等都编辑统计数据期刊。统计年鉴反映年度的统计数据。如反映全国社会经济方面数据的《中国统计年鉴》、汇总全国农村发展状况数据的《中国农村统计年鉴》、收录国家人口状况数据的《中国人口统计年鉴》，以及各省市的统计年鉴和各经济部门的统计年鉴，如《北京统计年鉴》、《四川高等教育统计年鉴》、《河北经济统计年鉴》等。

统计汇编是集中一个时期、一个方面的统计数据。统计汇编有现实的和历史回溯的两大类。如现实的有《光辉的三十五年统计资料（1949－1983）》、《中国对外经济贸易统计汇编》等，历史回溯的有《中国历代人口、田地、田赋统计》、《近代山东沿海通商口岸贸易统计资料》等。

2. 图录

图录是汇集有关方面（或某一学科）的事物用图像的形式绘录或摄制下来加以分类编排的一种直观性的特种参考工具书，参考价值很高。图录主要包括地图、科技图谱、历史图片和文化艺术图像。

地图资料类工具书门类繁多，应用范围极其广泛。从普通的旅游需要到专业的军事、经济、科技、考古研究都会使用到各种地图。地图通常可以分为自然地图、行政地图、交通地图，以及各种门类的专业地图。例如，《中华人民共和国地图集》、《世界地图》、《甘肃省土壤图集》、《中国历史地图集》、《中国公路与旅游地图册》、《中华人民共和国植被图》、《美国农业地图集》、《泰晤士世界地图集》等。

科学图谱主要提供那些用文字无法具体描述的自然现象和科学技术图像，如《地球资源卫星像片图集》、《中国气候等级图》、《中国年降水量图》、《图解现代生物学》、《中国高等植物图鉴》、《电子显微镜下的病毒》、《植物病毒图鉴》、《有毒植物的彩色图谱》、《世界动物大图集》、《中国蛾类图鉴》、《主要作物营养失调症状图谱》、《苹果主要品种原色图谱》、《人体医学图集》等。

历史图片和文化艺术图像主要以照片为主，历史图片包括编辑出版的各种历史照片、历史遗迹照片和文物照片。文化艺术图像大多数是现实艺术形态的真实记录，包括工艺美术图集。

3. 表谱（Tables）

表谱或称表册是一种表格的专辑。它是汇集某一方面或某一专题的有关资料，一般采用表格形式进行编排的特种参考工具书。主要包括：年表、历表和专门性表谱。

年表是查考历史年代、大事的参考工具书，有纪元年表和纪事年表两种。纪元年表以记时为主，按年代顺序记录每个朝代的纪年和重大的历史事实，如《中国历史纪年表》、《中外历史年表》。纪事年表以记事为主，同样按年代顺序编排，对重大历史事件有较详细的记载，如《中国历史大事年表》、《世界七千年大事总览》。也有专门记载某一历史阶段的专门史实，如《东晋南北朝学术编年》。

历表是查考、换算不同历法年月日的工具，专门提供不同国家、不同方法、不同朝代之间的纪年换算。例如，《两千年中西历对照表》、《中西回史日历》、《1821－2020年二百年历表》、《中国先秦史历表》等。

专门性表谱，主要包括年谱，地理沿革表以及科技领域里常用的检索表、表解等。此类工具在生物科学、地理科学、比较多见。如：《历代地理沿革表》、《历代官职表》、《地形测量高差表》、《世界有花植物分科检索表》、《温度查算表》、《地形测量高差表》、《世界有花植物分科检索表》等。

除以上介绍的各种参考文献外，还有一种专门记载参考信息源的工具书，它是全面系统收集、报道和评价工具书的工具书，叫工具书书目、工具书指南。如书目之书目，是专门收录、评价书目的工具书。这种工具书对参考咨询馆员来说，是非常有价值的。例如美国图书馆协会编辑的《工具书指南》、我国出版的《社会科学信息咨询指南》等。

四、建立颇具个性化的参考工具书体系

随着科学技术的迅猛发展，知识信息量剧增，参考文献层出不穷，任何一个图书馆都不能也无必要搜罗无遗，应根据本馆的性质、任务、服务对象，文献的质量和系统原则，有计划、有目的、有侧重地补充新的文献，形成鲜明的本馆特色。

注重参考工具书的合理配套。配套意味着齐全、完整和有机组合，能有效地提高参考工具书的检索效率。要不断地剔除旧的、补充新的，及时补充一些新兴学科的参考工具书，以填补空白。及时补充新版的参考工具书，以使之完善。及时补充咨询用户迫切需要的高质量参考工具书，以满足其日益增长的信息需求。完善年鉴、标准、化学文摘（CA）、专利公报的同时，适当减少一些诸如英汉、汉英辞典之类的采购，转而增加一些专业辞典如生物、化工、通信、管理、人物辞典的购入。

大型的参考工具书，讲究权威性、实用型、资料性。本着求新、求精、求专、求博的原则，精选价值高、用途广的必备工具书。各类百科全书，随着科学、社会的不断发展，需要充实新的内容，一年一本的百科年鉴是补充

百科全书内容的最佳途径，与之相匹配，显得尤其重要，不可轻而视之。就如《中国百科年鉴》对《中国大百科全书》，《中国标准化年鉴》对《中国国家标准汇编》，两者相辅相成、相得益彰，缺一不可。

连续性出版的参考工具书，要保持其完整性。尤其是一些实用性的、综合性的年鉴，检索类的目录、文摘、索引，应系统地配套，连续采购，不间断，不缺漏。对于不配套、不完整的，要尽力补齐。

五、参考工具书的使用原则

参考咨询馆员在解答咨询问题或指导读者使用参考工具书时，需要了解参考咨询工具书的内容、功能，熟悉其编排方法，熟练掌握其使用方法等。参考咨询工具书的使用原则如下。

首先，要了解各种类型工具书的内容和功能，这样在遇到疑难问题时，才能对症下药，选用合适的参考工具书的种类。

其次，熟悉参考咨询工具书的排检方法。工具书的排检方法，是指所有条目按照一定规则排列成系统，便于检索的方法，从编排的角度说叫排列法，从使用的角度上说叫检索法，二者合称为排检法。使用工具书必须熟悉工具书的排检法。例如，外文参考工具书大致是按字母顺序排列，而中文参考工具书的排序方法则种类繁多，有按拼音排序的，有按笔画和笔顺排序的，这些比较熟悉，使用简单方便且容易掌握。但也有一些我们陌生的排序法，如按四角号码排序的参考工具书。

第三，在使用工具书之前，我们要先阅读其编辑说明、凡例、前言等，以了解它的编排、组织方法和收录范围。有些工具书如名录、指南等，大量使用缩略语或代码等，我们还要从前言或凡例中知道那些缩略语或代码代表什么意义。

注意参考工具书资料的新颖也是使用原则之一，有些工具书，如法规、名录、指南、统计资料、年鉴等，如果已过时，就不太适合使用了。

第五节　电子参考信息源

一、电子参考源的概念

电子参考源这个名词，在国内作为专业术语提出也就几年时间，但与之相关的研究却开展较早。"电子信息源"、"电子信息资源"、"网络信息源"等近年频繁出现的术语，可以说是电子参考源的近义词。

从广义的角度来看，电子参考源大致等于电子信息源或电子信息资源，包括网络信息源。Ray Prytherch 在 2000 年编辑出版的 Harrod 图书馆员词典和参考书（Harrod's Librarian's Glossary and Reference Book）中以广义的概念将"参考源"定义为：被用来获得权威性信息的任何资料、出版著作、数据库、网站等。

图书馆界普遍将电子信息源定义为：以数字代码方式将图像、文字、声音、动画等信息存储在磁、光、电等非纸介质的载体上，通过计算机或类似设备阅读使用，并可复制发行的大众传播媒体，如电子图书、电子报刊、数据库及软件类出版物等。

从狭义的角度来说，电子参考源是以参考为主要作用而存在的那部分电子信息源，是以电子形式出版发行的，并通过网络通信、计算机或终端等方式再现出来的具有权威、检索和参考特性的信息资源，如数据库、电子期刊、搜索引擎等。

美国学者 Joseph Janes 曾对电子参考源有这样的描述："所谓电子参考源，就是包括 CD－ROM、联机数据库、网上数据库、搜索引擎和参考工具书电子版等在内的各类新型信息源，它们与传统的参考源在内容存储、检索、应用方式上均有着较大差异，能成倍地提高检索效率，从而满足用户在第一时间内的信息需求。"

二、电子参考源的特点

电子参考源与印刷型参考源相比，呈现出以下主要特点：

（1）存储介质的转变

电子参考源由纸张上的文字变成磁性介质上的电磁信号或光介质上的光信号，从模拟信号转变为数字信号，使得信息存储量大，密度高，存取方便；能通过网络应用工具实现信息的远程查询、快速传送；还可以无损耗地被重复利用。

（2）具有高标引度

传统的工具书为了实现多检索途径，需编制各种辅助索引，由于受出版形式、人力、物力等因素的限制，只能以常见著者、主题、分类等索引为主，不可能提供全面的索引；而电子参考源却不同，除传统的检索途径外，还能对题目、文摘乃至全文中出现的语词作标引，提供精确或模糊的全面索引，真正实现多途径、多角度检索，查全率和查准率更高，且检索速度更快。

（3）可以实现资源共享

读者要使用传统的信息源需到图书馆或情报机构，如果需要的参考工具书有其他读者使用，就只能等待。而电子参考源是以数据库为数据组织模式，数据库所有的数据记录可以供许多计算机终端用户同时使用，实现资源共享。

（4）时效性强

随着计算机和网络技术不断发展，电子信息的传输不断加快、接收及时、查阅方便迅速，从而加快了文献传递的速度，动态信息数据库已达到随时更新的程度，这在科技查新、商业信息检索、专利咨询等领域显得尤为重要。

（5）信息表达数字化，可实现多媒体信息的一体化

能很方便地将图像、声音、图形、动画、文字、数据融合一体。有的还提供超文本链接，表现力丰富，查询极为方便。

（6）对用户使用有较高的要求

主要表现在：

①检索界面和检索方式花样繁多，需要用户有熟练的检索技能；

②需要用户有一定的经济承受能力，使用学术价值较高的参考信息源通常都是收费的，用户使用设备和电子参考源一般要付一定的使用费，网上查询还要付通信费用；

③通信线路忙时不易接通网络系统或登录，读取图像等大量数据时因传送时间长，需要用户有较长的等待时间。

（7）对图书情报单位来说，使用电子参考源必须要有相应的技术设备投入、资金投入，有能熟练利用电子参考源的专业参考咨询人员，同时必须对用户进行培训指导。

三、电子参考源的类型

对于电子参考源的分类来说，不同的划分标准，可划分出不同的类型。以下是几种被普遍认可的分类类型。

1. 按载体形式分类

（1）磁带及软盘版参考信息源

这种类型的参考源信息是以磁带或软磁盘为存储载体，可以脱机利用。优点是检索方便快速，价格便宜，使用费用低廉。缺点为存储容量小、易损坏且不能出版大部头书。随着光盘的出现，磁带或软磁盘版信息源逐渐被光盘版所取代。

这类参考源主要有图书、辞典、手册、书目等。

（2）光盘版参考信息源（或称光盘参考源）

这种类型的参考信息源是以 CD - ROM 光盘为存储介质。其优点是容量较大，能存储复杂量大的各种数据，便于使用，可以提供多个检索点和多种检索途径。光盘版参考信息源又分为单机版和网络版。单机版光盘参考源携带

方便、价格便宜，网络版光盘参考源虽然价格稍贵，但可供许多人在网上同时使用。

（3）网络版参考信息源（称网络参考源）

这是一种直接在计算机网络上出版，并通过网络系统可以检索利用的参考信息源。只要有一台能上网的计算机，就可以实现远程传播，使用时不受时间、空间及用户身份限制，修订方便，知识更新及时，检索点丰富，检索输出格式多样化，信息资源非常丰富。

2. 按收录文献的形式分类

（1）电子报纸

电子报纸是以代码形式记录于磁带、磁盘、光盘等载体，依赖计算机系统存取并可在通信网络上传输的各种报纸。如《人民日报》、《光明日报》的光盘版和网络版，USA Today 网络版等。

（2）电子期刊。如《中国学术期刊（光盘版）》（CAJ－CD）、中国学术期刊网（网络版），Science 和 Nature 等。

（3）电子普通图书。如《红楼梦》、《邓小平文选》、《计算机组装与维护》等普通图书的电子版。

（4）电子工具书。如网络版百科全书、网络版年鉴、网络版词典、及电子版的索引、文摘和联机目录（OPAC）等。

（5）电子版特种文献。如许多专利说明书、标准文献、地图、录音、图像、图形、论文集、会议录、技术报告、政府出版物都有自己的电子版。

（6）数据库。包括光盘数据库、网络数据库和联机数据库。在网上有大量的数据库提供商提供各种各样的数据库产品。我国开发的数据库绝大部分已上网服务，但至今仍有一些联机系统数据库尚未上网服务。

随着全文型电子出版物的出现和全文检索技术的运用，一、二次文献的界限变得越来越模糊了。全文型的电子图书、期刊集一、二次文献于一身，可以实现直接对一次文献的检索，其参考作用非常突出，已成为重要的参考信息源。

3. 按流通与发行的方式分类

（1）联机网络型信息参考源

联机网络型信息参考源是以数据库和网络为基础的，通过联机系统或互联网向用户提供服务的参考源。如美国的 DIALOG、欧共体的 ESA 和德国的 STN 系统等，为全世界联机用户提供了丰富的信息参考源。

(2) 单独发行的机读型信息参考源

单独发行的参考源是以机读磁带、软磁盘、只读光盘、集成电路为载体，通过单独发行的方式向用户提供服务的参考源，以光盘出版物为主。世界上第一个商业化的 CD – ROM 数据库——BIBLIOFILE（美国国会图书馆机读目录，即美 LC MARC）于 1985 年推出。

4. 按参考源的物理储存地点分类

(1) 现实参考源

这种参考源是指存放在本地某图书情报单位的电子参考源，有光盘、磁带、磁盘等形态。现实参考源是图书馆现实"实藏"文献的电子化或数字化，具有物理实体的基础。

(2) 虚拟参考源

虚拟参考源是指存放于异地的、必须通过计算机网络才能获取的电子参考源。主要是通过超链接来指向因特网上的网页、网站和数据库，而这些网上信息源可能随时被删除或更改，所以其所藏资源是一种"虚藏"。

5. 按文献收录形式并结合个别类型参考信息源的特点分类

将上述的分类加以调整，把网络搜索工具——搜索引擎增加为电子参考源的一种类型。可将电子参考源分为以下几种类型。

(1) 数据库

按载体形态，数据库可分为联机数据库、光盘数据库和网络数据库；按文献类型，数据库可分为期刊数据库、会议文献数据库、专利数据库、学位论文数据库、技术报告数据库等；按文献语种，数据库可分为中文数据库、英文数据库、俄文数据库等；按数据类型，数据库可分为书目数据库、文摘索引数据库、全文数据库；按文献来源，可分为自建数据库、购买的数据库。

(2) 电子工具书

电子工具书包括电子工具书网络版和传统纸质工具书的电子版。

(3) 搜索引擎

搜索引擎的英文译名为 Search Engine，广义上是指一种基于 Internet 上的信息查询系统，狭义上是指一种为搜索 Internet 上的网页而设计的检索软件。

四、数据库

1. 机读数据库（磁带版、光盘版和网络版）

机读数据库（磁带版、光盘版和网络版）可分为书目数据库，全文数据库、数值数据库和图像数据库。

(1) 书目数据库（Bibliographic Database）

是指存储某些或某一个领域的二次文献（如文摘、题录、目录等）书目数据的一类数据库，属于参考数据库中的一种。其数据主要来源或派生于期刊论文、会议文献、研究报告、学位论文、专利文献、报纸等各种不同的一次文献信息源。世界范围内常用的书目数据库主要有：《美国工程索引数据库（EI），美国科学信息服务社的引文索引系列数据库，《英国科学文摘数据库（INSPEC)》等。

书目数据库始于20世纪60年代末期，具有悠久历史，可以说是机读数据库发展的先驱。它的主要特点可以概括为：数据量大，连续性与累积性强；数据库记录结构简单固定，标准化程度很高；使用上没有限制，开放性较好。

(2) 全文数据库（Full–text Database）

是指存储文献全文或其中主要部分的一种数据库。由于数据库中存储了文献的原文，因此可以提供相关问题的原始资料和数据。全文数据库最早出现于法律领域，自20世纪70年代末期以来，特别是1985年CD–ROM商用化以后，全文数据库大量涌现。目前，各种全文数据库涉及了除法律领域外的众多领域，如经济、新闻、文学、医学、化学、专利等。国内外著名的全文数据库有：IEEE/IEE Electronic Library（简称IEL），Elsevier Science Direct（电子期刊全文数据库），Kluwer全文电子期刊数据库，万方数据资源系统等。

全文数据库的主要特点如下：直接检索并获取全文信息；能检索到原文中的任何信息；后处理能力强；资源消耗大，需占用大量的存储空间。

(3) 数值数据库（Numeric Database）

是指专门提供以数据方式表示的数据库。数值数据库所存储的数据是某种事实、知识的集合，主要包含数字数据，如统计数据、科学实验数据、科学测量数据以及财务数据等。另外，有一种数据库是文本—数值数据库，它能同时提供文本信息和数值数据。广义上，文本—数值数据库也属于数值数据库的范畴。Beilstein/Gmelin CrossFire（通常也简称为 CrossFire）是由 Beilstein 和 Gmelin 两个数据库组成。Beilstein 和 Gmelin 为当今世界上最庞大和享有盛誉的化合物数值与事实数据库。目前，数值数据库在科学计算、天文日历与气象预报、地质勘探、数值分析、各类统计计算和经济管理等方面都有广泛的应用。人口普查、高考招生等专用数据库已成为应用的典型。

(4) 图像数据库（Graphics Database）

是指存储图像、图形和动态视频及信息有关文字说明资料的一类数据库。主要应用于建筑、设计、广告、产品、图片或照片等资料类型的计算机存储与检索。如地形图信息库。哥伦比亚大学的 Webseek 就是一个图像检索系统，系统中的图像主要来源于 WWW 网。

2. 联机数据库

联机数据库是指联机系统拥有的各种数据库。这些数据库一般是联机系统通过购买或租用方式从众多数据库生产商那里获得的，也有一部分是联机系统本身自建的，或与他人合建的。由于这些数据库产品来源广泛，类型各异，在进入联机系统成为可以联机查询的信息资源之前，一般还需要在检索软件的控制下进行各种必要的格式转换和进一步的加工处理。联机数据库可分为综合性联机数据库和专业性联机数据库。

综合性联机数据库是指数据库题材、类型多样，信息内容覆盖众多学科领域。如 Dialog 联机数据库，OCLC 的第一检索系统（First Search）等。

专业性联机数据库的内容只侧重某些或某一个学科领域，具有突出的专业特色。如生物医学（Biomedical）方面的典型代表 MEDLARS 系统，此外还有 PaperChase，HealthGate 等系统。

五、网络搜索引擎

随着因特网的迅猛发展，各种信息呈现爆炸式的增长，用户要在信息海洋里查找信息，就好像到大海里去捞针一样，而搜索引擎的出现正好解决了这个"迷航"问题。搜索引擎提供的导航服务已经成为互联网上非常重要的网络服务，成为与电子邮件并列的最重要的互联网的应用。搜索引擎为用户提供信息"检索"服务，以帮助人们在茫茫网海中搜寻到自己所需要的信息。

图书馆参考咨询人员利用搜索引擎，可以在因特网上挖掘和发现许多有价值的商业、经济和文化信息；还可以充分利用因特网上的零次文献和零次情报，如网上供有关专家讨论尚未正式发表的研究成果；一些杂志在出版前发表的电子文章；通信讨论中及网络新闻中的零次文献，有些数据库未予收藏的学术演讲、电子会议、学位论文等，为咨询用户提供科学研究、查新检索等方面的帮助。而这些信息往往又是我们图书馆面向社会开展咨询服务最缺乏的。所以，用好搜索引擎，有助于图书馆咨询的拓展与深入。

1. 搜索引擎的概念

所谓的搜索引擎，是指 WWW 环境中能够进行网络信息的搜集、组织并能提供查询服务的一种信息服务系统。它们主要通过网络搜索软件（即 Robot，又称网络搜索机器人）或多种人工方式，将 WWW 上大量网站的页面信息收集、传输到本地，经过加工处理建成索引数据库或目录指南，从而能够对用户提出的各种查询请求做出响应，并提供用户所需要的信息。

2. 搜索引擎的分类

按照信息搜集方法和服务提供方式的不同,搜索引擎系统可以分为三大类。

(1) 目录式搜索引擎

早期的搜索引擎是把因特网中的资源服务器的地址收集起来,由其提供的资源的类型不同而分成不同的目录,再一层层地进行分类。人们要找自己想要的信息可按他们的分类一层层地进入,就能最后到达目的地,找到自己想要的信息。信息大多面向网站,提供目录浏览服务和直接检索服务。该类搜索引擎因为加入了人的智能,所以信息准确、导航质量高,缺点是需要人工介入、维护量大、信息量少、信息更新不及时。这类搜索引擎的代表是:YAHOO,Open Directory,国内最具代表性的是搜狐分类目录。这是互联网早期的搜索引擎形式,现在仍然占有重要地位。

(2) 机器搜索引擎

由大规模机器运行的程序按照某种策略自动地在互联网中搜集和发现信息,由索引器为搜集到的信息建立索引,由检索器根据用户的查询输入检索索引库,并将查询结果返回给用户。服务方式是面向网页的全文检索服务。该类搜索引擎的优点是信息量大、更新及时、无需人工干预,缺点是返回信息过多,可能有很多无关信息,用户必须从结果中进行筛选。这类搜索引擎的代表是:AltaVista,Excite,Infoseek,Inktomi,FAST,Lycos,All the Web,;国内最具代表性的是:百度、天网。机器式搜索引擎的缺点,随着网络信息的增长变得日益明显。对网上信息搜索的需求使得从事机器搜索的研究机构和提供搜索服务的公司在1995年以后变得异常繁荣。

(3) 元搜索引擎

这类搜索引擎没有自己的数据,它将用户的查询请求同时向多个搜索引擎递交,将返回的结果进行重复排除、重新排序等处理后,作为自己的结果返回给用户。这类搜索引擎的代表是 WebCrawler 在实际中应用的效果并不理想。

3. 搜索引擎的工作原理

一个搜索引擎由搜索器、索引器、检索器和用户接口等四个部分组成。

(1) 搜索器:搜索器的功能是在互联网中漫游,发现和搜集信息。

(2) 索引器:索引器的功能是理解搜索器所搜索的信息,从中抽取出索引项,用于表示文档以及生成文档库的索引表。索引器可以使用集中式索引算法或分布式索引算法。当数据量很大时,必须实现即时索引,否则不能跟上信息量急剧增加的速度。索引算法对索引器的性能（如大规模峰值查询时的响应速度）有很大的影响。一个搜索引擎的有效性在很大程度上取决于索引器的质量。

（3）检索器：检索器的功能是根据用户的查询在索引库中快速检出文档，进行文档与查询的相关度评价，对将要输出的结果进行排序，并实现某种用户相关性反馈机制。

（4）用户接口：用户接口的作用是输入用户查询、显示查询结果、提供用户相关性反馈机制。主要的目的是方便用户使用搜索引擎，高效率、多方式地从搜索引擎中得到有效、及时的信息。用户接口的设计和实现使用人机交互的理论和方法，以充分适应人类的思维习惯。搜索引擎的基本工作原理如图 6-1 所示。

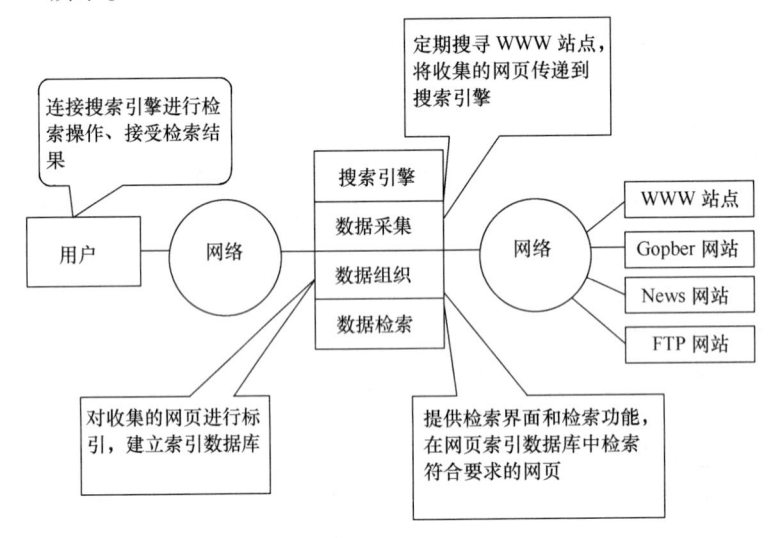

图 6-1　搜索引擎基本工作原理示意图

4. 搜索引擎的使用技巧

（1）搜索控制符的使用

当使用搜索引擎查询网址或信息时，如果仅用简单的单字或单词作为搜索的关键字时，通常会出现许多的结果，其实大多数的搜索引擎都支持逻辑查询，可以用多个单词，再加上适当的逻辑字符，便可以显著地提高搜索的命中率。

逻辑与："逻辑与"常以"＋"号表示，它的使用格式为"A＋B"，表示搜索结果中既包含 A 也包含 B。有些搜索引擎中多个关键词之间只需用空格分开，比如"百度"搜索引擎，像在百度中搜索"石家庄市图书馆"与"石家庄市＋图书馆"结果便是一样。

逻辑或："逻辑或"常以"｜"或"or（多用于英文搜索引擎中）来表示，使用格式为"A｜B"（或者为"A or B"），表示搜索"或者包含关键词 A，或者包含关键词 B"的网页。大多数情况下，两个关键词之间没有空格就相当于"或者"。

逻辑非："逻辑非"常以"—"号来表示，使用格式为"A—B"（注意"—"号前一定需空一个格），它表示搜索包含 A 但不包含 B 的网页。如我们要搜索一些武侠小说，由于金庸的小说自己全部看过，所以想在结果中去掉所有有关金庸的网页，则可输入"武侠小说—金庸"再进行搜索即可。

通配符：在有些搜索引擎中也可使用通配符来进行查找，中文雅虎就对通配符"？"提供支持。如要搜索"中学信息技术"及"小学信息技术"，则可输入"？学信息技术"。

其实上面所谈到的技巧和方法就是所谓的布尔运算，除了上面所说之外，还有许多搜索技巧和方法，如位置检索、自然语言检索、词组检索、截词检索等。

（2）搜索引擎的检索策略指南

检索策略即检索的基本思路，是根据检索要求选择便捷的方法、适当的工具、在适宜的地方，查找需要的资料。选择什么方法、使用何种搜索引擎、利用哪些参考源去查找某类信息或资料是有一定规律可循的，而掌握网络检索规律的前提，是对搜索引擎和有关参考资源的认识和了解，而认识和了解搜索引擎和有关参考资源需要一定的检索经验的积累。以下是经常使用的基本检索策略。

① 使用关键词搜索：可使用 Google、Yahoo！、百度、搜狗、一搜等搜索引擎。

② 使用分类搜索：可使用 Yahoo！、搜狐、网易、新浪等搜索引擎。

③ 学术主题内容的查找

• Librarians'Index to the Internet（http：//lib.org/）每周更新，号称"个人雅虎"；

• Infomine（http：//infomine.ucr.edu/）图书馆员精心选择、编制的学术网站目录指南。

④ 不能确认关键词拼写是否准确：Googlc 会以"Did you mean：（您是不是要找：）"提示正确的搜索词。

127

⑤ 人物传记的查找

• Infoplease Biography（http：//www.infoplease.com/people.html）可按姓名和分类查找散见于百科全书、年鉴、词典中的 3 万个人物的传记资料；

• Biography Resource Center（人物传记资源中心）（http：//infotrac.galegroup.com/itweb/wuhan）

• Biography 网站（http：//biograph.com/search/index.jsp）可通过姓名和关键词查找 25000 个人物的生平资料；

• Lives（http：//amillionlives.com/）按字母顺序查找已故人物资料；

• 中华一家人——人物传记（http：//www.prc.net.cn/items/zhrw/rwzj.asp）中国古今各科人物传；

• 人物（http：//www.renwu.com.cn/index.asp）全文检索《人物》杂志登载的传记资料；

• 地方志人物数据库（http：//www.nlcl.nlc.gov.cn：7777/seadfz.htm http：//www.nlcl.cn.net/guest/indexl/skjs.htm 或）提供 1949 年以后新编地方志中所见人物的姓名、性别、民族、生活朝代、生卒年、字、号、别名、籍贯、身份类别及本条资料出处等方面的信息检索。

⑥ 查找即时新闻

• NewsNow（http：//www.newsnow.co.uk/）每 5 分钟更新一次新闻内容；

• Daypop（http：//www.daypop.com）从 1000 多种在线报刊，19000 种网络博客中获取最新消息；

• Newsblaster（http：//www.cs.columbia.edu/nlp/newsblaster/index.html）自动收集、分类显示新闻图片和新闻摘要；

• 百度新闻（http：//www.news.baidu.com/）世界上最大的中文新闻搜索平台，每 24 小时滚动播出 80000 – 100000 条新闻，新闻来源包括 1000 多个综合和地方新闻网站、专业和行业网站、政府部门和组织网站、报纸杂志广播电视媒体网站。

⑦ 按国家、地区、城市查找新闻媒介：Headline Spot（http：//www.headlinespot.com/）

⑧ 查找新闻背景资料：Behide the Headlines（http：//www.rsn.ac.uk/bth/）教育和研究机构的 60 多位专家精心选择、及时更新的新闻资料数据库。

⑨ 搜索 HTML 之外的多种类型文件

• Google Advanced（http：//www.google.com/advanced_search）；

• Search Adobe PDF Online（http：//www.searchpdf.adobe.com）；

- 百度高级搜索（http：//www.baidu.com/gaoji/advanced.html）。

⑩ 图像、声音的查找
- All the Web（http：//www.All the Web.com/）；
- Singingfish Advanced Audio Video（http：//www.singingfish.com/mvc/jsp/search.jsp）；
- Lycos Multi Media（http：//richmedia.lycos.com/）；
- Classroom clipart（http：//classroomclipart.com/）；
- American Memory（http：//memory.loc.gov/cllections/finder.html）美国历史地图、图片、录音等；
- FindSounds（http：//www.findsounds.com/）可查找数以百万计的音频资料，各个方面、各种类型的声音应有尽有；
- 百度图片（http：//image.badu.com/）；
- 一搜图片（http：//image.yisou.com/）

⑪ 查找地图

世界各国：
- MapMachine（http：//plasma.nationalgeographic.com/mapmachine/）；
- Cornell Digital Earth（http：//atlas.geo.cornell.edu/webmap/）
- 美国地图 TIGER Map Service（http：//tiger.census.gov/cgi–bin/map-browse–tbl
- Maptech Mapserver（http：//mapserver.maptech.com/homepage/index.cfm）；
- 美国行车地图 MapQuest（http：//mapquest.com/）
- 图行天下（http：//www.tp998.net/）
- 中华地图网（http：//www.hua2.com/）可以查询中国地图、世界地图、景点地图、古镇地图、趣味地图、焦点地图、古代地图等；
- 中国地图（http：//chinamap.xjtushare.com/）

⑫ 解答咨询问题
- AllExperts（http：//www.allexperts.com/index.htm）
- Source Net Experts
(http：//experts.mediamap.com/（dx31kv553etvqg55yslnjhqb）/search.aspx）
- 24/7（http：//www.247ref.org/portal/access2.cfm?lib=public）；
- Ask a Librarian（http：//www.loc.gov/rr/ask a lib）；
- 上海图书馆"自然科学导航专家"（http：//zsdh.library.sh.cn/ask/ask1.asp）；

- 上海图书馆"社会科学导航专家"（http：//zsdh.library.sh.cn/ask/ask2.asp）；
- 深圳图书馆"网上信息咨询"（http：//szlib.szptt.net.cn/main.htm#1）。

⑬ 查找统计资料
- Statistical Information（http：//www.noodletools.com/debbie/resources/math/stats.html）统计数据搜索引擎，统计数据资源链接，美国各业统计数据；
- 中国统计信息网（http：//www.stats.gov.vn/）国家统计局网站，统计公报、统计数据、统计分析、统计网站链接等。

⑭ 查找适宜少儿的内容
- KidsClick！（http：//sunsite.berkeley.edu.cn/ KidsClick！/）；
- Yahooligans！（http：//yahooligans.yahoo.com/）；
- Ithaki（http：//kids.ithaki.net）；
- 学生资源搜索引擎（http：//6to23.com）中国学生网提供的搜索引擎，可以按关键词、地区、分类搜索；
- 新浪少儿搜索（http：//cha.sina.com.cn/child_search/）新浪网推出的一个搜索适合于儿童内容的分类目录引擎；
- 小蕃薯搜寻引擎（繁体）（http：//kids.yam.com/）台湾蕃薯藤搜索引擎附属的儿童搜索引擎，提供分类目录浏览和关键词检索。

⑮ 链接前快速比较结果列表的详细内容：ZapMeta（http：//www.zapmeta.com/）每条结果后有"Quick View"按钮，可在结果列表中分别开窗显示、比较各项链接内容。

（3）搜索引擎的几点使用说明

搜索引擎是目前查询和使用网络信息资源的重要工具。在搜索引擎现有的结构体系中，虽然实施信息检索匹配的基本机制与方法和数据库检索系统没有差别，但由于网络信息资源所具有的海量、动态、无序、分散及多媒体等特性，使得搜索引擎在使用过程中，还是表现出不同于数据库检索系统的一些特点。具体来说，使用搜索引擎需要注意以下事项。

第一，网络资源的海量使得任何单一搜索引擎的收录范围都非常有限。据国际权威期刊 Science 和 Nature 等上发表的研究论文提供的数据，目前 Google 等大型搜索引擎的网页收录量一般不超过网页总量的 1/3。为此，在使用搜索引擎进行信息查询时，应尽量选用多个不同的搜索引擎，或考虑使用一些质量较好的元搜索引擎，以扩大查询范围，提高查全率。

第二，搜索引擎一般采用自动搜索软件（即 Robot 来收集网络资源，无法对信息资源的质量和可靠性等做出判断，因此检索结果中往往存在很多重复、无效（死链接）或虚假信息，需要用户进行选择和判断。

第三，注意使用分类目录浏览方式。有时，用户的查询需求非常模糊，无法通过关键词进行检索，这时，通过浏览方式往往会发现一些线索，提供一些启示，从而使查询任务得以完成。

第四，学会通过搜索引擎主页上设置的联机帮助，了解、掌握每个搜索引擎的查询语法和使用方法，提高使用技巧。

六、电子工具书

按载体形式来说，有光盘版和网络版的电子工具书；按内容和功能而言，既有查找信息资料指南的书目、索引、文摘，还有提供资料阅览的词典、百科全书、年鉴、手册、地图资料、机构名录等电子工具书。

与传统工具书相比，电子工具书有如下优点。

（1）体积小，更易于收藏。

（2）显示信息媒体趋于多样化和动态化；使用电子工具书查询得到的结果不再局限于静止的文字、图表，还有动态的声音图像，图文声情并茂；如《中国汉语大词典》（光盘版）配有标准的男女普通话发音。

（3）提供查询的途径多，检索的功能更强，电子工具书在计算机自动索引与匹配、自动检索技术的支持下，大多同时具有众多的检索途径，除主题词、关键词、作者等单项检索之外，还提供布尔逻辑、组配和截词等检索方法，从而实现对电子工具书的全方位查询。

（4）动态及时，电子工具书出版周期短，更新更容易，事实上，现在已有一些单纯电子版的工具书，直接在网上编辑出版和发行，在其编辑过程中，读者就可以通过网络来查询。

第七章　国内外常用电子参考信息源

信息技术的发展促进了图书馆的数字化资源建设，以电子出版物和网络出版物为主的数字化参考信息源快速增长。电子参考信息源在图书馆参考咨询服务中起着举足轻重的作用。本章主要介绍一些常用的国内外电子信息源。

第一节　国内外常用数据库

一、国内常用数据库

1. 万方数据资源系统

网址：http://www.wanfangdata.com.cn/

图7-1　万方数据资源系统主页

万方数据资源系统由科技信息子系统、数字化期刊子系统、企业服务系统以及商务信息子系统构成。其科技信息子系统是中国唯一完整的科技信息群。汇集科技文献、科研机构、科技成果、科技名人、中外标准、政策法规等近百种数据库，信息总量达 1 100 多万条，每年数据更新 60 万条以上，为科技工作者、高校师生提供最丰富、最权威的科技信息。数字化期刊目前已集纳了理、工、农、医、人文社会科学、经济管理与教科文艺等 8 大类 100 多个类目近 5 000 多种科技期刊，实现了全文上网。企业服务系统是展示企业风采，查询工商信息的网络平台。收录有近 20 万家重要企业及其产品信息。内容主要包括企业产品、企业技术、企业报告和行业知识四个方面。全面介绍中国企业生产现状、技术实力和发展前景。同时还提供了以专业信息为主体，包括行业动态、产业研究为内容的完整知识系统。医药信息子系统主要资源包括医药方面的期刊、引文分析、学位论文、法规、成果专利、中外标准等，内容涵盖了国内外医药、生物等学科，可以为全国医院、医药院校、医药和保健品生产企业、经销企业提供丰富、准确、及时的生物医药信息。万方数据资源如下表。

表 7-1 万方数据库一览表

学位论文类数据库		
中国学位论文文摘数据库		
会议论文类数据库		
中国学术会议论文文摘数据库	中国医学学术会议论文文摘数据库	SPIE 会议文献数据库
科技成果类数据库		
中国科技成果数据库	科技成果精品数据库	中国重大科技成果数据库
科技决策支持数据库	国家级科技授奖项目数据库	全国科技成果交易信息数据库
专利技术类数据库		
中国实用新型专利数据库	中国外观设计专利数据库	中国发明专利数据库
中外标准类数据库		
中国国家标准数据库	中国行业标准数据库	国际标准数据库
国际电工标准数据库	美国国家标准数据库	美国专业协会标准数据库
美国材料实验协会数据库	美国保险商实验所数据库	电气和电子工程师数据库
欧洲标准数据库	美国国家标准数据库	德国国家标准数据库
法国国家标准数据库	日本工业标准数据库	
政策法规类数据库		
国家法律全文数据库	行政法规全文数据库	司法解释全文数据库
部门规章全文数据库	地方法规全文数据库	合同范本全文数据库
人民法院公报案例全文数据库	仲裁裁决案例全文数据库	人民法院裁判文书全文数据

续表

法律文书样式全文数据	港澳台法律法规全文数据库	外国法律全文数据库
国际条约全文数据库		
科技文献类数据库		
中国化工文摘数据库	中国机械工程文摘数据库	中国农业科学文献数据库
中国生物医学文献数据库	中国计算机文献数据库	中国光纤通信科技文献数据库
中国水利期刊文献数据库	中国有色金属文献数据库	中国畜牧文献数据库
中国地震文献数据库	中国环境科技文献数据库	中国建材文献数据库
中国采矿文献数据库	中国船舶科技文献数据库	煤炭行业科技文献数据库
磨料磨具文献数据库	人口与计划生育文献数据库	粮油食品科技文献数据库
麻醉科学文献数据库	金属材料文献数据库	中国林业科技文献数据库
管理科学文摘数据库	中国建设科技文献综合数据库	铁路航测遥感专业数据库
冶金自动化文献数据库	计量测试科技文献数据库	包装专业文献数据库
西文文献馆藏目录数据库	中国科学工程期刊文摘数据库	西文期刊馆藏目录数据库
中文期刊馆藏目录数据库	中国科技声像资料联合目录数据库	
论文统计类数据库		
中国科技论文统计分析数据库	中国科技论文引文分析数据库	机构与名人类数据库
机构与名人类数据库		
中国企业公司与产品数据库详情版	中国企业公司与产品数据库英文版	中国企业公司与产品数据库图文版
中国科研机构数据库	中国科技信息机构数据库	中国高等院校及中等专业学校数据库
中国一级注册建筑师数据库	中国百万商务数据库	中国高新技术企业数据库
外商驻华机构数据库		
数字化期刊类数据库		
数字化期刊全文数据库	数字化期刊知识链接数据库	数字化期刊刊名数据库
工具类数据库		
汉英－英汉双语科技词典		

2. 中国期刊网数据库（简称 CNKI）

网址：http://www.cnki.net/或 http://www.chinajournal.net.cn

中国期刊网数据库由清华同方光盘股份有限公司、光盘国家工程研究中心和中国学术期刊（光盘版）电子杂志社共同研制出版，是中国知识基础设施工程的组成部分之一，也是我国第一个连续出版的大型集成化学术期刊数据库。该库中任意一篇文献均提供完整的篇名、作者、机构、出处、关键词、摘要、基金资助等信息，并提供原文原版显示、打印、下载等功能。其文献信息资源分为三大类型。

"中外文期刊题录数据库"，有二部分组成，一是中国公开出版的 6 600 多种情况文献的篇名及其出处；二是《中国学术期刊（光盘版）》的中外引文篇名。

"题录摘要数据库"，包括中国正式出版的 7 200 多种期刊文章的题录、摘要，无摘要的用首页的前 500 字代替。题录数据库属参考数据库类型，可在网上免费检索。

"专题全文数据库"，包括中国期刊全文数据库、中国优秀博士硕士论文全文数据库、中国重要报纸全文数据库和中国重要会议论文全文数据库。出版形式有 WEB 版（网上包库）、镜像站版、光盘版。WEB 版或镜像站版每日更新，光盘版每月更新。

中国期刊全文数据库（CJFD）是目前世界上最大的连续动态更新的中国期刊全文数据库，积累全文文献 2 870 万篇，分九大专辑，126 个专题文献数据库。资料来源于 1994 年至今，国内公开出版的 7 708 种核心期刊与专业特色期刊的全文。内容范围包括理工 A（数理化天地生）、理工 B（化学化工能源与材料）、理工 C（工业技术）、农业、医药卫生、文史哲、经济政治与法律、教育与社会科学、电了技术与信息科学。

中国博士学位论文全文数据库（CDFD）是国内资源内容最完备、质量最高、出版周期最短，数据最规范的博士学位论文全文数据库，是国务院学位委员会指定的唯一博士学位点评估依据数据库。截至 2012 年底收录博士论文 17.1 万余篇。

中国优秀硕士学位论文全文数据库（CMFD）是国内资源内容最完备、质量最高、出版周期最短，数据最规范的优秀硕士学位论文全文数据库，是国务院学位委员会指定的唯一硕士学位点评估依据数据库。截至 2012 年底收录优秀硕士论文 140 万余篇。

国际会议论文全文数据库（IPFD）汇集了国内外千余家重要会议主办单位

产出的学术会议文献，多数为自然科学领域，是目前国内唯一实现国际会议文献整合出版的大型数据库。收录了1981年至今由国内外800余家授权单位推荐的2 800多次国际学术会议的论文，截至2012年底收录国际会议论文32万余篇。

中国重要会议论文全文数据库（CPCD）汇集了国内外8 000余家重要会议主办单位产出的学术会议文献，基本囊括了我国各学科重要会议论文，是我国最完备的中国重要会议论文全文数据库。也是我国第一个连续出版重要会议论文的全文数据库。收录了1953年至今由国内外2100家授权单位推荐的18 000多个国际、国内重要学术会议的论文，截至2011年底收录论文165万余篇。

中国重要报纸全文数据库（CCND）是我国第一个以重要报纸刊载的学术性、资料性文献为收录对象的连续动态更新的报纸全文数据库。截至2012年底收录不少于500种中央及地方重要报纸，文献量约1 100万余篇。

中国报纸学术文献数据库（CNAD）是我国唯一以遴选收录重要报纸学术文献和新闻评论性文献为主要出版内容的全文数据库。截至2012年底收录不少于280种报纸的文献量50万余篇。

3. 维普信息数据库

网址：http://www.tydata.com/

重庆维普数据资源是国家科学技术部西南信息中心直属的重庆维普资讯有限公司开发的一系列数据库资源。它提供免费的题录查询，使用数据库则有网上包库、镜像站点和网上免费检索流量计费下载等多种方式，供用户单位选择。主要数据库介绍如下：

（1）中文科技期刊全文数据库/文摘数据库

该数据库收录了1989年至今的8 000余种期刊刊载的2 000余万篇文献，包括部分港台地区的部分学术期刊，并以每年180万篇的速度递增。分为社会科学、自然科学、工程技术、农业、医药卫生、经济、教育和图书情报八大专辑。

（2）《中文科技期刊数据库》（文摘版）

1989年至今的8 000余种期刊的830余万篇文献，并以每年150万篇的速度递增。每篇文献按照《中国图书馆分类法》进行分类，所有文献被分为8个专辑：社会科学、自然科学、工程技术、农业科学、医药卫生、经济管理、教育科学和图书情报。专辑又细分为29个专题。

（3）中国科技经济新闻数据库

该数据库是国内第一个电子全文剪报产品。它集系统性、新闻性、实用性和情报检索的专业性于一体，使传统传媒的信息资源得到充分的利用和再利用，成为科研人员课题查新、科研教学、企业决策和获取竞争信息的重要工具之一。该数据库收录了1992年至今的600余种国内重要的报纸，累积数据量约达378万条，并以每年25万条的速度更新。全面覆盖各个行业（工业、农业、医药、经济、商业等）科研动态、企业动态、发展趋势、政策法规等方面的信息资源。

（4）中文科技期刊引文数据库

该数据库收录了1900年至今公开出版的5 000多种科技类期刊（其中包括《中文核心期刊要目总览》中的核心期刊1 500余种，总数据量约548万篇文献。全面覆盖自然科学、工程技术、农业科学、医药卫生、经济管理、教育科学和图书情报等学科的信息资源。该数据库可查询论著引用与被引情况、机构发文量、国家重点实验室和部门开放实验室发文量、科技期刊被引情况等，是科技文献检索、文献计量研究和科学活动定量分析评价的有力工具。

（5）维普行业资源系统

该资源系统是对《中文科技期刊数据库》（全文版）、《外文科技期刊数据库》（文摘版）和《中国科技经济新闻数据库》中各行业相关数据经过深度挖掘整理后形成的专业化信息系统。包括维普医药信息资源系统、维普石油化工信息资源系统、维普电力能源信息资源系统、维普电子电器信息资源系统、维普航空航天信息资源系统、维普环保产业信息资源系统、维普建筑科学信息资源系统、维普交通运输信息资源系统、维普信息产业信息资源系统、维普农林牧渔信息资源系统。

4. 人大复印报刊资料数据库

网址：http：//ipub.zlzx.org

该数据库由中国人民大学书报资料中心与北京博利群电子信息有限责任公司联合开发制作，收录范围以人文、社会科学为主，内容选自国内公开和内部发行的报刊近5 000多种，核心期刊全部被收录，现有专题120多个。包括专题目录索引（1978年以来）、年度索引总汇、复印全文目录索引及法律数据库、华侨数据库等。

（1）人大复印报刊资料全文数据库

该库是国内著名的大型人文社科全文期刊数据库。收录了1995年以来《复印报刊资料》中的文献全文，约22万篇。分为四大类110个专题，内容涵盖人文社会科学各个领域。

该数据库同时包括以下7个专题数据库：《中国共产党（珍藏版1949 - 2000）》、《法学（1979 - 1995）》、《经济法学、劳动法学（1986 - 2001）》、

《妇女研究（1980－2001）》、《红楼梦研究（1978－1993）》、《鲁迅研究（1978－1993）》、《中国近代史（1978－2001）》、《中国现代史（1978－2001）》。

（2）人大复印报刊资料专题目录索引数据库

该库属于题录型数据库，收录了 1978 年以来《复印报刊资料》专题系列刊每年所刊登文章的目录，约 73 万条左右。按专题和学科体系分类编排。

（3）人大复印资料索引总汇数据库

该库是大型综合性人文社会科学期刊数据库。收录了 1978 年以来国内公开出版的 4 500 多种核心期刊和报刊中的全部题录。总数据量约 300 余万条。

5. 全国报刊索引数据库（SKBK）

全国报刊索引数据库由上海图书馆《全国报刊索引》编辑部负责研制和编辑，具有

文献信息量大、检索点多、查检速度快等特点，《全国报刊索引数据库》目前已建成时间跨度从 1833 年至今一个半世纪、报道数据量超过 3 000 万条、揭示报刊数量达 20 000 余种的特大型二次文献数据库，目前每年更新数据 350 万条，数据库格式严格按照国家有关标准，其著录字段包括顺序号、分类号、题名、著者、著者单位、报刊名、卷期年月、所在页码、题中人名与关键词等十项。2000 年起分（哲社版）和（科技版）两个单列库发行，数据分类标引也开始采用《中国图书馆分类法》（第四版）。

6. 中西日俄文期刊联合目录数据库

网址：http：//union.csdl.ac.cn/union/index.jsp

中西日俄文期刊联合目录数据库创建于 1983 年，是由中国科学院文献情报中心牵头研建的一个全国性、多学科、多文种的综合性数据库，是能同时揭示 300 员馆的期刊联合目录和网上外文期刊的目次文摘及部分全文的导引库。该库揭示了全国 499 个文献情报机构收藏的 94 744 种期刊的馆藏情况，读者可通过数据库查询了解到所需期刊在哪个图书馆收藏，并可通过数据库中的馆藏单位信息窗口直接向收藏单位提出原文传递（复印）的请求。2. 该库链接了国外 7 100 种期刊的主页，读者可通过主页访问浏览期刊的目次、文摘乃至全文。3. 该库包括 Web 版（每月更新）和光盘版（年度更新）。

该库共提供 15 种检索途径，包括：刊名；刊名关键词；西文刊名实义词首字母缩写；中文刊名汉语拼音；日文刊名罗马字拼音；俄义刊名拉丁拼音；缩略识别刊名；责任者（对刊物内容负责的编辑单位）；ISSN 号；CODEN 码；原版订购号；国内统一刊号；国内订购号；中图分类号；科图分类号。

该数据库在中科院文献情报中心的网页（http：//www.las.ac.cn）上提供检索服务。

7. China InfoBank 数据库（中国资讯行）

北京镜像站点：http：//www.bjinfobank.com

中国资讯行是香港专门收集、处理及传播中国商业、经济信息的高科技企业，其数据库系统 China InfoBank（中文）建于 1995 年，包括：实时财经新闻、权威机构经贸报告、法律法规、商业数据及证券消息等。该数据库系统适合经济、工商管理、财经、金融、法律、政治等专业使用，包含有各类报告、统计数据、法律法规、动态信息等内容。目前有 12 个大型专业数据库，内容涉及 19 个领域，194 个行业。数据库容量逾 150 亿汉字。采用每日新增的方法，日新增数据量逾 2 000 万汉字。具体数据库介绍如下。

（1）中国经济新闻库（China Economic News）

收录中国范围内及相关的海外商业经济信息，源自中国千余种报刊与期刊及部分合作伙伴提供的专业信息，按行业及地域分类，共包含 19 领域 194 个类别。

（2）中国商业报告库（China Business Report）

收录经济专家及学者关于中国宏观经济、金融、市场、行业等的分析研究文献及政府部门颁布的各项年度报告全文，主要为用户的商业研究提供专家意见的资讯。

（3）中国法律法规库（China Laws & Regulations）

收录中华人民共和国自 1949 年以来的各类法律法规及条例案例全文（包括地方及行业法律法规）。

（4）中国统计数据库（China Statistics）

收录大部分数据收录自 1995 年以来国家及各省市地方统计局的统计年鉴及海关统计、经济统计快报、中国人民银行统计季报等月度及季度统计资料，其中部分数据可追溯至 1949 年，以及部分海外地区的统计数据。数据按行业及地域分类，数据日期以同一篇文献中的最后日期为准。

（5）中国上市公司文献库（China Listed Company）

收录中国上市公司（包括 A 股，B 股及 H 股）的资料，内容包括在深圳和上海证券市场的上市公司发布的各类招股书、上市公告、中期报告、年终报告、重要决议等文献资料。

（6）香港上市公司资料库（Hong Kong Listed Company 中文）

收录香港 1000 多家上市公司自 1999 年以来公开披露的各类公告及业绩

简述。可按公司代码、行业分类、公告类型进行分类检索。

（7）中国医疗健康库（China Medical & Health）

收录中国一百多种专业和普及性医药报刊的资料，可以向用户提供中国医疗科研、新医药、专业医院、知名医生、病理健康资料。

（8）English Publication

收录了部分英文报刊的全文数据及新华社英文实时新闻资料。

（9）中国企业产品库（China Company Directory）

收录了中国 27 万余家各行业企业基本情况及产品资料。

（10）中国中央及地方政府机构库（Chinese Government Agency）

收录中央国务院部委机构及地方政府各部门资料，包括各机构的负责人、机构职能、地址、电话等主要资料。

（11）名词解释库（Glossary）

收录有关中国大陆所使用的经济、金融、科技等行业的名词解释，以帮助海外用户更好地了解文献中上述行业名词的准确定义。

（12）中国人物库（China Who'S Who）

收录中国主要政治人物、工业家、银行家、企业家、科学家以及其他著名人物的简历及有关的资料。

二、国外常用数据库

1. OCLC First Search

网址：账号方式：http：//firstsearch.oclc.org/

IP 方式：http：//firstsearch.oclc.org/FSIP

美国联机图书馆中心（OCLC，Online Computer Library Center 的简称）是世界上最大的文献信息服务提供机构之一，First Search 系统是 1990 年初创立的为用户提供基于 WEB 的联机信息检索服务。它将参考咨询、馆际互借和文件传送集成为单一联机服务系统，通过网络能毫不费力地获得目录、摘要和资料全文。目前通过该系统可检索 80 多个数据库，其中有 30 余个全文库，总计包括 6000 种期刊的联机全文和 2000 种期刊的联机电子映像，达 600 余万篇全文文章。这些数据库涉及广泛的主题范畴，覆盖了各个领域和学科。实现了和 OCLC 的联机电子出版物数据库 ECO 的完全整合，增强了联合编目数据库 WorldCat 的馆藏信息，实现了各库间的联机全文共享。通过一个简单适用的界面 New firstsearch 完成对 OCLC ILL（馆际互借）的无缝访问；数千种印刷型和电子期刊的全文文章的跨数据库的联机显示；直接链接 Internet 资源；帮助使用者选择合适的数据库；灵活的检索功能；在记录表中显示出用户所在图书馆的馆藏标识等。主要特色：①易于获取联机全文；②强大的检索手段；③灵活多样的检索入口；④配置了 Web 界面的管理模块；⑤包含馆藏信息；⑥信息量大、更新快；⑦面向最终用户；⑧收费低；⑨服务时间长。除以上主要特点之外还有许多其他特点，例如界面友好、操作简便、网络支持服务环境好等。New FirstSearch 可以检索到 80 余个数据库，这些数据库绝大多数由一些美国的国家机构、联合会、研究院、图书馆和大公司等单位提供。数据库的记录中有文献信息、馆藏信息、索引、名录、文摘和全文资料等内容。资料的类型包括书籍、连续出版物、报纸、杂志、胶片、计算机软件、音频资料、视频资料、乐谱等。这些数据库被分成 15 个主题范畴，它们是：

- 艺术和人文学科 Art & Humanities
- 工商管理和经济 Business & Economics
- 会议和会议录 Conferences & Proceedings
- 消费者事物和人物 Consumer Affairs & People
- 教育 Education
- 工程和技术 Engineering & Technology
- 综合类 General
- 普通科学 General Science
- 生命科学 Life Sciences
- 医学和健康（消费者）Medicine & Health, Consumer
- 医学和健康（专业人员）Medicine & Health, Professiona
- 新闻和时事 News & Current Events
- 公共事务和法律 Public Affairs & Law
- 快速参考 Quick Reference
- 社会科学 Social Sciences

从 1999 年开始，CALIS 全国工程中心订购了其中的基本组数据库。下面是基本数据库的列表。

（1）Article First——数据库包括自 1990 年以来的 16,000 多种来自世界各大出版社的期刊目次表页面上的各项内容，每一条记录都对期刊中的一篇文章、新闻故事、信件和其它内容进行描述，并且提供收藏该期刊的图书馆名单。这些期刊的语言大多为英文，同时也有部分为其它语种。目前该库有 3,200 多万条记录，主题涵盖商业、人文学、医学、科学、技术、社会科学、大众文化等等。该数据库每天更新。

（2）Class Periodica——数据库由 Classe 和 Periodica 两部分组成，其中 Classe 是对专门登载社会科学与人文科学的拉丁美洲期刊中的文献所作的索引；Periodica 则涵盖专门登载科学与技术文献的期刊。该数据库对 2,700 多种以西班牙文、葡萄牙文、法文和英文发表的学术期刊中的 65 万多条书目引文提供检索。不但包括以泛美问题为主的期刊中的信息，还含有在 24 个不同的拉丁美洲和加勒比海地区出版的文章、论文、单行本、会议录、技术报告、采访、以及简注。其中，Classe 收录的期刊从 1975 年开始至今，Periodica 收录的期刊从 1978 年开始至今。主题有农业科学、历史、人类学、法律、艺术、图书馆学与信息科学、生物学、语言学与文学、化学、管理与会计、通讯科学、医药学、人口统计学、哲学、经济学、物理学、教育学、政治学、工程学、心理学、精密科学、宗教学、外交事务、社会学和地球科学。该数据库每三个月更新一次。

（3）Ebooks——收录了 OCLC 成员图书馆编目的所有电子书的书目信息，接近 1 300 万种，涉及所有主题，涵盖所有学科，收录日期从公元前 1 000 年至今。该数据库每天更新。

（4）ECO——是一个学术期刊索引数据库，收录了自 1995 年以来来自世界上 70 多家出版社的 5 000 多种期刊，总计 680 多万条记录，涉及几乎所有学科，主要有农业、商业、科学、技术、文学、医学、宗教、哲学、语言、法律、政治学、心理学、社会学、经济学、教育学、地理学、历史学、人类学、美术以及图书馆学等。该数据库每天更新一次。

（5）ERIC——是由美国教育资源信息中心整理的已出版的和未出版的教育方面文献的一个指南，涵盖数千个教育专题，提供了最完备的教育书刊的书目信息，包括对发表在 Resources in Education（RIE）月刊上的非期刊资料与每个月发表在 Current Index to Journals in Education（CIJE）上的期刊文章的注释参考，涵盖了从 1966 年到现在的有关教育方面的几乎所有资料。ERIC 收录了 1,000 多种的期刊和其它资料，共有记录 140 多万条，包括一个 ERIC 叙词表，可免费阅读约 24 万篇全文文章。主题有成人教育、职业教育、教育评估、残疾与天才教育、小学与幼儿教育、高等教育、城市教育、教育管理、信息与技术、语言学与语音学、阅读与交流、教师与教师教育等。该数据库每月更新一次。

（6）MEDLINE——标引了国际上出版的近 2 万种期刊，相当于印刷型的索引，如同 Index Medicus, Index to Dental Literature 和 International Nursing Index，包括成千上万条附有实质性摘要的记录。MEDLINE 收录了从 1950 年至今的 2 100 多万条记录，主题涵盖了所有医学领域，包括临床用药、牙科学、教育、试验、药品、健康服务管理、护理、营养、病理学、精神病学、毒物学和兽医药品。该数据库每天更新。

（7）OAIster全球联合机构知识库——是2002年密歇根大学在美国梅隆基金会的资助下开展的项目，目前发展成全球最大的开放档案资料数据库，为研究者提供多学科数字资源。该库记录数量已达2 100多万条，来自1 100多家图书馆及研究机构。包括：数字化图书与期刊文章、原生数字文献、音频文件、图像、电影资料、数据集、论文、技术报告、研究报告等。每条记录包括数字资源的全文链接，用户可以查看、下载和保存大量的图片及全文内容。数据库每三个月更新一次。

（8）Papers First数据库——是一部在世界范围召开的大会、座谈会、博览会、研讨会、专业会、学术报告会上发表的论文的索引。涵盖了自1993年以来所有来自于大英图书馆文献供应中心的发表过的研讨会、大会、博览会、研究讲习会和会议的资料，共有810多万条记录，所包含的主题就是在所报导的会议中讨论的种种主题，可通过馆际互借获取全文。该数据库每两周更新一次。

（9）Proceedings First数据库——是Papers First的相关库，是一部在世界范围召开的大会、座谈会、博览会、研讨会、专业会、学术报告会上发表的会议录的索引。涵盖了从1993年以来所有来自于大英图书馆文献供应中心的发表过的研讨会、大会、博览会、研究讲习会和会议的资料，而且每条记录都包含一份在每次大会上所呈交的文件的清单，从而提供了各次活动的一个概貌，共有近46万条记录。该数据库每周更新两次。

（10）World Almanac数据库——其资源来自一本百科全书（Funk & Wagnall's New Encyclopedia）和四本年鉴（The World Almanac and Book of Facts、The World Almanac of the U.S.A.、The World Almanac of U.S. Politics和The World Almanac for Kids）。WorldAlmanac数据库涉及的范畴包括艺术、娱乐、新闻人物、计算机、科学和技术、经济学、体育运动、环境、税收、周年纪念日、美国的城市和州、国防、人口统计、世界上的国家及许多其它的主题，涵盖了自1998年到现在的资料，有记录近33 000条，可以联机获取包括全部内容的完整记录。数据库每年更新一次。

（11）World Cat Dissertations数据库——收集了World Cat数据库中所有硕博士论文和以OCLC成员馆编目的论文为基础的出版物，涉及所有学科，涵盖所有主题。WorldCat硕博士论文数据库最突出的特点是其资源均来自世界一流高校的图书馆，如美国的哈佛大学、耶鲁大学、斯坦福大学、麻省理工学院、哥伦比亚大学、杜克大学、西北大学以及欧洲的剑桥大学、牛津大学、帝国理工大学、欧洲工商管理学院、巴黎大学、柏林大学等等，共有1 800多万条记录，其中100多万篇有免费全文链接，可免费下载，是学术研究中十分重要的参考资料。该数据库每天更新。

（12）World Cat数据库——是世界上最大的书目记录数据库，包含OCLC近两万家成员馆编目的书目记录和馆藏信息。从1971年建库到目前为止，共收录有480多种语言总计近19亿条的馆藏记录，其中有2.8亿多条独一无二的书目记录，每个记录中还带有馆藏信息，基本上反映了从公元前1 000多年至今世界范围内的图书馆所拥有的图书和其他资料，代表了四千年来人类知识的结晶。文献类型多种多样，包括图书、手稿、地图、网址与网络资源、乐谱、视频资料、报纸、期刊与杂志、文章以及档案资料等等。该数据库平均每十秒更新一次。

2. DIALOG联机数据库系统

美国DIALOG联机数据库系统是世界上最早和最强大的国际联机检索系统，也是目前运作最成功的联机商业数据库系统之一。DIALOG数据库的学科覆盖面广，几乎涉及全部学科范围，如综合性科学、自然科学、应用科学和工艺学，社会科学和人文科学，时事报道和商业经济等。其数据来源非常广泛包括图书、报纸、期刊、技术报告、会议论文、专著、专利、标准、报表、目录、手册等各种文献上的信息。DIALOG数据库的类型主要有全文型、题录型、事实型和数据型。数据库总数近千个，每年新增500 000条工程类文献，文摘来自2 600种工程类期刊、会议论文和技术报告。20世纪90年代以后，数据库又新增了2 500种文献来源，其中化工和工艺类的期刊文献最多约占15%，计算机和数据处理类占12%，应用物理类占11%，电子和通信类占12%，土木工程类（占6%）和机械工程类（占6%）等，其中有大约22%的数据是经标引和摘要过的会议论文，90%的文献是英文文献；数据每周更新。使用DIALOG数据库可以有效地解决一些特殊问题，如有关产品专利的查询、商业最新信息查询、行业调查报告等。DIALOG实行收费服务。因特网上DIALOG联机检索系统根据用户对象和检索习惯的不同，提供了以下三种不同的检索界面。

Dialogselect检索界面，是一套简易的网上信息检索界面，在网页上提供十分便利的检索指导，它适用于新用户或不愿意学习DIALOG检索指令的学者和最终用户使用，而非专业人员。信息来自DIALOG精选的250多个数据库，按内容分为11大类。

Dialogselect 网址：http://www.dialogselect.com

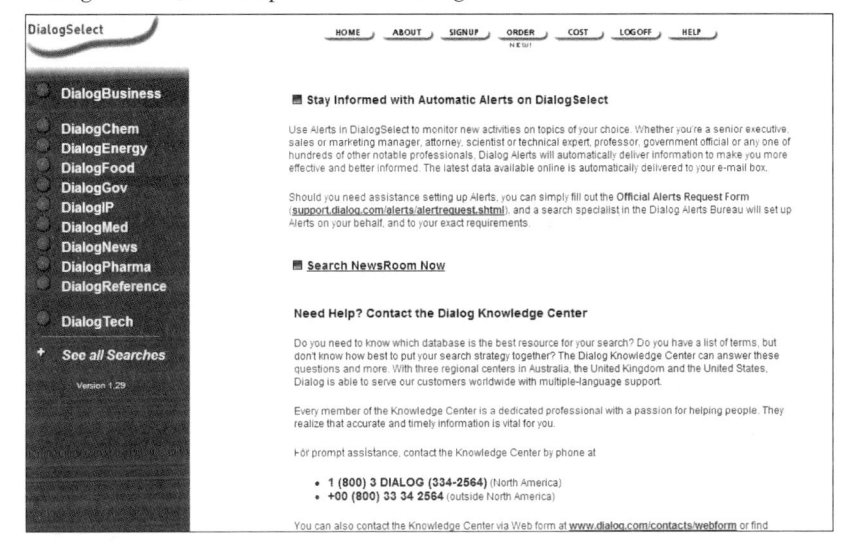

图 7-2 Dialogselect 检索界面

Dialogclassic 检索界面，是一种速度极快的专业检索指令界面，可直接访问 DIALOG 各个数据库。使用时需要输入用户名（User）和口令（Password）。它适用于专业信息检索人员使用。

Dialogclassic 网址：http://www.dialogclassic.com

Dialogweb 常用的检索界面，可访问 DIALOG，使用时需要输入用户名（User）和口令（password）。该界面既为专业人员设计了精确、高效和全功能的 DIALOG 指令检索语言（command search），同时也为一般用户设计了简单易用的引导性界面（guided search），用户无需了解 DIALOG 检索指令，只需点击有关按钮和选项，即可进行高层次的检索。因此，又称高智能傻瓜界面，适用于任何人群。

Dialogweb 网址：http://www.dialogweb.com/

3. EI Engineering Village 2

网址 http://www.engineeringvillage.com/

EI Engineering Village 2 是 Ei《工程索引》的网络版，内容包括原来的光盘版（Ei Compendex）和后来扩展的部分（EI Page One）。该数据库包含 1970 年以来的超过 700 万条的工程类期刊、会议论文和技术报告的题录，每年新增 25 万条工程类文献，数据来自 175 个学科的 5 100 余种工程类期刊、会议

图 7-3 Dialogclassic 检索界面

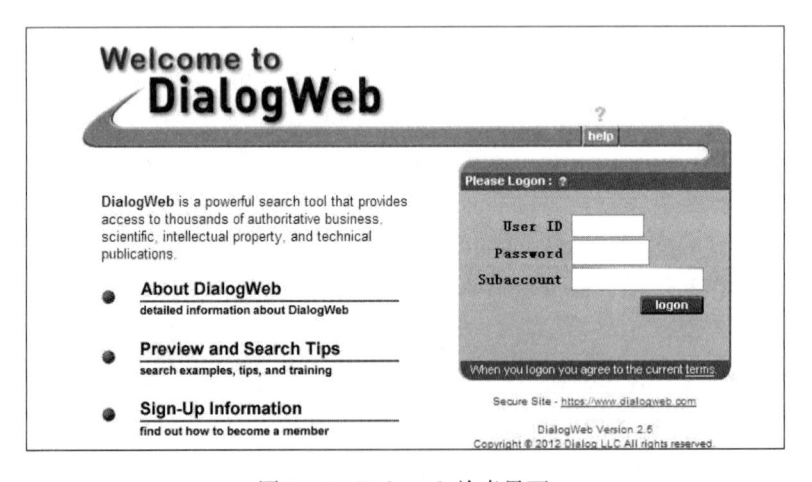

图 7-4 Dialogweb 检索界面

论文和技术报告,其中 2 600 余种有文摘。数据为每周更新。

　　Ei Compendex-Web 收录的文献涵盖了所有的工程领域,该数据库侧重提供应用科学和工程领域的文摘索引信息,其中化工和工艺类的期刊文献最多(约占15%),计算机和数据处理类占12%,应用物理类占11%,电子和通信类占12%,另外还有土木工程类(占6%)和机械工程类(占6%)等。大约22%的数据是有主题词和摘要的会议论文,90%的文献是英文文献。近来,Ei公司尝试并已开通部分二次文献与一次文献(主要是Elsevier的期刊)的直接链接服务。目前该数据库的访问是通过平台。该平台上还包括为用户提供了通过规范化的主题词检索的途径。

4. 美国化学文摘数据库(Chemical Abstracts,CA)

CA由美国化学文摘服务社(CAS)编辑出版。CA是涉及学科领域最广、收集文献类型最全、提供检索途径最多、部卷也最为庞大的一部著名的世界性检索工具。它收录了世界范围内有关生物化学、物理化学、无机化学、有机化学等有关化学及化工方面的1 200余万篇化学及应用化学方面的文献,来源于世界上150余个国家、56种文字出版的16 000种科技期刊、科技报告、会议论文、学位论文、资料汇编、技术报告、新书及视听资料,另外还有30个国家和2个国际组织的专利文献。每年约新增50万条新文献数据。

5. 美国科学信息服务社的引文索引系列数据库

美国科学信息服务社的引文索引系列数据库——《科学引文索引(SCI)》、《社会科学引文索引(SSCI)》和《艺术与人文科学引文索引(A&HCI)》,1997年美国科学信息服务社(ISI)推出了基于Web环境的引文索引网络版本《Web of Science(简称WOS)》。WOS系统将SCI、SSCI和A&HCI集成于一体,并充分利用超文本链接技术,构成了一个旨在揭示文献之间引用与被引用关系的独一无二的引文检索体系。SCI收入了3 300种核心期刊,而在WOS系统中,SCI部分收录的核心期刊达5 600余种,其所涵盖的学科超过100个,主要涉及以下领域:农业、生物及环境科学,工程技术及应用科学,医学与生命科学,物理学及化学,行为科学等。WOS系统的SSCI部分收录有全球1 400种重要的社会科学期刊的论文信息,共涉及50个学科领域,具体包括社会科学及行为科学、人类学、考古学、商业、财政、经济、教育、地理历史、图书馆学与情报学、法律、语言、政治、行销、统计、都市发展等。WOS系统的A&HCI部分则主要收录了艺术与人文科学方面1 100多种期刊的文献信息,其内容涉及各个艺术领域(如视觉、音乐、表演、文学、工艺、历史、宗教等)和人文科学的各个方面(包括考古、建筑、艺术、古典著作、舞蹈、电影、诗歌、广播、电视和戏剧等)。目前,ISI公司又推出了一个功能更加强大的检索服务平台——Web of Knowledge,可以在这个新平台上实现对包括 WOS 在内的多个数据库内容的跨库进行检索和访问。

6. 英国科学文摘数据库（INSPEC）

INSPEC 是理工学科最重要和使用最为频繁的数据库之一，纸本为著名的"科学文摘"（SA，Science Abstract），始于 1898 年。覆盖了物理及工程领域中的众多学科。目前在网上可以检索到自 1969 年以来全球 90 多个国家出版的 5 000 多种科技期刊、2 500 多种会议论文集以及大量的著作、报告和论文。INSPEC 数据库目前有超过 1 200 万条的文献，并以每周 1 万条新文献的速度增加。利用 ISI Web of Knowledge 平台，可以实现到 ISI Web of Science、ISI Proceedings、Current Contents Connect 等数据库的无缝链接。

7. 美国生物学文摘数据库（BIOSIS Previews）

BIOSIS Previews（BP）包括 Biological Abstracts（生物学文摘，简称 BA）和 Biological Abstracts/RRM（Reports，Review，Meetings），是目前世界上规模较大、影响较深的著名检索工具之一。利用基于 ISI Web of Knowledge 平台而建立的 BIOSIS Previews，用户可以与全世界的同行在同一时间检索这一著名的生命科学信息数据库，更深入、更迅速、更全面地获取生命科学及其相关领域的学术信息。BP 涵盖了包括传统生物学（植物学、生态学、动物学等）、交叉科学（生物化学、生物医学、生物技术等）和诸如仪器和方法等相关研究的广泛研究领域。可以使用户对生命科学和生物医学文献进行深入的调研。BP 收录了近 5 500 种生命科学期刊和非期刊文献，如学术会议、研讨会、评论文章、美国专利、书籍、书籍章节和软件评论等超过 1 800 万条（1926 年－）的记录。

8. 英国德温特专利数据库（Derwent Innovations Index）

Derwent Innovations Index 结合了来自 Derwent World Patents Index 和 Derwent Patents Citation Index 的专利信息资源，支持快速而精确的专利和引文检索，内容涵盖化学、电气、电子和机械工程等领域。借助附加的描述信息和编码以及可追溯到 1963 年的专利收录内容，使用者能够快速了解某一专利的重要性及其与其他专利的关系。

9. 美国政府科技报告数据库（NTIS）

NTIS（National Technical Information Service）是美国目前最大的政府信息资源中心，全面收集由政府资助立项的科学、技术、工程及商业信息。NTIS 出版的美国政府报告通报与索引数据库是一个重要的信息资源，主要收集了

1964年以来美国国防部、能源部、内务部、宇航局（NASA）、环境保护局、国家标准局等国家、州及地方政府部门立项研究完成的项目报告，少量收录世界各国（如加拿大、法国、日本、芬兰、英国、瑞典、澳大利亚、荷兰、意大利）和国际组织的科学研究报告，包括项目进展过程中所做的初期报告、中期报告和最终报告等，能够及时反映科技的最新进展。该数据库每年新增约60 000条数据。

10. 学位论文数据库（DAO）

学位论文数据库（DAO）收录1861年至今美国等国家的学位论文文摘，拥有100万篇博士和硕士学位论文，每年更新4万条数据。

11. ABI IFORMATION（美国商业经营管理文档）

ABI IFORMATION（美国商业经营管理文档）是最早和最大的电子商情库，它收集来自全世界1 000余种商业、工业、管理方面的期刊：综合性期刊，如FORBES AND MANAGEMENT REVIEW；学术期刊，如BROOKINGS REVIEW和INFOWORLD。400余种国外期刊还包括EAST ASIAN EXECUTIVE REPORTS，包括完整的目录信息、索引文摘。

12. IEEE/IEE Electronic（简称IEL）

IEEE/IEE Electronic Library（IEL）数据库提供1988年以来、美国电气电子工程师学会和英国电气工程师学会出版的170多种期刊、600多种会议录和近900种标准的全文信息。

13. Elsevier Science Direct（电子期刊全文数据库）

Elsevier Science Direct是世界上公认的高品位学术期刊出版公司，也是全球最大的出版商。SDOS是它的网络全文期刊数据库，提供1998年以来Elsevier公司收录1800余种电子期刊（其中1 500余种为全文，200余种为文摘）。用户可通过互联网在线上搜索、浏览、打印以及下载所需的期刊论文。由于期刊全文数据库种数的增加，其各学科所包含的种数也小有差异。以下是Elsevier Science的全文电子期刊的学科分布：Chemistry and Chemical Engineering化学和化工；Clinical Medicine临床医学；Computer Science计算机科学；Earth and Planetary Science地球和行星科学；Engineering, Energy and Technology工程、动力和技术；Enviromental Science and Technology环境科学和技术；Life Science生命科学；Materials Science材料科学；Mathenatics数学；Physics and Astronomy物理学和天文学；Economics, Business and Management Science经济学、商业和管理；Social Science社会科学。

14. Kluwer 全文电子期刊数据库

网址：http：//kluweronline.com/

荷兰 Kluwer Academic Publisher 是具有国际性声誉的学术出版商。kluweronline 是 Kluwer 出版的 650 余种期刊的网络版，专门基于互联网提供 Kluwer 电子期刊的查询、阅览服务。Kluwer Online 提供大量优质的学术和科技作品，包括科学、技术、人文科学和法律方面的文献。Kluwer Online 期刊提供：可以在线访问超过 265 000 篇文章；每年出版超过 50 000 篇文章；通过 CrossRef 链接文章的引文；非订购用户可以购买单篇文章；文章链接到 ISI 的 web of science 和其他数据库；额外功能例如"articles in advance"（将要出版的文章）和加强的检索功能。Kluwer 科技出版社与 Springer 合并后，原来在 Kluwer Online 网站上可以看到的期刊，在 2005 年 1 月 3 日之后将只在 Springer Link 网站上提供。Kluwer Online 是 Kluwer 出版的 600 余种期刊的网络版，专门基于互联网提供 Kluwer 电子期刊的查询、阅览服务。迄今为止共有 749 种期刊，覆盖 24 个学科。荷兰 Kluwer Academic Publisher 是具有国际性声誉的学术出版商，它出版的图书、期刊一向品质较高，备受专家和学者的信赖和赞誉。

15. Knovel 网络数据库

网址：http：//www.knovel.com/

成立于 1999 年的 Knovel 公司是一家将工程学和应用科学的数据整合起来，并使用独特制表分析工具的出版商。透过技术数据分析和搜寻工具来提供以 Web 为操作接口的工程学应用整合平台。

Knovel 的使用者可透过整合查询检索全球重要科技出版商和专业学会所出版超过 2 000 种重要的参考工具书、手册、百科全书、专题论文、会议论文内容等。Knovel 提供了超过 80 000 种互动表格、图解和公式。使用者可以：（1）客制化并运算原数据呈现方式，同时可以轻松的在工作表中排序；（2）直接在图表中绘制一个或多个数据点和曲线；（3）汇出数据到指定的格式和档案（Excel，MathCAD），Knovel 的内容包含了材料特性、程序及设计信息、范例、特定产业和工程领域的方程式及公式等。

16. Uncover 数据库

网址：http：//www.ingenta.com

UnCover 数据库是当前世界上规模最大、内容更新最快的期刊数据库之一，是由 CALIS（中国高等教育文献保障系统）引进于美国 CARL（Colorado Alliance of Research Libraries）公司的一个网上英文期刊数据库。其宗旨是提供期刊文献资料的各种信息产品和服务，目标是为那些以期刊为手段获得信息的用户提供及时、全面、而且效果显著的联机检索服务。到目前为止，该库收录了 18 000 多种期刊，拥有期刊文章索引（或文摘）880 多万篇，并且还在以每天 5 000 篇的速度不断扩充。在 UnCover 数据库中，期刊文章进入数据库的时间比期刊递送到当地图书馆或期刊发售点的时间只迟两天，基本保持同步。Uncover 数据库覆盖了多个学科主题，在该库收录的 18 000 多种期刊中，大约有 51% 属于科学、技术、医学、和农林，40% 属于社会科学、政法、商业，9% 为艺术和人文科学。数据库更新及时，基本与印刷本期刊出版时间保持同步，因此可以检索到最新的文献信息。系统提供四种检索方式：关键词检索（Keyword Search）、刊名浏览检索（Title Browse Search）、著者姓名检索（Name or Author Search）、所有索引字段检索（All Indexes Search）。用户可以通过因特网联机方式输入所需的期刊的刊名、系统就会以电子邮件的方式提供期刊的目录，用户选中文章后可以得到机读的电子全文。

17. Gale 数据库

网址：http://infotrac.galegroup.com/itweb/wuhan

美国 Gale 集团系美国著名出版机构，是全球最大、最权威的参考书出版商，多年来以出版人文和社科工具书著称，一向为大学、学术研究机构、图书馆咨询机构提供比较有特色的工具书资料，尤其是文学及传记工具书以及机构名录方面颇具权威性。Gale 集团目前共拥有近百个在线数据库，其中 8 个是以"资源中心"命名的。客观地说，8 个"资源中心"是 gale 集团极具特色的产品，在相关学科领域的在线数据库中占有绝对优势。

（1）Gale Biography in Context（人物传记资源中心）包括全球 52.5 万人物的 60 多万份传记，介绍各个学科、各个领域、不同国家、不同种族的著名人士的传记资料，涵盖文学、历史、政治、商业、娱乐、体育和艺术等领域的知名人物和重要事件。从该数据库中可以得到传主的生平资料、得奖情况、从事的职业或从事的研究等相关翔实的资料。这些人物的信息米自于 GALE 集团出版的上百个传记出版物、300 多种报纸杂志、原始资料和网站等，可链接到 19 000 个经过权威考察过的世界著名人士的官方和权威网址，每年新增数千个相关网站。来自于 290 多份全文学术期刊的丰富信息，会在纸本刊发行前收录呈现给用户。除文字资料外，还包含有图片和音视频。

Gale Biography in Context 数据库收录了 300 余种学术期刊中的全文文章，部分期刊在 ProQuest 的 Academic Research Library 数据库以及 EBSCO 的 Academic Source Premier 数据库中也有收录，该库与 ProQuest、EBSCO 数据库中重复的期刊数量分别为 237 种、193 种。

（2）作为 Gale 旗下的著名商业数据库，Business & Company Resource Center（商业与公司资源中心）提供了全球 50 万家公司及 8 000 个行业协会的详细信息，适用于商业、经济、财政、金融等领域的研究人员。

Gale Business & Company Resource Center（商业与公司资源中心）中的内容主要有：来自于 6 500 种期刊（其中 4 300 多种全文期刊）的丰富信息，包括商业期刊、地区性商业期刊、管理及营销期刊，部分期刊回溯到 1980 年；Gale 集团出版的众多商业参考书，如：Encyclopedia of Global Industries、Gale's Market Share&Reporter 等；研究报告：来自于 Reuters Research on Demand 的 150 万份投资报告，来自 Global Markets Direct 的 500 多份 SWOT 分析，以及来自 Datamonitor 的 1 000 多份市场研究报告等；来自于 100 多份报纸的商业信息，来自于 The Wall Street、New York Times 及 Asian Wall Street Journal 等的索引及摘要。

（3）Gale Literature Resource Center（文学资源中心）具体对研究文学主题、作者及其作品的人来说，新颖、可靠且收录资源广泛，其涵盖所有文学流派和文学分支，时期跨度和区域跨度都比较大。适用于文学和外国文学的研究者。

其内容主要来自于近 400 份全球全文期刊的丰富信息，包括文学、语言学、作家介绍等期刊，提供约 75 万篇全文文章。具体包括：全球 15 万作家的传记信息，3 000 多张著名作家的图片，每年新增 4 000 名作家信息；Gale 出版的众多著名文学评论系列参考书，超过 70 000 篇文学评论文章；从公元前 2200 年到 21 世纪各时期文学运动、文学作品、作家介绍、文学评论文章；超过 5 000 篇当代作家的文学作品概述、情节介绍和评论；可链接至 5 000 个经过专家严格挑选的文学和作家的相关站点；链接了 3 000 个美国国家公共广播电台访谈及评论；收录超过 25 000 篇当代诗歌、短篇小说及戏剧；超过来自《韦氏文学大百科全书》的 10 000 条文学术语定义；来自"国际语言协会"推荐的 200 万条书目信息等。适用于文学和外国文学的研究者，以精确、权威的参考信息提供了一个集综合性和时效性于一体的全球文学发展和研究信息资源平台。

Gale 数据库的 Literature Resource Center 收录了 800 余种学术期刊中的全文文章，部分期刊在 ProQuest 的 Academic Research Library 数据库以及 EBSCO 的 Academic Source Premier 数据库中也有收录。

（4）Gale World History in Context（历史资源中心）收录来自全球 340 多份历史研究的学术期刊的全文；1 700 多篇历史事件的原始一次文献、Gale 集团出版的众多著名历史参考书，如欧洲社会历史大百科全书、越战大百科全书、世界大战百科全书等；全球历史年代表和大事记；超过 1 600 份经耶鲁大学权威专家精心挑选的历史地图、地图集及插图，是一个集综合性和时效性于一体的全球性历史发展、多文化研究信息资源平台，是历史、多文化、国际关系研究者重要的参考信息源。

（5）Gale Virtual Reference Library（Gale 电子参考工具书）是一个综合性电子参考工具书图书馆，收录 Gale 出版社出版的权威参考工具书，涉及有关传记、商业、历史、文学、多元文化研究、宗教、及社会科学等诸多领域的百科全书、手册、指南等参考资料。摆脱参考工具书不可外借的形式，可随时随地使用；提供 HTML 格式，不需额外安装任何软件；所有电子参考工具书均能真正意义做到全文检索。

（6）Archives Unbound Gale（珍稀原始典藏档案）为 Gale 集团旗下产品，该数据库提供大量珍稀、权威、确凿的原始典藏文献，其中包含大量不对外公布的机密文件，内容涉及多种领域和学科，如历史、政治、经济、宗教、哲学、法律、种族研究、女性研究、社会文化、女权主义、国家研究等，为读者进行深度研究提供便利。典藏内容包括：

- 犹太地下抵抗组织：David Diamant 系列；
- 1936 – 1945 年，德国集中营和监狱通信；
- 德国民俗和大众文化：Das Kloster, Scheible；
- James Meredith, J. Edgar Hoover，以及密西西比大学的一体化；
- 国际妇女运动：美国泛太平洋东南亚妇女协会，1950 – 1985 年；
- 1800 – 1824 年美国陆军部和印度事件；
- 来自国家安全委员会越南信息小组的情报报告，1967 – 1975 年；
- 古巴女权主义，1898 – 1958 年；
- 亚美事件，中国和战后反共热；
- 美国印第安人运动和印第安人激进主义；
- 教务杂志和中国的新教传教士社区，1867 – 1941 年；
- 全球传教团和神学团体；
- 抗议美国：抗战的越南退伍军人；
- 南方文学信使：南北战争前美国南方的文学；
- 日裔美国人集中营报纸：对日常生活的透视；
- 政府间难民委员会：西方犹太移民；
- 1833 – 1893 年美洲印第安人的通信：宗教史协会收集的传教士的信件；
- 美国印第安人运动和印第安人激进主义；
- 菲利斯·里昂 、黛尔 – 玛丁及碧丽提丝的女儿（美国女同性恋解放组

织);
- 中国内战和中美关系：美国国务院侨务办公室档案，1945－1955年；
- 捷克斯洛伐克解放之后成立了社会主义国家，1945－1963年：美国国务院档案；
- 海湾战争档案；
- 女性问题及其在白宫的主张，1974－1977年；
- 1256－1794年，《法国皇室与管理法》（1256－1794年，法国皇室法）；
- FK的外交事务和国际危机，1961－1963年；
- 占领和独立：奥地利第二共和国，1945－1963年；
- 1848年法国大革命报纸；
- 美中贸易全国委员会1973－1983年间的档案；
- 处于战争和和平时代的日本，1930－1949年：美国国务院保密文件的档案；
- 1991－1992年，美国的中东和平政策与美国在中东和平进程中扮演的角色；
- 欧洲和美国的巫术；
- 陆路旅行：在西方的旅行，1800－1880年；
- "通过摄像机镜头"：1907－1927年的电影世界和无声电影时代；
- 1939－1945年，战时法国的声音：秘密抵抗组织和维希报纸；
- 亚历山大三世及"俄罗斯化"政策，1883－1886年；
- 从斯大林化过渡到新经济政策的东德，1950－1963年；
- 非裔美国人的联邦监督，1920－1984年；
- 第三帝国的经济和战争，1933－1944年；
- 美国与伊拉克的关系：美国技术援助，1950－1958年；
- 摩洛哥国王和人民的革命，1950－1959年：美国国务院保密文件档案；
- 土耳其国内的民主，1950－1959年：美国国务院保密文件档案；

第二节　国内外常用搜索引擎

一、中文网络搜索引擎

1. 百度

网址：http://www.baidu.com/

百度是全球最大的中文搜索引擎，2000年1月由李彦宏、徐勇两人创立于北京中关村，百度致力于向人们提供"简单，可依赖"的信息获取方式。"百度"二字源于中国宋朝词人辛弃疾的《青玉案》诗句："众里寻他千百度"，象征着百度对中文信息检索技术的执著追求。

百度主要特点是根据中文用户搜索习惯，开发出关键词自动提示，即用户输入拼音，就能获得中文关键词正确提示。百度还开发出中文搜索自动纠错，如果用户误输入错别字，可以自动给出正确关键词提示。基于字词结合的信息处理方式，巧妙解决了中文信息的理解问题，极大地提高了搜索的准确性和查全率。支持主流的中文编码标准。包括GBK（汉字内码扩展规范）、GB2312（简体）、BIG5（繁体），并且能够在不同的编码之间转换。采用智能相关度算法，客观分析网页所包含的信息，最大限度地保证了检索结果相关性。检索结果显示丰富的网页属性（如标题、网址、时间、大小、编码、摘要等），并突出用户的查询串，便于用户判断是否阅读原文。支持内容类聚、网站类聚、内容类聚+网站类聚等多种方式。支持用户选择时间范围，提高用户检索效率。支持二次检索（又称渐进检索或逼进检索），可在上次检索结果中继续检索，逐步缩小查找范围，直至达到最小、最准确的结果集，有利于用户更加方便地在海量信息中找到自己真正感兴趣的内容。相关检索词智能推荐技术，在用户第一次检索后，会提示相关的检索词，帮助用户查找更相关的结果，统计表明该技术可以促进检索量提升10%~20%。运用多线程技术、高效的搜索算法、稳定的UNIX平台和本地化的服务器，保证了最快的响应速度。智能性、可扩展的搜索技术保证最快最多的收集互联网信息。支持多种高级检索语法，使用户查询效率更高、结果更准。已支持"+"（AND）、"-"（NOT）、"|"（OR）、"site:"、"link:"，还将继续增加其他高效的搜索语法。

百度快照是另一个广受用户欢迎的特色功能，解决了用户上网访问经常遇到死链接的问题。百度快照是指百度搜索引擎已先预先浏览各网站，拍下网页的快照，为用户储存大量应急网页。即使用户不能链接上所需网站时，百度为用户暂存的网页也可救急。而且通过百度快照寻找资料往往要比常规方法的速度快得多。

2. 搜狗

网址：http://123.sogou.com/

搜狗搜索是搜狐公司于2004年8月3日推出的完全自主技术开发的全球首个第三代互动式中文搜索引擎，是一个具有独立域名的专业搜索网站——

155

"搜狗"。以一种人工智能的新算法，分析和理解用户可能的查询意图，给予多个主题的"搜索提示"，在用户查询和搜索引擎返回结果的人机交互过程中，引导用户更快速准确定位自己所关注的内容，帮助用户快速找到相关搜索结果，并可在用户搜索冲浪时，给予用户未曾意识到的主题提示。

搜狐的特点是提供网站搜索，数据收集采用人工编辑和机器抓取（并非单纯的机器抓取）相结合的方式。在搜索算法上将编辑对网站的评分与程序对网页的评分等级综合考虑，保证了搜索结果的查准率和查全率。采用科学实用的网站分类标准，对网站建立了 16 大分类目录，纵向成枝，横向成网，用户通过层层点击，就可找到所需的网站信息。到目前为止，经过人工不断精心编辑和整理的网站达到 50 多万条，并与网站关键词搜索相得益彰，成为最佳的导航系统。搜狐新闻搜索注重新闻的时效性，每 10～20 分钟更新一次，并且将最新的消息放在最前面，随时获取最新信息。独有的新闻图片搜索能将最新发生的事情以图片的方式更加生动地展示出来。搜狐的商机搜索收集了国内几十家主要商机信息平台的商机信息，用户一次搜索，商业机会信息一览无遗，更加方便比较选择最合适的商业机会。另外还可以搜索 MP3、ROM、RAM、WMA 等格式的歌曲等。此外，搜狐具有整洁的搜索页面、快捷的下载速度、海量的搜索结果和突出的首页位置。因为搜狐是门户网站，还可以为用户提供综合的信息服务。

3. 新浪

网址：http：//search.sina.com.cn/

新浪网搜索引擎是面向全球华人的网上资源查询系统。提供网站、网页、新闻、软件、游戏等查询服务。网站收录资源丰富，分类目录规范细致，遵循中文用户习惯。目前共有 16 大类目录，一万多个细目和二十余万个网站，是互联网上最大规模的中文搜索引擎之一。除了资源查询外，新浪网搜索引擎推出了更多的内容和服务，包括新浪酷站、本周新站、引擎世界、少儿搜索、WAP 搜索、搜索论坛等。

新浪网搜索引擎的特点是提供目录检索，用户可按目录逐级向下浏览，直到找到所需的网站。它还提供关键词查询，用户可在搜索框中键入查询的关键词，就能搜索到符合该主题的目录和网站。除具备基本的关键词查询外，新浪搜索还设计了"重新查询"、"在结果中再查"和"在结果中去除"三种选择。此外，新浪搜索在关键词查询中支持逻辑操作符的使用。关键词查询的结果根据与查询要求相匹配的程度排列，质量越高，排列位置越靠前。新闻检索的结果则按日期排序，越新的新闻排列位置越靠前。综合搜索，这项服务在搜索结果页面分层次显示搜索结果，其中包含网站、新浪新闻、频道内容以及新浪商城的商品信息。网页搜索，目前新浪搜索采用的是百度的网页搜索技术。从新浪搜索引擎的服务可以看出，新浪搜索同搜狐的搜索一样都是以外包结合自有技术来设计和建立整个搜索引擎服。

4. 有道

网址：http://www.youdao.com/

作为网易自主研发的全新中文搜索引擎，有道搜索致力于为互联网用户提供更快更好的中文搜索服务。2006年年底有道推出测试版，并于2007年12月11日推出正式版。目前有道搜索已推出的产品包括网页搜索、图片搜索、视频搜索、购物搜索、网易返现、有道购物助手、有道词典、有道手机词典、有道翻译、饭饭、有道云笔记、工具栏、网址导航、有道阅读、有道热闻等。

5. 必应

网址：http://cn.bing.com/

必应（Bing，台湾译作缤纷）是一款微软公司于2009年5月28日推出的用以取代Live Search的搜索引擎，而2009年5月29日，微软正式宣布全球同步推出搜索品牌"Bing"，中文名称定为"必应"，与微软全球搜索品牌Bing同步。必应不像谷歌那样只有简单的白色背景，取而代之的则是一幅精美照片，并且是会定期更换的，并且搜索结果在网页搜索结果页面的左侧会列出一部分相关搜索。

6. 中国搜索

网址：http://zhongsou.com

中搜（原慧聪搜索）是国内领先的搜索引擎公司。自2002年正式进入中文搜索引擎市场以来，中搜（原慧聪搜索）取得了一系列令人瞩目的成绩。在一年多的时间里，发展成为全球领先的中文搜索引擎公司，先后为新浪、搜狐、网易、TOM等知名门户网站，以及中搜联盟的上千家各地区、各行业的优秀中文网站提供搜索引擎技术。目前，每天有数千万次的中文搜索请求是通过中搜实现的，中搜也被公认为第三代智能搜索引擎的代表。

7. 天网

网址：http://www.tianwang.com/

天网搜索的前身是北大天网，北大天网由北京大学网络实验室研究开发，是国家重点科技攻关项目"中文编码和分布式中英文信息发现"的研究成果。北大天网于1997年10月29日正式在CERNET上向广大互联网用户提供Web

信息搜索及导航服务，是国内第一个基于网页索引搜索的搜索引擎。北大天网见证了中国互联网和中文搜索引擎发展的历史并参与其中，是国内中文搜索领域的一面旗帜！

8. 易搜

网址：http://www.yiso.com.cn/

Yesow 结合世界先进的网络技术、中国互联网发展的现状，开发出了中国互联网资源组合和传递基础设施平台，并且运用最先进的模式，为华东地区及全中国的 IT 企业服务

9. TOM 搜索引擎

网址：http://i.tom.com/

二、英文网络搜索引擎

1. google

网址：http://www.google.cn/

Google 是目前世界上最优秀的支持多语种的搜索引擎之一。提供网站、图像、新闻组等多种资源的查询，也可以按照主题分类来浏览网页。包括中文简体、繁体、英语等 35 个国家和地区的语言的资源。

Google 的主要特点是容量大和查询准确，其目录收录了 10 亿多个网址，这些网站的内容涉猎广泛，无所不有。Google 最擅长于为常见查询找出最准确的搜索结果，"手气不错"按钮会直接带您进入最符合搜索条件的网站，省时又方便。Google 储存网页的快照，当存有网页的服务器暂时出现故障时您仍可浏览该网页的内容。

2. Alta Vista

网址：http://www.altavista.com/

Alta Vista 有英文版和其他几种西文版，提供纯文字版搜索，提供全文检索功能，并有较细致的分类目录。网页收录极其丰富，有英、中、日等 25 种文字的网页。搜索首页不支持中文关键词搜索，但有支持中文关键词搜索的页面。能识别大小写和专用名词，且支持逻辑条件限制查询。高级检索功能较强。提供检索新闻、讨论组、图形、MP3/音频、视频等检索服务以及进入频道区（zones），对诸如健康、新闻、旅游等类进行专题检索。有英语与其它几国语言的双向在线翻译等服务，有过滤搜索结果中有关毒品、色情等不健康内容的"家庭过滤器"功能。

3. Yahoo

网址：http：//www.yahoo.com/

有英、中、日、韩、法、德、意、西班牙、丹麦等10余种语言版本，各版本的内容互不相同。提供类目、网站及全文检索功能。目录分类比较合理，层次深，类目设置好，网站提要严格清楚，但部分网站无提要。网站收录丰富，检索结果精确度较高，有相关网页和新闻的查询链接。全文检索由Inktomi支持。有高级检索方式，支持逻辑查询，可限时间查询。设有新站、酷站目录。

4. Excite

网址：http：//www.excite.com/

Excite是一个资格较老的基于蜘蛛程序的搜索引擎，于1995年开始提供上网服务，1996年7月收购了其竞争者Magellan和WebCrawler。2001年12月在其母公司破产之后，不再使用自己的搜索结果。现在隶属于"Excite Nerworks"公司。

Excite是一个能在大型数据库中进行快速概念检索（Concept - based Search）的搜索引擎。概念检索是Excite的一项核心检索技术，也是一项先进的检索技术，目前只有少数搜索引擎才具有这样的检索，而Excite在这方面一直处于领先地位。Excite收集了5 000余万网页数据，内容主要涉及日常生活而非学术性领域，包括新闻、运动、股市、电视节目、电影评论、城市、找人、电子邮件等。允许用户使用自然语言提问，检索结果是有网页名、网址、网页的摘要和相关度百分数构成。Excite的主要特点是：自动编制摘要；概念检索，查询软件自动把同义词和相关词找出来。

5. Lycos

网址：http：//www.lycos.com/

Lycos起始于美国卡内基 - 梅隆大学的机器翻译中心，自称为因特网的目录。它采用自动程序搜集索引Web、FTP和Gopher网站资源。可对1 900万网页进行索引，覆盖95%的Web地址；但1 900万网页不是全文索引，仅其中的360万有比较完整的索引。索引的内容为页名、网址、子标题、文本的前20行和100个加权的词。服务内容包括一个主题目录和大量有关城市、股票、公司和个人等信息，主题目录收录在一个叫A2Z的数据库内。

Lycos的主要特点是可用自然语言方式和布尔逻辑方式进行检索，还具有截词检索功能，对提问可以选择5种匹配命中级别：松匹配、一般匹配、良好匹配、紧密匹配和强匹配。没有禁用的词和使用控制词。本服务对每个系统有一、二个句子介绍，并指引到"Find Related Sites"，从这些网点的标题又可以获得进一步的可用词。检索结果按相关性排序（相关性以截词的数量、在网页中的位置、网站相对流行或热门等为标准来确定）。主要内容包括网址、网页大小、网页名、由前 100 个词组成的文摘及网页中提取的关键词等。相对而言，它的索引文摘较好，较详细，属于文摘型（兼有目录）的检索工具，检索精度较全文索引工具高，适合初步检索之后的进一步检索使用。它的缺点是无论网页长短，均取同样多的词索引，文摘能否反映其网页内容，用户是无法判断的，这也是自动索引的一个不足之处。

6. Ask Jeeves

网址：http://www.ask.com/

Ask Jeeves 在 1998 年诞生时以"自然语言搜索引擎"而著称。实际上，Ask Jeeves 并不能真正理解自然语言，它的秘密是有 100 多位编辑时刻观察着网民在查找什么，然后选择并提供那些最能贴切回答检索问题的网页。这种方法对一般的查询非常有效，但对特殊问题的解答则不理想。

7. WebCrawler

网址：http://www.webcrawler.com/

Webcrawler 是最早的基于蜘蛛程序的元搜索引擎，隶属于 Infospace。它 1994 年作为华盛顿大学的一个研究项目被推出，1995 年由 AOL 收购，1996 年底转卖给 Excite，2001 年 12 月 WebCrawler 蜘蛛终止运行，现在由 Google 和 Yahoo 提供搜索结果。

8. AOL search

网址：http://www.aolsearch.com/

9. HotBot

网址：http://www.hotbot.com/

10. MSN Search

网址：http://www.msn.com

第三节 电子版或在线参考工具书

1. 百科全书

- 中文 WiKipedia 百科全书

网址：http://www.baike.com/

- 加拿大百科全书电子版

网址：http://www.thecanadianencyclopedia.com/

- 哥伦比亚百科全书

网址：http://www.bartleby.com/

- 不列颠百科全书网络版

网址：http://www.britannica.com/

- Encyclopedia of Astronomy Astrophysics 天文学和天体物理学百科

全书由 Nature Publishing Group 出版的参考工具书，天文学和天体物理学最全面的参考工具书，由 800 多位世界一流的天文学和天体物理学专家撰写，涉及的范围非常广泛。

CALIS 国内访问地址：http://nature.calis.edu.cn/

- Encyclopedia of Life Science 生命科学百科全书

由 Nature Publishing Group 出版的参考工具书，涵盖了生命科学研究的各个领域，从分子水平到生物体水平，包含了跨生物学和生物医学的结构、过程、方法、系统和应用。由 5000 多位世界一流的科学家参与策划、撰写和编辑工作，集权威性和易读性为一体。

CALIS 国内本地访问地址：http://nature.calis.edu.cn/

- Literary Encyclopedia 百科全书

网址：http://www.litencyc.com/

- 《世界百科全书》网站

世界各国百科全书 2002 年网络版，收集世界各国的商业、旅游、求学等信息。

网址：http://www.countryreports.org/

2. 电子字典/词典

- Allwords 英语在线字典

支持多语检索。

网址：http://www.allwords.com

- English – Chinese Online Dictionary

含汉英字典、英汉字典、TOEFL 及 GRE 考试词汇、及网上工具链接。

网址：http://tigernt.com/dict.shtml

- 吕氏网上字典

提供英汉、汉英互查。

网址：http://www.lexiconer.com/

- 百度在线电子词典

网址：http://dict.baidu.com/

- 金山词霸

提供网上英译汉词典服务。

网址：http://www.iciba.com/

- 勤加缘化工在线—化工词典

网址：http://www.hgzx.com/

- 生物工程缩写词典

语种：英文

网址：http://darwin.nmsu.edu/

- 网上法律字典

语种：中文。由香港［法周刊］汇编，涉及电子商务、破产、房地产、诉讼、商业、法制、公民权利等领域的法律用语。

网址：http://www.solicitor.com/

- 音乐百科词典网

网址：http://www.db66.com/

音乐百科词典网隶属于"知识在线"，是介绍中国和世界音乐的知识性网站，其中包括中外音乐家、乐器、作品、理论和表演术语、音乐学、表演团体、教育机构、著名乐器制作公司和音乐出版社等。共收词6 600余条，全方位地展现中西方音乐的全貌。

- 高技术辞典网

网址：http://www.db66.com/

高技术辞典网隶属于"知识在线"，是以《高技术辞典》为依托的与高技术有关的知识性网站。本辞典涉及生物技术、航空技术、航天技术、计算机技术、通信技术、自动化技术、微电子技术、光电子技术、信息获取与处理技术、能源技术、激光技术、新材料技术、超导技术、海洋技术、高技术在新武器装备中的应用以及高技术综论等16个领域。

3. **其他在线参考资源**

- The Nobel Prizes Internet Archive

罗列从1901年到2012年一百年来获得诺贝尔奖的获得者情况。

网址：http://www.nobelprizes.com/

- Biography – Center 传记中心

网址：http://www.biography–center.com/

- 中国历代纪年表

中国历代帝王纪年表和历代帝王年号索引。

网址：http://www.guoxue.com/history/histable.htm

- 中国114网

全国电话号码、企业信息网上查询系统网站

网址：http://china114net.com/114/index.asp

- 图行天下

提供中国14个主要城市电子地图查询服务

网址：http://www.go2map.com

- 邮编查询

可按地名查询、拼音查询、地图查询（只包括地市）。

网址：http://www.post.com.cn

- 中国家谱

介绍了全国近五百多个姓氏的源流及历史人物、历史典故、分布范围，家谱收藏研究等多方面的内容。

网址：http://www.china-stemmata.com

- 电子万年历

万年历查询、世界各地时间、农历及纪念日标注。

网址：http://www.525jia.com/xinxi

- 国外大学信息 Petersons's Guide

网址：http://www.petersons.com

- Country Reports

介绍世界各国概况。

网址：http://www.emulateme.com

- 中国历代度量衡制演变简表

网址：http://www.guoxue.com/history/duliangheng

- CyberStacks

国会图书馆分类体系归类的网上参考资源目录。

网址：http://www.public.iastate.edu

第八章　参考咨询工作的组织机构

面对日益扩大的用户（读者）群体和越来越复杂的咨询问题，如何科学、合理地组织安排参考咨询工作已经成为图书馆的一个重要问题。参考咨询工作的组织机构实际上就是在监控参考咨询工作各个流程的基础上，合理地配置人力资源、物力资源，保障参考咨询工作的顺利开展。

第一节　参考咨询机构的设置与管理

一、参考咨询机构的设置

参考咨询机构的设置是开展参考咨询服务的重要标志和条件。早在1883年，波士顿公共图书馆就设立了参考工具书阅览室，1884年哥伦比亚大学图书馆正式成立了参考部。参考部的设立具有非常重要的意义，它将原来那种临时性、间断性帮助读者的工作，变成了有组织、有计划的参考服务。20世纪20年代前夕，原为约翰大学图书馆馆长、后为清华学校图书馆馆长的戴志骞，自美国学习图书馆学归来，乃改弦更张，把清华学校图书馆办成学校参考图书馆，率先设立了参考部。

20世纪80年代以来，参考咨询服务在我国得到了蓬勃发展。各类图书馆大力开展参考咨询工作，普遍设立了参考咨询部（或情报咨询部、信息咨询部），而且为配合文献检索课和文献检索工作的开展，大都设立有文献检索室。随着联机检索的开展，在参考咨询部或技术部下进一步设立了联机检索室。随着Internet国际互联网的广泛应用，继1995年北京图书馆、广州图书馆率先开辟电子图书馆（阅览室）以后，许多图书馆都设立了电子阅览室（或电子信息服务中心）。其中有不少图书馆在此基础上设立了信息网络部（或网络资讯部）等。

历史证明，参考咨询部是在实践中形成并动态发展变化的信息服务的机构形式。近几年，电子阅览室（电子信息服务中心）的建设，在服务方式多样化、服务内容的广度和深度等方面，发挥出巨大的优越性，深受广大读者欢迎。

从目前情况来看，我国图书馆参考咨询机构的建立和参考咨询工作的开展往往与图书馆的类型、规模、性质密切相关。当一所图书馆的馆藏达到一定数量，读者有所需求时，参考咨询工作就会应运而生，成为读者服务工作必不可少的组成部分。图书馆设置一个专门的参考咨询工作机构，有利于参考咨询服务工作有领导、有组织、有计划、有步骤地开展，更好地用户服务，充分发挥图书馆的服务职能。

大、中型图书馆专门成立参考咨询服务部门，可以对搞好参考咨询工作起组织领导和保证作用。不但便于集中领导，使参考咨询工作顺利开展，而且也便于计划、总结，不断改进服务方式，提高服务质量。成立参考咨询部门有利于以下工作的开展。

（1）制定季度、年度计划，拟定工作发展的远景规划，让参考咨询馆员看到远大前途。

（2）及时检查参考咨询工作的质量，总结经验。好的工作经验要总结，失败的经验也要总结，并从中找出存在的问题，提出改进的办法，提高参考咨询服务的工作质量。

（3）认真检查参考咨询工作的效果。参考咨询部门必须深入实际，进行调查研究，倾听读者反映，了解读者对图书馆所提供的参考咨询源的反映以及所起作用；了解所提供参考咨询源的思想性、知识性和准确性究竟如何等。

由于具体条件的限制，有些小型图书馆把参考咨询工作合并在其他业务部门一起进行。

有了组织机构，还必须有一支参考咨询工作人员队伍。随着参考咨询服务工作的拓展与深入，具有一支优秀的参考咨询馆员尤为重要。首先是参考咨询馆员的知识结构专业化。就是说，图书馆要加强情报职能，必须在采、编、阅的各个环节加强情报观点之外，还要有一支专门从事情报服务的参考咨询工作人员队伍。这个队伍不仅要有图书情报知识，更重要的是要有学科专业知识。只有具备了学科专业知识，参考咨询工作才能做得深透，如开展情报分析与文献研究，主动为各种决策机关当好参谋，系统地跟踪一些重大科研课题；对情报资料作更细致的加工——高质量的专题索引或文摘等。只有全面的、综合性的图书馆专业知识，就是说，知道到什么地方去查找用户所需的文献的知识，还远远不能满足用户的需求。从图书馆事业发达的国家来看，参考咨询馆员除具有某一学科的本科学历外，同时还要求具备图书馆学、情报学硕士学位或其他专业的硕士及其以上学历，有的参考咨询馆员甚至有博士学位或二个学位。如罗格斯大学科学医学馆的参考咨询馆员就有化学博士学位或生物学、图书馆学双学位。人员的配置，从数量上看，参考咨询馆员占馆员总数比例较大，如加州北岭大学图书馆所有 20 名馆员都集中在参考咨询部；肯特大学图书馆 26 名工作人员中的半数、芝加哥大学图书馆 60 名馆员中二分之一均从事参考咨询工作。美国国会图书馆研究服务部配备有许多各方面专家，按照法律、经济、教育及公共福利、环境政策、外交、行政和科学政策等七个专题提供专业咨询服务，在国会图书馆的参考咨询部（现改称为研究服务部），也备有各种专家为专业性很强的读者服务。只有如此，参考咨询馆员才能成为寻找资料的专家。

其次，参考咨询馆员的组织专业化。也就是要按专业分工，由组织来保证。参考咨询部门的规模、参考咨询馆员的数量、参考咨询馆员中各种专业人员的比例和领导的重视程度是参考咨询服务质量的保证。目前各大图书馆，特别是大学图书馆，都设置了学科馆员。他们都在自己的学科领域里进行研究。多数人也从事与图书馆业务有关的研究工作，或从事书目、索引的编纂、选书，研究与今后改进图书馆工作有直接联系的各种问题。这大大有助于改变图书馆体制，有助于提高服务质量，提高图书馆员的声望和在社会上的地位。

综上所述，合理健全的机构设置是图书馆开展参考咨询服务的重要因素。如美国高校图书馆机构设置在走上学科专业化的同时，图书馆参考咨询工作开始按学科划分，实施参考服务专门化的体制，比如按学科设置人文/社会科学参考部、科学技术参考部、生物医学参考部等。参考咨询馆员紧密地与所服务学科专业的教学科研人员联系在一起，以其具有的专业知识和现代化检索技能，为读者提供高层次有针对性的服务。另外，美国高校图书馆一般在图书馆入口处设综合性的参考咨询台，作为联系图书馆与读者的第一个结点，而且大多数公共服务场所都有充足的专门的馆员解答读者的提问。

二、参考咨询机构建设的原则

由于每个图书馆的类型、规模、馆藏体系、读者、人员经费等诸多因素都不相同，每个图书馆有每个图书馆的特点，建设适合本馆特点与要求的参考咨询组织机构，可以遵循以下原则。

1. 参考咨询机构建设的原则

（1）针对性

参考咨询机构设置应从实际需要出发，针对图书馆的类型、任务、读者、藏书、馆员等各种特点来建构。

（2）可能性

参考咨询机构设置应考虑主、客观条件，从图书馆的规模、结构、馆藏、馆员、经费、读者等实际情况出发，合理建构。

（3）方便性

参考咨询机构是直接为读者开展个性化服务的场所，应把参考咨询机构设置在读者容易产生情报行为以及读者咨询和馆员服务都很方便的地方。

（4）发展性

参考咨询机构的设置应随着社会的发展、科学技术的进步及参考咨询工作的变革动态构建。

2. 电子阅览室建设的原则

电子阅览室是用户自主利用电子参考信息源的重要场所，电子参考信息源的利用率与电子阅览室的设备、管理、软件系统、安全等息息相关。电子阅览室的建设要根据实际来确定规模和档次，网络模式和硬件设备的选择要具有良好的扩展性和兼容性，为机器的升级改造、网络系统的完善和以后的发展打下一个好的基础；还应以能充分利用网上资源、发挥最佳的社会效益和经济效益为前提。所以，建立一个好的电子阅览室，应该遵循以下几点原则。

（1）整体性原则

电子阅览室既是图书馆的一个组成部分，同时也是Internet的一个组成部分，应考虑与图书馆原有自动化管理软件的兼容及与互联网的联通。

（2）集成性原则

电子阅览室是一个包括设备、管理等多种因素在内的系统工程，选择什么样的网络系统、拓扑结构、服务器、客户机、网络操作系统和数据库软件，已不是一个简单的部件组合问题，而是一个集技术和管理为一体的网络系统集成问题，必须有一个详细的总体规划及方案。

（3）开放性原则

为了充分发挥数字化信息资源检索中心的功能，电子阅览室必须具有良好的开放性。既要采取符合国际标准和公认的工业标准的设备组建高性能的网络，并能支持各种标准协议，支持多种数据格式的传输，保证系统的可互连性、可分布性、可移植性和可扩展性。

（4）先进性原则

计算机及网络通信技术发展十分迅速，更新换代非常快。要尽量采用比较先进的技术和较为成熟的产品，以防技术过早落后、设备过早陈旧以及出现安全隐患。

（5）安全性原则

电子阅览室流量大，并往往有外界干扰，因此应注意选择安全可靠的设备及配套软件。在关键的网络服务器和主机设备上，能消除单点故障问题。在各个独立的节点上应考虑相应的系统软件和硬件方面的可靠性，以及网络布线的合理性。在网络和应用软件方面应注意系统的安全保密性，具有对外部和内部用户访问各种资源进行管理和控制的能力。

（6）扩展性原则

要在满足现有应用功能需求基础上，配合技术发展提供良好的扩展能力。选用设备在设计上应充分考虑到未来网络应用的要求，软硬件配置要考虑尽量降低以后的维修工作量和维修费用，尽量统一配置设备的规格和型号。

三、参考咨询机构的管理模式

随着图书馆工作中心从一般服务向咨询服务的转移和业务内容的拓展、重建，参考咨询机构规模也将扩大，最终目的仍以不断满足咨询用户（读者）的需求为基准。参考咨询员是开展参考咨询服务的主体并起着关键作用，对参考咨询员的设置，应该从以下两个问题考虑：一是从方便读者出发，读者跨入图书馆门就可见到咨询员，随处都应有相应的咨询员；二是根据读者层次和需求不同，简单可分为一般性的文献服务与特殊的课题服务，这就要求图书馆必须配备不同层次的参考咨询员。根据以上原则，参考咨询机构的管理模式大致可以分为四种方式：集中管理、分散管理、并列管理、复合分层管理。

集中管理是由图书馆设立的专门参考或信息咨询机构，如参考咨询部（或信息服务中心）来承担参考咨询工作，接受用户委托、完成专题咨询，包括各种定题和定向信息咨询服务。而咨询台和阅览、流通部门仅解答常规性的咨询。这种管理体制的优点是利于集中高素质人才和保证参考咨询工作的质量。但是必须以图书馆馆内资源的统一调配和各业务部门的支持配合为前提。高校图书馆采用这种模式的较多，如清华大学图书馆信息参考与读者教育部、北京大学图书馆信息咨询部、华中科技大学图书馆参考咨询部、武汉大学图书馆信息服务中心、中山大学图书馆参考咨询部、华南理工大学图书馆情报咨询部、西安交通大学图书馆信息咨询部等。

其中清华大学图书馆信息参考与读者教育部，由原来的工具书阅览室和文献检索室为主的传统咨询机构扩编而成，其机构设置如图 8-1 所示。它提供参考咨询、读者教育与用户培训、期刊工具书特藏等印刷型资源阅览、电子资源与多媒体资源建设与推广、科技查新与代检代查、馆际互借与文献传递等项服务。涵盖了多功能电子阅览、工具书阅览、中外文期刊阅览、馆际互借以及文献传递、用户教育与培训等部门的业务工作。

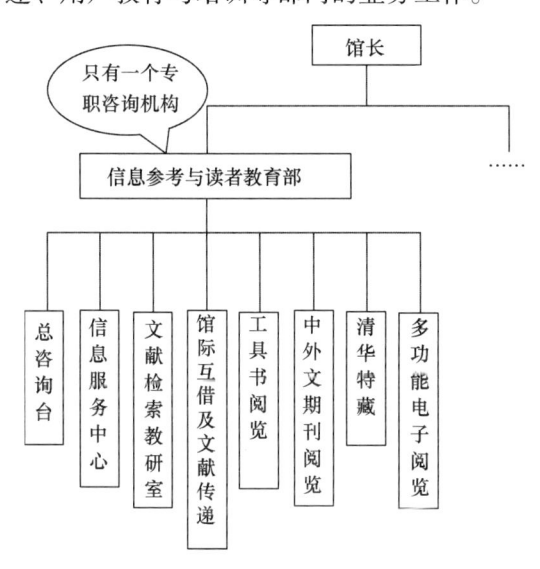

图 8-1 清华大学图书馆参考咨询机构设置

分散管理是参考咨询工作分散在各个部门的有关机构中开展。采取分散式管理可以大量地承接专题咨询，有利于馆内各部门的创收，但是对咨询质量难于控制，也容易引发部门之间的矛盾。

上海图书馆、国家图书馆等大型公共图书馆采用这种管理模式。国家图书馆规模大、机构多。参考研究辅导部是国家图书馆参考咨询一级咨询机构，下设信息咨询中心、社科咨询室、科技咨询室，还有培训中心、展览组等，集信息咨询、文献检索、专业培训、展览服务和科学研究于一体，构成一个综合信息服务体系，主要承担为中央国家机关立法决策服务及一般的社科咨询和科技咨询工作。而归属报刊咨询部的文献检索室、第一电子阅览室和第二电子阅览室，归属典藏借阅部的参考工具书阅览室、中国年鉴阅览室，国图分馆的国情资料室等部门是二级咨询部门，也开展参考咨询服务。国家图书馆参考咨询机构设置如图 8-2 所示。

并列管理是由传统的参考咨询部和新设的网络资讯部（自动化技术部、数字资源中心）分别承担参考咨询工作。公共图书馆和高校图书馆都有这种模式，如广东省中山图书馆报刊信息开发中心和网络资讯部、浙江大学图书

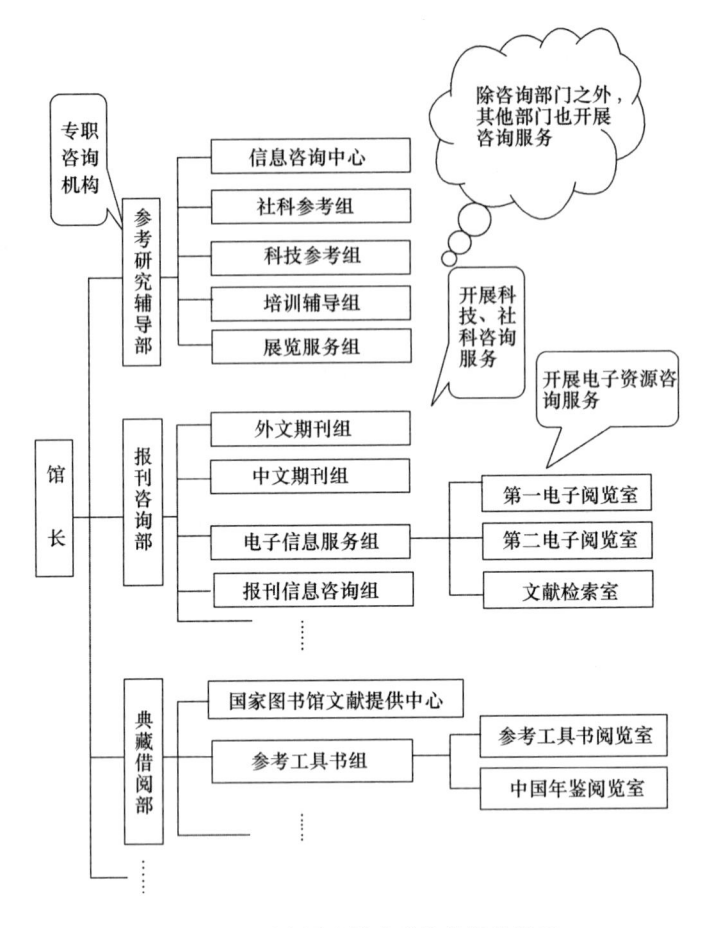

图 8-2 国家图书馆参考咨询机构设置

馆咨询部和数字资源中心等。其中广东省中山图书馆主要由报刊信息开发中心和网络资讯部承担参考咨询工作，其参考咨询机构设置如图 8-3 所示。报刊信息开发中心包括电子剪报、企业咨询、决策咨询、海外报刊阅览等组织机构，主要开展传统参考咨询服务；网络资讯部则开展网上参考咨询服务。浙江大学咨询部负责工具书阅览室的开放和一般咨询、课题查新、文献检索、代查代译、用户教育、复印、邮寄等业务；数字资源中心承担开拓数字资源、网络资源服务，包括网页制作、数字技术研发及信息服务等。

复合型分布式分层次管理。武汉大学信息管理学院詹德优教授认为建立复合型分布式分层次的服务机构是开展咨询服务的理想模式。即组建全馆统一管理的"信息咨询中心"，统一对外开展参考咨询服务，包括传统参考咨询

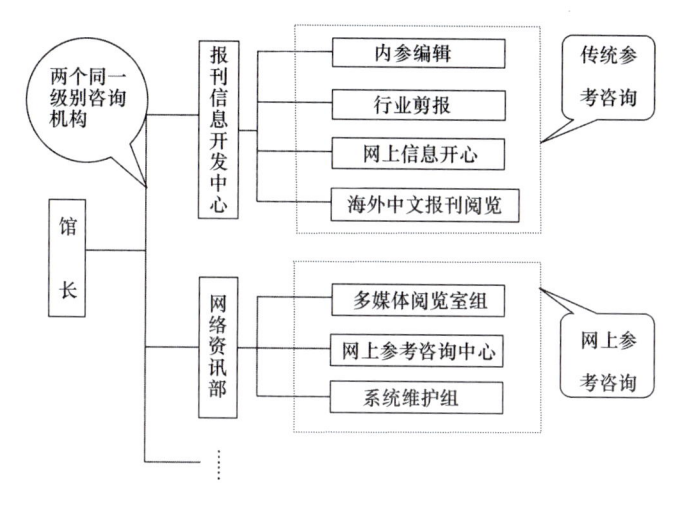

图 8-3　广东省中山图书馆参考咨询机构设置

服务和网络参考咨询服务。承接图书馆利用指南、文献检索、定题服务、科技查新、调研报告、工具书与电子阅览、用户培训等各种服务。第一层次：是大厅和楼层参考咨询。这类参考咨询人员岗位职责主要是做好接待，引导和宣传工作，如回答来馆读者的初步询问，了解需求及向读者介绍本馆相关文献及服务的实施情况。这类咨询馆员如能把工作做到实处，必将解决许多本来不容易解决的问题，极大地方便读者，从而为本馆树立第一形象，赢得更多的读者。第二层是设在阅览、流通等一般服务部门的咨询岗位，这一岗位应由富有经验的中级或副高级职称馆员担任。随时解答本部门咨询问题，提供书目查询、题录检索、原文提供等一般性的参考咨询服务。第三层设在参考咨询部门（大型图书馆可分科），这一岗位应有综合素质较高的馆员或学科专业馆员担任，他们代表该馆的最高咨询能力和水平，解答一二类参考咨询员难以解答的问题，并开展科研立项查新、定题和课题跟踪、专家咨询（主要由资深参考馆员和学科馆员组成）负责专项研究、决策咨询、数据库设计与建设等。如对于高校图书馆来说，参考咨询部门应主动参与教学科研计划以便有针对性地开展工作。配合教学、科研，向教师和研究人员提供国内外最新的教学与学术信息，以提高教学和科研水平。参考咨询馆员应定期深入各学院、系，明确各专业的课程设置、教学计划以及学位、毕业论文的选题情况，在此基础上编制各种书目索引，尤其是指定参考书目；编制有关专业方面的专题文献资料；主动配合重点科研项目和科研人员，提供定题服务，开展专题检索、定题跟踪、科研立项查新、成果鉴定以及代查、代译等服务。

这种复合型分布式分层次的参考咨询服务机构有利于人力资源、文献资源的优化配置与使用，有利于现代化技术手段和传统服务手段的综合应用，从而有利于参考咨询工作的开展及服务质量的提高。但这种模式必须建立在参考咨询专家和计算机技术专家合作及全馆一盘棋的基础上。因为涵盖网络参考咨询和传统参考咨询的服务机构，必须在系统设计、资源配置与开发、服务传递等各方面充分集成，营造既能提供传统文献资源又能提供数字化资源以及网络信息资源的综合服务环境，以建立一个融本地服务和远程服务为一体的统一服务模式。

表 8-1 复合型分布式分层次一览表

服务层次	服务部门	咨询员资格	服务内容
第一层次	大厅和楼层参考咨询台	一般馆员	负责接待，引导和宣传工作
第二层次	阅览、流通等服务部门的咨询岗位	具有中级或副高级职称的馆员	解答本部门咨询问题，提供书目查询、题录检索、原文提供等一般性的参考咨询服务
第三层次	参考咨询部门	综合素质较高的馆员或学科专业馆员	科研立项查新、定题和课题跟踪、专项研究、决策咨询、数据库设计与建设

第二节 参考咨询人员的设置

参考咨询是现代图书馆工作的一项突出任务，是读者服务工作组织与管理的一项重要内容，一般都由专门的参考咨询员负责。目前中型图书馆的参考咨询部一般配备 5~7 人，设置文献检索室、咨询服务台、电话咨询、网络咨询等服务。在大型的图书馆里，参考咨询部的内部结构比较复杂，参考咨询员人数比较多，除了开展常规性的咨询服务外，还参加一些课题的研究与学术活动，不断汲取新的知识。按岗位及服务内容划分，参考咨询员有兼管型、专管型、专业细分型三种。

一、兼管型参考咨询员

兼管型，是指小型公共图书馆，由于受人员、经费与场地所限，一般不单独设立参考咨询员岗位，参考咨询服务工作由阅览室管理人员兼管。在这种条件下挑选的参考咨询员必须是知识面较广，需要面对各种类型的读者，解答各种各样的参考咨询问题。图书馆学情报学专业毕业的馆员较难胜任此项工作。应鼓励主修其他专业的毕业生到图书馆工作，通过图书馆学情报学专门知识的学习，承担参考咨询员职务，同时在参考咨询服务工作中积累服务经验，顺利地解答参考咨询问题。

二、专管型参考咨询员

专管型是一些大型公共图书馆，专门设立了参考咨询室，由专职的参考咨询员解答读者的咨询，同时各阅览室的管理人员也解答读者的一般咨询。专职的参考咨询员应具有学科专长，例如人文、社会科学及科学技术专业背景。

在人才建设上要进行科学规划，既重视吸纳通才，又吸收专才，除图书情报专业毕业生外，还兼收科技、政治、经济和信息技术等方面的人才，形成多元化人才结构，做到知识互补、能力互助。在人才选拔时不仅注重专业知识和技能，还要注重事业心、责任感和团结协作精神。图书馆还可聘请各学科专家学者作兼职情报咨询人员，吸纳馆内其他部门的优秀人才从事网络信息咨询服务，解决咨询中遇到的特殊问题。

选择参考咨询员可采取各种方法，如竞争上岗。首先应将参考咨询员岗位的岗位概况、工作内容以及相应的职责和条件作出明确的描述，同时要提出岗位规范，阐明能胜任参考咨询员岗位职责者的整体素质和能力，也即表明参考咨询岗位上最适合人选应具备的特征。将选择好的参考咨询员有效地组织起来，就形成一个团队组织。团队组织强调发挥各人所长，相互协调，发挥组织的整体优势。每位参考咨询员除了非常明确部门的整体目标即为读者开展参考咨询工作以外，他们对实现目标的措施都十分明确，更知道自己在实现目标过程中要做哪些工作，所起的作用，以及如何与其他参考咨询人员的协调与合作，使整个参考咨询部凝聚成一个协调良好的整体。

对参考咨询人员要有明确的要求和必要的考核，使参考咨询人员有危机感和紧迫感，从思想上认识到只有不断学习，更新知识，掌握新的理论和技能，才能胜任网络环境下的参考咨询工作；对参考咨询人员的职称和学历有明确要求，鼓励参考咨询人员攻读在职双学位和在职硕士研究生；提高参考咨询人员待遇，采取激励机制，鼓励参考咨询人员通过在职培训和自学来提高自己的知识水平和业务能力。

三、学科参考咨询员

大中型图书馆所设立的参考咨询室，不仅按人文、社科、科技来设置参考咨询员，而且在这些专业基础上有可能再细分，分成哲学、社会科学、自然科学、应用科学、历史地理、文学艺术等。具有学科专长的参考咨询员如果拥有足够的参考资料，加上自己的专业知识，能够给予读者很好的服务。为了使信息服务向学科化、知识化发展，高校图书馆的参考咨询服务开始推行学科馆员制度，提高了图书馆为教学科研的服务层次和服务功能。

通过学科馆员密切和深入地联系用户，及时和充分地跟踪需求，有机地结合用户科研活动及其动态变化来了解、分析、评价、选择和组织信息资源，分析、组织、集成、定制各类信息系统和信息服务，深入用户科研活动过程来灵活地提供咨询服务和培训服务，并从用户角度全面支持用户的知识创造，包括培养用户的综合信息素养，协助用户组织和管理信息交流，帮助用户构造自己的信息系统和链接其他信息系统，支持用户基于信息的知识分析和知识创造，协助用户进行知识管理，并保障用户信息环境和信息过程得到科技信息系统的有机支持。

1981年，美国卡内基－梅隆大学图书馆率先推出学科馆员服务，此后，美国和加拿大的部分研究级大学图书馆相继推行了学科馆员服务模式。1998年清华大学图书馆在国内首先试行学科馆员制度，接着，西安交大、北京大学、武汉大学图书馆等也实行了这一制度。学科馆员的设立，尽管仍然是协助用户在图书馆资源中找到所需信息，但由于服务对象为某一学科或某几个相关学科的用户，服务内容是该学科的参考咨询、用户教育、信息需求调查和信息资源建设，这为学科馆员深化该学科的信息资源调查与研究，提供针对性的、深层次的参考咨询服务创造了条件。同时，学科馆员沟通了图书馆和学校各系所之间的联系，了解该学科的信息需求，为图书馆建立真正适应学校教学科研发展需要的信息资源体系提供了保障。

四、参考咨询网络的建立

随着读者信息意识的逐步提高，咨询问题涉及的内容也越来越专深，咨询范围也越来越广泛。然而任何一位专家都不是万能的，只能解决一定范围的问题。因此，参考咨询工作必须将大批的专业人才聚集起来，构建咨询专家网络。从咨询专家研究领域看，应广泛涉及所有学科；从咨询专家来源看，有馆内专家、有协作关系的图书情报机构的专家、从读者中吸纳的专家。

此外，还应加强网络架构的管理。由于专家分布在各地，都承担着各自的工作，因出差、生病不能在岗的情况时有发生，为避免造成回答时间的延误，应建立监督保障机制，及时发现未能回答的问题，由咨询人员或其他专家给予答复。

第三节　参考咨询内容的选择

不同类型的图书馆，其参考咨询部门工作内容的选择也各有侧重。图书馆根据用户特点、需求，根据服务对象的专业和工作领域，有计划、有目的、有步骤地建立服务内容体系。参考咨询内容的选择应从以下几个方面考虑。

1. 深入开展读者需求调查

根据读者需求，选择日常咨询的内容和服务形式，不断扩大服务规模，提升服务水平。

2. 分析文献资源优势

参考咨询离不开图书馆丰富的文献资源，文献资源比较完善的那些学科领域、特色化文献资源等都是开展深层次参考咨询服务的重点。

3. 分析人力资源方面的优势

充分发挥参考咨询员的学科专业优势，组织特色化专题服务，创建服务品牌。

4. 开展网络技术服务

很多图书馆有一批熟悉数据库开发和网络工程管理的技术人员，图书馆还可以面向社会承担一些技术类服务项目。

5. 开展社会咨询服务

图书馆参考咨询作为社会咨询业的一个组成部分，利用自身科技优势、人才优势，信息优势可与咨询业开展广泛合作，开展政策综合咨询（如建立一些智囊团、思想库），管理咨询（如发展战略咨询、生产管理咨询、市场调研等），工程咨询（如可行性研究、分析过程、项目设计实施），技术咨询和专业咨询等咨询服务。已有一些大型图书馆及专业馆在这方面作出了有益的尝试，取得了一定的成绩和经验。

参考咨询工作，只有长期坚持为读者提供最优质的服务，在资源、服务等方面形成特色，才能在读者心目中形成一定的知名度和美誉度。只有维持较高的读者满意度和忠诚度，参考咨询工作才能吸引更多的读者，也才能真正提升图书馆读者服务的整体水平。

第九章 参考咨询工作的业务管理

参考咨询工作的业务管理包括支撑参考咨询业务的"硬件"管理和参考咨询日常工作管理。"硬件"管理是对参考咨询工作场所、设备用品、参考信息源等必备物品与设施的合理配置、布局、管理，其目的是为参考咨询工作的开展创造一个良好的环境；日常工作管理包括日常工作记录、统计、建档和评估，其目的是使无形的服务通过评估得到有形的测量和评价，了解和改进现行参考咨询工作，使参考咨询工作走上可持续发展的道路。

第一节 参考咨询工作平台

图书馆开展咨询工作主要有以下途径：发布信息公告；发放宣传材料；配置馆内计算机导航系统；安排观看录像；组织实地参观；提供网上信息导航、文件传输（FTP）和视频点播（VOD）服务；开设专题讲座；通过现场交流、通信、电话、传真、E-mail、BBS和虚拟咨询台等与用户进行互动咨询等。所有这些途径都必须要有特定的场所、设施和其他技术手段来支持，它们的总体可以视为一个咨询平台。

一、参考咨询场所

1. 参考咨询室的设置

参考咨询室是用以放置大量精心选择过的参考藏书以及一些特殊书架的空间，读者可以在那里自行查阅和检索文献。它将收集信息、存储信息和提供信息的图书馆服务功能集中起来。

通常规模较大的公共图书馆和大学图书馆是根据专题设置几个参考阅览室，分属于各个阅览室，配备专业咨询员，使其具有参考咨询功能。例如，上海图书馆，参考咨询阅览室有社会科学工具书阅览室、科技检索和标准专利阅览室、外文工具书阅览室等。也有的图书馆只集中设置一个参考咨询室，因为多设置咨询室，势必增加参考咨询员，一些交叉学科类参考书重复采购，会增加图书馆的经费负担。所以咨询室设置应该以读者服务为出发点，从实际工作需要出发，为参考咨询工作提供便利的环境。对设置场所、位置以及该配置的设备等进行合理安排，以达到较好、较理想的效果，使读者在自行查阅文献或委托参考咨询员查找文献或咨询课题时都非常方便。根据读者的咨询习惯，考虑读者方便和参考咨询工作的便利性，对参考咨询室的设置归纳为6条要素：

（1）根据本馆的性质、规模来规划参考咨询室；
（2）场所和位置的设置一定要考虑显眼而易找的地方；
（3）要做好馆内引导的指引系统；
（4）设置并完善计算机检索系统以及现代通信工具；
（5）应有合适而便于使用的参考工具书；
（6）要有合适的各种辅助设备。

2. 参考咨询台设置

参考咨询台是接待读者、解答读者提问的总服务台。咨询台设置的位置一定要显眼和容易使读者接近，特别是总参考咨询台应该位于图书馆中最明显易见的地方。参考咨询台服务方式是一种传统的参考咨询服务方式，即在图书馆设立参考咨询台，有专门的咨询馆员负责接受用户的咨询。参考咨询台是一个图书馆对外服务的窗口之一，在图书馆读者服务中发挥着重要的作用。

咨询台服务方式有如下优点：

（1）用户到馆可以与参考馆员进行面对面的交流与沟通，便于馆员清楚明了读者的真实意图与要求，有利于问题的解决；
（2）用户可以从参考馆员处获取一些直接的经验和知识，如搜集信息的方法与渠道；
（3）专题、定题等咨询问题多是通过这种方式进行的。原因是这种咨询问题要进行长时间的工作才能完成，工作人员必须清楚用户的要求，并将已经了解的研究进展和所知道的信息资源作详细的备案、归档，在研究报告的写作方面也需要与用户进行面对面的沟通协商；其缺点是用户必须亲自到图书馆，它无法对远距离用户提供服务；另外，它对一些不擅长口头表达的用户，也会有一些不便。目前，网络参考咨询台服务就解决了这个问题。

3. 保护读者的隐私

参考咨询台的位置和服务方式要考虑保护读者的隐私。

图书馆读者隐私权是指读者在接受图书馆服务过程中享有的对其个人信息资料、通信资料、身体资料、图书馆活动资料、信息需求资料等进行支配的权利。归结起来有两种：一是读者个人信息（个人数据包括读者的信息需求）的保护权力；二是个人活动空间（私人生活的安宁）的保护权力。

咨询馆员在参考咨询服务过程中很容易接触到读者的私人生活方面的信息。例如，为了接受读者提问，发送咨询结果，结算咨询费用，咨询馆员必须掌握读者的真实姓名、性别、年龄、住址、职业、电话、收入、电子邮件、身份证号、信用卡号等详细的个人信息。咨询为问题而生，为解决问题而终。图书馆参考咨询服务主要是帮助读者解决各种疑难问题，查找、选择、评价、综合各种信息资源，提供更精练、更准确并经过过滤、深加工的信息产品，提供高度个性化、量身订制的服务。例如，研究课题的查新、论证和评价，或者是要获得某一方面信息的线索等。为保证研究课题新颖性、唯一性和先进性，读者在其成果正式公布以前是不愿意将研究过程及研究方向公之于世的。而实际上，咨询馆员更了解读者的研究方向、研究领域，有时对读者的学术需求信息的脉络甚至比读者本人更加清晰。如果将这些涉及读者的特征或私密信息公之于世，或者用作未经读者本人同意的用途，都会对读者造成不同程度的伤害，也是图书馆应当尽力避免的。

除此以外，读者为治疗自身疾病或为某种纠纷发生法律诉讼时来图书馆查阅，请求咨询馆员的协助，查找或提供相关信息。咨询馆员对疾病信息或案件的事实内情这些个人隐私都应严格为其保密。

图书馆在个人数据的保密与安全方面要为读者提供技术与非技术方面的支持。读者也要学会自己保护隐私，这对网络用户尤其重要。网络用户可以使用隐私保护技术来保护网上隐私，如使用软件彻底清除上网浏览网站或查询信息的网络痕迹，或者删除已存在的所有历史记录来保护个人数据信息。

所以，读者填写的个人信息表及咨询表单应保管好，避免其他读者或人员看到，禁止公开读者的个人信息情况；读者自主查询的计算机应装有一些软件随时清除或删除读者使用的网络痕迹或历史记录；咨询台所在位置需有一定的空间；咨询馆员与读者沟通时的声音大小以互相听见为准，避免大声交谈。

二、参考咨询部的设备、用品以及技术支持

参考咨询部如果没有电话，电话咨询服务将无法开展；如果没有计算机等现代化设备，网上实时咨询服务（Real-time Reference Service）、网络会议咨询服务（Video Conferencing Reference Service）、电子邮件（E-mail）、公告板或讨论组（BBS or Group）、专家咨询服务（Ask-A-Service）等方式的咨询服务就无法开展。所以，为了使参考咨询服务工作得以顺利进行，使读者

在参考阅览室或检索阅览室方便、舒适地查阅参考工具书,并能迅速准确地查询到所需的资料,同时使咨询工作人员较快捷地为读者找到答案,参考咨询部门必需配置开展咨询工作的各种设备、工具及其技术支持。

1. 情报检索、实时在线网络咨询所需设备

网络系统、联机计算机以及系统软件、技术支持,远距离咨询所需的现代通信工具:电话机、传真机、扫描机等。检索技术设备是用户进入信息源获取所需要信息的"绎站"和"桥梁"。建立一个具有完备检索功能的友好系统的检索系统,是便捷、准确、系统、有效地满足用户的所有信息需求的保证。不难想象,在电子化、数字化资料日益庞大、网络信息激剧增长的今天,没有相应的检索和阅读这些信息的现代化设备,如何开展现代化的咨询服务,怎样满足咨询用户的需求。所以,参考咨询工作要在网络化社会中得到发展,除了在观念上要适应社会的发展之外,在硬件上也要不断更新,只有这样才会有一流的服务,从而拓展服务项目,满足用户的需求。

2. 工具书阅览设备

方便读者的工具书阅览架、索引类书架等。一般来说,参考工具书的体积较大,也比较重,有些工具书册数又多,每次都将工具书拿到自己的阅览座位处翻阅会感到不方便。为了方便读者和参考咨询员能在现场阅览各种工具书和书目类书籍,需要在现场设置一些工具书阅读架和放置索引书的书架。

3. 检索工具书

图书馆的联机检索工具以及其他的检索工具应设在咨询台的附近,包括部门内检索工具的目录、全馆的馆藏目录和特殊馆藏资料。位置和空间大小应保证参考咨询馆员和读者的查阅。设置检索工具书时,必须集中馆藏丰富的工具书刊。国内一些大型图书馆的工具书往往较分散,采访、编目、参考咨询各部门都放置了一部分工具书,但又都不全,致使读者和工作人员常常为解决某一个问题而四处寻找。因此,将工具书刊集中放置在一个地方,既有利于参考咨询工作的进行,也便于读者和图书馆工作人员的使用。

4. 参考咨询辅助用书

参考咨询书刊一般是经过精心挑选后的馆藏的精华,只是整个图书馆藏书的一部分,不可能包罗万象。当用户(读者)所咨询的问题与一般图书、期刊相关时,可以将其作为参考咨询的辅助用书。所以参考咨询藏书一般来说最好与一般图书以及期刊阅览室或书库相邻,这样就能很方便地获得辅助参考书,并大大缩短给予读者答复的时间。由于期刊的出版周期短,比图书快

很多,往往被作为较新、较快的信息源来使用。所以作为参考咨询的辅助工具,至少要放置一个年度。

5. 情报印刷品

利用现代最新信息技术,发挥对读者较为了解的优势,系统地对信息加以组织,形成知识库,使参考咨询员成为知识导航员。收集、整理咨询信息,汇编成各类信息指南,满足读者特定需求。

此外,在咨询台、电话等位置最近的地方存放一些快捷咨询用的工具书书架;为读者准备一些便笺纸和笔、老花镜或放大镜等物品。对有条件的图书馆来说,应考虑配置计算机终端和插口,为普通读者和携带笔记本电脑的读者直接检索图书馆内的参考信息源和上网查寻创造条件。

第二节　参考信息源的配置与布局

对于图书馆的每一个业务部门来说,馆藏文献的布局是由全馆统一安排的。同样对参考咨询文献来说,采取全部集中还是以参考咨询部门为主,然后分散入藏,就要视图书馆的具体情况而定。总之,参考咨询文献要有一个合理的布局。

一、参考咨询文献布局应遵循的原则

大量的参考咨询问题是可以由用户通过查阅参考文献后自己解决。图书馆的参考咨询部门所要做的第一件工作就是以"一切为了读者"为出发点,合理地配置和布局参考咨询文献,让用户能够及时地了解和掌握图书馆参考咨询文献的分布情况,并且能够快捷和方便地使用各类参考咨询文献。参考咨询文献的布局一般要遵循集中与分散相结合的原则。

1. 参考咨询文献的集中原则

参考咨询文献的集中原则就是图书馆将不同出版形式、不同类别和不同主题的参考咨询文献集中起来,将相互关联学科的参考咨询文献集中在一起,设立专门参考咨询阅览室或划分出参考咨询阅览区来集中陈列、集中使用这些参考咨询文献。

参考咨询文献集中的基本方式可以按照文献类型集中,例如各种词典集中在一起、各类年鉴和手册集中在一起、各种索引和文摘集中在一起等。也可以按照学科资料内容集中,例如管理学参考文献集中在一起、化工类参考文献在一起等。一般来讲,读者的查阅习惯,是先按照文献类型,然后再确

定其专业或学科来查阅的。所以参考咨询阅览室或阅览区可以根据读者需求参考工具书的类型及各类工具书检索的特点进行排架，如先字典、词典（辞典）、手册、年鉴、百科全书、图录、指南、名录等进行排列，对同一类型的工具书再按《中国图书馆图书分类法》进行分类排列。

集中陈列和使用是参考信息源布局的基本原则。具有以下优点：

（1）可以方便用户和参考咨询馆员使用，节约四处查找资料的时间；

（2）功能相同，内容可以互见和参照，将有利于比较鉴别，启发思路，提高参考咨询服务的效率；

（3）可以减少复本量，节省经费，同样能满足用户和参考咨询馆员的需求；

（4）参考咨询文献集中陈列十分醒目，有突出的显示效果，能够引起用户关注，提高文献的利用率。

集中陈列和使用是参考信息源布局的基本原则。

2. 集中基础上的分散原则

参考咨询文献的集中并非机械地把图书馆的参考咨询文献全部集中在一个阅览室或一个阅览区，而是根据图书馆为用户提供咨询服务的实际情况和用户的需求，做到集中与分散相结合，在集中基础上有适当的分散。也就是参考咨询文献除了参考阅览室放置外，还应根据其他阅览室的需求，适当摆放一些必需的参考工具书。例如，在开架阅览室里可以根据阅览室所藏文献的类型和读者的阅读特点，辟出一个或若干个书架，集中陈列对本阅览室用户最必须和实用的参考工具书。在大型图书馆里可以按学科设立社科参考咨询室、科技参考咨询室和电子阅览室，或者按照文献功能的不同分别设立参考咨询工具书室和文献检索室。

在集中基础上的分散原则要注意以下特点：

（1）在各个阅览室里配置的常用参考咨询文献，摆放时要相对集中，位置要醒目，有明显的标识，以便于读者随手可用；

（2）大型图书馆或研究型图书馆可以按照大学科、大专业的原则来设立参考阅览室，为专业读者和参考咨询馆员在专业范围内查阅资料创造条件，提高效率；

（3）设立电子阅览室，为用户自主利用数字化参考信息源提供场所，并有利于对用户进行辅导和加强内部管理。

二、参考咨询文献的合理布局

1. 根据服务需求布置参考咨询文献

图书馆通常按照馆藏文献的类型来划分读者服务的区域，如社科报刊阅览室、科技期刊阅览室、古籍阅览室、中文图书阅览室、外文图书阅览室、外文期刊阅览室、视听阅览室、电子阅览室等。读者在各阅览室查阅文献资料时可能需要用到参考咨询文献，如在报刊阅览室查阅科技期刊时，对相关领域的某个术语感到陌生，就需要使用专用词典来解除疑惑。遵照前面介绍的集中与分散相结合原则，图书馆将在参考咨询文献集中在参考阅览室之外，还要考虑其他各阅览室的读者在查阅资料时也会需要参考咨询服务和使用相应的参考工具书，所以在每一个阅览服务区域中合理地配置相应的参考咨询文献是十分必要的。不同的阅览室内的文献类型不同，不同的读者需要提供的服务也不同，在配置参考咨询文献时应按照读者服务的需求特征加以个别处理。

例如，社科报刊阅览室的主要参考需求有：与时事政治和经济发展等相关的国家、组织、团体、事件、人物、地理等方面的介绍，报纸、期刊篇目的综合索引和专题索引等。所以，可以放置一些能满足读者参考需求的参考咨询文献。

在图书馆的特色阅览室内要配置与特色服务相关的专业内容参考咨询文献。特色服务的参考文献内容范围可以放宽一些，所需参考工具书力求完备，书目索引要有系统性，部分专业的经典著作也可归为参考咨询文献。

总之，图书馆要根据服务需求布置参考咨询文献。首先，应根据读者使用的资料类型和服务特征，满足读者基本的参考查询需要来配置普通阅览室内的参考咨询文献，以解决读者在阅读中遇到的一般问题。要求选择参考工具书的标准是少而精。其次，在参考阅览室和工具书检索阅览室配置参考咨询文献时，应考虑满足读者深层次咨询需要，以解决阅读或研究中的疑难问题。要求配置的参考工具书既完整又有系统。

2. 根据参考咨询服务层次安排文献

图书馆的参考咨询服务是分层次提供的，一般来说，参考咨询服务分为阅读查询、文献检索、专题咨询三个层次，参考咨询文献的分布应根据咨询服务层次相对应。

阅读查询是参考咨询服务的基础层次，主要解决读者在阅读各种资料时遇到的各种疑难问题，涉及的参考咨询文献主要是字典、词典、综合百科全书、大事年表等。在每个阅览室里配置一些与服务内容相关联的参考咨询文献，以便于读者随时翻阅。文献检索是参考咨询服务的中间层次，主要满足读者对特定文献的需要，所用参考咨询文献是专门的检索类工具书和刊物，包括各种类型的书目、索引、文摘、检索类期刊和各种数据库。检索类参考咨询文献主要集中摆放在参考阅览室内，个别专业性强的文献应配置在专业阅览室内，供专业读者和参考咨询员使用。专题咨询是深层次的参考咨询服务，涉及的参考咨询文献范围较广，可超越参考工具书和参考文献的范畴，充分利用馆内和馆外的各种资源。这类参考咨询文献多数分布在各专题阅览室的专题藏书、专题检索工具中，或者在电子阅览室的专题数据库和大型综合数据库中。

总之，在具体配置布局参考文献时，要综合考虑咨询服务需求和服务层次两个方面的特点，有时还要考虑电子参考源在使用时对设备和环境的不同要求，力求相互兼顾，并根据图书馆具体的规模大小、馆藏特点、参考咨询员的组合以及读者需求情况，因地制宜地合理安排。

3. 电子参考信息源的分布

电子参考信息源的形式是多样化的，有参考工具书电子版、馆藏数据库、联机数据库、网络镜像站和因特网站点，而数据库和工具书又有光盘版和网络版两种形式。由于电子参考信息源的阅读、打印、下载需要计算机设备和因特网条件的支持，所以它们的分布具有一定的特殊性。

光盘版参考源的阅读通常是集中在图书馆的电子阅览室里，但是有条件的图书馆也可以在普通阅览室内安放一些带光盘驱动器的计算机，或者通过图书馆的局域网提供电子版的词典、百科全书和书目阅览或查询。馆藏数据库是读者最常用的参考工具，其分布要广泛并便于利用，有条件的图书馆可以每一处目录台、咨询台、阅览室都设置馆藏数据库查询终端，这样既便于参考咨询员使用，又便于读者自行查找。联机数据库和网络镜像站的使用需有专线连接方式或者因特网连接方式的支持，可提供数十个、甚至上百个数据库的检索以及全文服务。这些数据库服务是商业性的，通常按照检索次数或者检索时间以及下载、打印文献量来收费，属于特殊的咨询服务项目。所以图书馆在电子检索室或者电子阅览室里设定点终端，开展专门服务。

另外，读者通过因特网可以查阅数以千计的图书馆网站、许多在线参考工具书或其他更多的信息网站，能获得大量免费的有参考价值的信息。因此，设备条件好、资金充裕的图书馆可以在馆内多处设置因特网检索点。

第三节　参考咨询日常工作管理

一、参考咨询工作的记录和统计

1. 参考咨询工作记录

图书馆的参考咨询服务要发展，就必须进行一系列的评估工作，要评估就要有评估标准，要检查咨询服务工作是否达到标准，就要靠一些数据来说明。那么数据如何而来？那就是在日常工作中将工作业绩尽量用数字来表示。所以，做好日常业务的记录是十分必要的。参考咨询工作记录是对咨询工作的事实记载，是工作实践的足迹。参考咨询部门的月工作报告一般都是以当月工作记录上的原始数据和事实作为基础资料。通过这些报告可以了解参考咨询部门的工作情况，也被作为今后改善工作的依据。参考咨询工作记录一般有以下几种。

（1）参考咨询服务记录

包括书面咨询问题记录和电话、来访的口头咨询记录。记录内容有咨询时间、咨询者或单位、咨询问题、问题分派何人解答、咨询所采用的方法。答复后，也要有记录。不论是书面答复或口头答复（包括电话答复）的咨询，如果解答结果比较完整、切合需要，特别是有些难度大的咨询，经过曲折终于查到而圆满答复的，就应填写参考咨询工作单。参考咨询工作单是详细记录咨询答复情况的，除一般项目之外，还需要着重记录参考信息源的来源，以便日后参考。这些记录是参考咨询部门服务工作的基础性统计数据的依据。

（2）读者方面记录

包括有读者登记表或读者阅读记录单等工作记录。对辅导读者利用工具书或在检索室中答复读者的咨询问题，也应有所记录。这些数据可以作为咨询人员配置和改善服务方式的参考资料。

（3）接待咨询人员记录

记录接待咨询人员的情况，包括担任咨询的是专业人员还是一般工作人员、业务内容、工作时间、在服务台时间等。另外，还要记录咨询人员的研究活动、进修或培训、出差和出勤等活动。

（4）设施与设备记录

记录咨询部门的设备以及设备的维修等具体事项。

（5）联机检索服务记录

记录各个数据库的利用情况，为今后采购参考信息源时提供参考资料。

（6）参考信息源的记录（主要是馆藏参考资料）

记录参考藏书资料的使用次数、新到的参考资料、已申请购买的主要参考资料以及参考藏书的增减等信息。还记录图书馆各部门编制的本馆的二次文献（书目、索引等），这些记录可成为评价参考藏书情报源的有价值资料。

（7）数字参考咨询台的服务记录

包括咨询问题、咨询用户、咨询时间、答复情况、答复所用时间、系统运行情况、咨询人员等，这是对数字参考咨询服务评价的依据。

（8）对咨询工作中拒绝率的记录

必要时做拒绝率调查，深入了解，具体分析是图书资料本身的原因还是参考咨询工作人员水平的原因。图书资料本身原因包括三种情况：一是本馆缺藏，二是馆藏揭示深度不够，未被发现；三是本馆虽缺藏，通过馆际互借可以解决，但却没做。参考咨询工作人员水平的原因主要是：一是参考咨询工作人员对馆藏不够熟悉；二是不善于利用检索工具；三是专业水平低；四是责任感不强。而责任感不强是关键点。对拒绝率的分析，是为了改进工作，提高工作质量，促进工作人员本身不断提高专业水平、业务能力，更重要的是进行思想教育，提高政治觉悟，增强责任感。所以对拒绝率做记录与统计，是工作记录中不可少的一种记录与统计。它不仅与参考咨询工作提高服务质量有关，而且也可了解馆藏之不足，为补充书刊作依据。除此以外，在解答咨询问题时，有时会涉及馆内其他部门以及馆外协调活动，这些也都需要记录在案。

2. 参考咨询服务内容的统计

统计的语言是数字，通过分析统计数字可以发现那些由于细小变化而难以觉察出来的规律。同时，统计是图书馆工作的一个综合性测试的指标，可用算式或作图进行比较，以反映其大量现象特征及其规律性，便于观察整个服务工作状况，并进行分析推论的工作。

如果能动态地记录参考咨询服务的实际情况，就可以获得参考咨询服务的真实数据并作为衡量和评价的基础数据。

根据参考咨询工作记录中各方面信息可以得到各方面的统计数据。统计内容包括以下几方面。

（1）咨询用户方面的统计

简单统计包括提问人数的总和，到馆利用参考工具书的阅览人数，各类咨询服务的人数等；另外，还需通过咨询工作记录了解什么样的用户咨询什么问题，也就是找出提问者与咨询问题之间的属性关联。如大学图书馆就可以按学生和教职员工及所属院系来分开记录和统计。

（2）咨询内容的分类统计

咨询问题通常是按内容来分类，如可以按《中图法》大类划分为社会问题、政治问题、经济问题、文学问题、历史问题等社科类问题；数理化问题、医学问题、工业问题、农业问题、环境问题等自然科学问题；还有综合性问题。按咨询问题的分类做数量的统计并加以分析，如对某年某月环境方面咨询问题的数量的统计。

（3）咨询信息源使用方面的统计

咨询信息源大类可以分为馆内参考信息源和馆外参考信息源两种。对馆内参考信息源的使用情况，可按参考工具书、一般图书、连续出版物、各种文献资料以及其他一些记录性信息源、图书馆职工及非记录性信息源等类分别进行统计；对馆外信息源可以按其他图书馆的所藏资料、网络信息源等记录性信息源，馆外专家及其他一些非记录性信息源等进行分别的统计。

（4）咨询问题回答方式方面的统计

对咨询问题的回答方式来说，一般可以分为两种：一种是提供参考信息和参考信息源；另一种是指导或告知信息源的使用方法和检索方法。此外，还有以委托制作二次文献来作为回答的方式，以及一些本不属于参考咨询服务提问，但只要给予解答，就得以参考咨询回答的方式来记录。

（5）咨询过程方面的统计

参考咨询的服务过程可以分为三个阶段：最初阶段、回答过程以及最终阶段。对它们的记录和统计可以按咨询的接受和回答方式来进行，如在接到口头询问、电话咨询、发来文件（记录、信件、传真）咨询、电子邮件或网络在线咨询等之后，又用相同的方式来回答。咨询过程方面的记录，还需再记上时间，从咨询开始到结束所需时间，可以按 10 分钟以内、20 分钟以内、30 分钟以内、1 小时以内以及 1 小时以上等，不过时间档次分得太细不一定对统计有实际的用处。

（6）咨询问题处理结果方面的统计

咨询处理结果可以根据咨询的难易程度分为导读咨询、简单咨询、检索咨询、调查咨询等。对导读咨询只需简单地记录解答问题的件数，其他咨询除记录件数之外，还需有选择地记录咨询的内容。在接受咨询问题后，经过处理会有种种结果，甚至会出现未解决的结果。因此，在咨询结果中还可以分成正在调查、正在委托、正在询问等。

现阶段对如何记录咨询问题尚无现成的答案，对如何统计这些数据等也没有一个统一的标准，各图书馆应根据自身特点自行设计记录表或工作日志表，决定用什么样的基准来计算，将统计计算规范化。

参考咨询工作中的各项统计是整个图书馆统计中的重要组成部分。所以，应在参考咨询工作部门建立统计制度，其意义在于：

①为参考咨询工作的评估提供依据，但评估工作不能单纯用统计方式进行，否则它的可靠性就将成问题。

②为制定参考咨询工作计划提供基础材料，同时也是检查和分析计划执行的工具。工作计划、人员配备、发展规划的编制，规章制度的制定，以及检查各项计划、制度的执行情况，都需有一个实践的检验过程，统计正是这种实践的各种情况的积累，能为各项工作提供基础材料。以统计数字作为基本依据，亦可检验制度的变化与否。

③参考咨询工作的统计结果能够反映一个图书馆的服务水平。特别是参考咨询工作中的答复咨询、编制书目索引、进行专题文献研究、网上参考咨询等服务方式的指标，更可标志图书馆深入为科研服务的水平。

④了解服务对象所需图书资料的变化，了解目前科研趋向，注意有针对性的服务，不断提高服务质量；通过读者利用文献调查或图书利用率统计图表，跟踪有关学科或课题，动态地确定核心文献，进一步做二次文献报道，深入开展为科研服务工作。

⑤能够为参考信息源的采购和馆际互借提供参考。通过统计数据，有可能发现某些科学发展很需要的重要参考信息源未被收藏，特别是参考咨询工作中答复咨询和编制书目索引以及专题文献研究中的各种统计，就可检验采购的资料能否适应和满足读者要求，能否适应不同读者和新学科的出现和发展需要；通过拒绝率统计的分析，进一步为采访和馆际互借提供参考，补充必要的资料，不断充实馆藏资源。

二、参考咨询档案的建立

1. 参考咨询档案的意义和作用

参考咨询工作是图书馆读者服务工作的精髓并代表着图书馆服务的发展方向。由于现代学科之间的渗透性、交叉性与相关性越来越强，图书馆参考咨询工作必须向读者提供全方位服务，其难度、深度和广度也越来越大。另外，参考咨询工作有一定连续性和累积性，参考咨询工作的成果可以反复地用于咨询服务中。所以，参考咨询馆员将在参考咨询实践中累积、记录的咨询资料保存下来，并形成系统档案，是十分有意义的，也是十分必要的。完备的参考咨询档案是参考咨询工作规范化、标准化的标志之一，也是影响参考咨询服务质量的重要因素。

所谓参考咨询档案是指图书馆在参考咨询工作结束以后形成的档案，它包括了电话记录、口头记录、信函、咨询调阅登记、咨询结果、信息反馈表及咨询服务登记表等一系列的材料。在咨询用户提出咨询、馆员受理咨询、最终给予解答等环节中，会产生大量的活动记录，特别是在对重大课题的咨询服务中尤为如此。例如，咨询问题的学科范围的确定；查找咨询答案的途径与方法；检索的类目与关键词；使用的馆藏目录、联机检索数据库、工具书刊及普通书刊的情况等资料记录并积累起来。参考咨询档案是从这些咨询实践中产生的原始记录的文字材料中提炼编制而来的，是参考咨询活动的自然产物，并非为了日后转化为档案而产生。它是咨询馆员智慧的结晶，真实地反映了他们付出的劳动。

"创业扩基，前轨可迹"、"察往知来，视兹故帙"是前辈董必武同志对档案作用的高度概括。具体到图书馆参考咨询档案的作用可概括为以下几个方面。

(1) 储备咨询技能资源

咨询技能资源不是天然资源，它是图书馆咨询馆员在长期参考咨询工作中积聚起来的一种经验技能。咨询馆员把在了解咨询问题与查找咨询答案过程中取得的经验，用一定的方式记录积累起来，即形成咨询技能资源。经过储备的咨询技能资源超越时间与空间的限制，可以在参考咨询工作中灵活运用，并在运用中不断得到充实和发展。从图书馆发展的角度来讲，咨询技能资源是推动图书馆参考咨询服务工作广泛深入开展的动力。

图书馆参考咨询档案是咨询技能储备的重要形式，它记载着图书馆各种咨询，如事项性咨询、数据性咨询、课题性咨询等不同的检索技能知识。将每次提供的咨询服务内容与服务成果归档保存，就意味着咨询技能知识被储备起来。认识到参考咨询档案在咨询技能资源储备中的重要性，可增强咨询馆员积累和开发利用参考咨询档案的自觉性与主动性。

(2) 特殊形式的参考咨询工具

参考咨询档案全面记录了咨询课题内容与目的要求、咨询过程与时间、答复情况与提供文献目录、解决问题效果与遗留问题等信息，是一种极为有价值的情报源，可视为一类特殊的参考咨询工具。当有其他用户提出类似的咨询问题时，咨询馆员就可以从参考咨询档案中及时调用相关内容，有时甚至无需再付出多大努力就能为咨询者提供问题答案，这样就在一定程度上节省了人力、物力和时间，避免了重复劳动，提高了工作效率。

（3）科学研究的必要条件

从咨询用户而言，咨询者在进行某项课题的研究时需要做大量的前期准备工作，如课题查新、项目可行性论证等。通过查阅参考咨询档案可以获得对该课题基本情况的认识，看看是否有人研究过或正在研究同类课题，从中吸取经验教训，启发思路，少走弯路。从咨询馆员来说，咨询馆员可以利用参考咨询档案中为解答咨询搜集和提供的资料，选择具有典型意义和推广价值的课题，编写出专题书目、文摘、索引等二次文献，也可以编写发展动态、综述、展望等三次文献，分发给科研人员参考。

（4）宣传参考咨询工作的生动教材

参考咨询档案是咨询活动的真实记录，在记载咨询馆员劳动成果的同时，也留下了咨询用户研究的足迹。利用参考咨询档案可以向用户介绍科研人员或业务骨干利用图书馆的情况，知晓其学术研究动向，探寻其学术发展轨迹。另外，在有偿承接用户委托咨询的商谈中，咨询人员除通过交谈消除新用户对服务项目、工作质量等方面存在的各种顾虑外，无声的参考咨询档案就是生动的宣传工具，具有强烈的说服力，能增进用户与咨询人员的相互理解与信任，顺利达成咨询委托协议或签订委托咨询合同。

（5）利用参考咨询档案进行图书馆业务技术培训

图书馆业务技术培训是传播参考咨询业务知识最重要的学术活动，利用咨询档案累积而形成的系统知识作为培训教材或教学参考资料，使受培训者不仅可以学到图书馆参考咨询工作的理论知识，还可以结合实例熟悉并掌握各种类型参考工具书的用途特点、使用方法等实际操作技能。新咨询馆员通过对各种咨询案例的学习，加深对参考咨询的感性认识，能很快熟悉事实性咨询一般采用什么参考工具，课题性咨询制定什么检索途径，对提高业务水平起到很大作用。

此外，参考咨询档案对参考咨询工作的决策起很大作用，是解决咨询争议问题的有力凭证，是咨询工作质量与业务考核的依据，还有利于参考咨询工作的总结。

2. 参考咨询档案的类型

参考咨询档案按载体形式可分为传统档案和电子档案。

传统参考咨询档案主要是指纸张型档案，就是将咨询过程如实记录下来的文档，其中包括用户的基本情况、咨询提问单、书面委托书、咨询问题的答复结果概要、解答记录等收集、整理而建立的档案。

电子档案是计算机网络技术、数据库技术以及多媒体技术的发展而产生的一种新型档案信息形态，它把参考咨询信息资源以数字化的方式存储，以网络化的方式相互连接，从而实现资源共享。包括传统参考咨询档案的电子版、数字参考咨询服务过程中直接产生的数字化咨询档案、常见问题数据库等。

参考咨询档案按收集、整理、归档、查阅及应用特点，可归纳为以下三种类型。

第一种是咨询原始记录类档案。原始记录是指在参考咨询工作中把咨询实际情况如实记录下来的一种文档，是咨询档案工作的核心与依据。其包括：

（1）读者咨询提问单——电话、信件、传真和网上咨询等咨询提问记录；

（2）读者到馆亲笔填写的书面委托服务书；

（3）咨询工作人员答复读者咨询回函的底件；

（4）咨询工作单，其主要内容有：查询问题、查找过程（记录查找范围及检索深度）、查找结果（记录直接答案及提供资料条目）。

第二种是咨询登记类档案。咨询档案的登记是咨询档案业务建设的重要环节，是保管和统计档案的基础工作，是提供检索与查阅档案的前提条件。通过登记可使咨询档案条理化、系统化，可以发现咨询档案是否完整、准确，不足之处及时采取补救措施，以提高咨询档案的质量。登记内容有咨询编号、咨询单位、咨询内容、查复结果、来收文日期、回函日期、经费开支等简要记录，方便查找核对。其主要包括书面咨询登记表和咨询档案卡。

第三种是咨询统计类档案。指以数字形式记录的，按分类图表方法储存起来的，可直观反映咨询总体面貌的，具有信息价值的统计数据档案，其包括：咨询数量、读者状况、咨询人员工作量、收费数额等。

参考咨询档案按咨询内容可以分为下面几种。

常见问题咨询档案，就是将读者在利用图书馆时遇到的一般性问题收集、整理、建立的档案。

特色专题咨询档案，就是将专题、定题服务工作中题目、检索过程、检索结果、综述报告等整理归档或建立专题数据库，为用户随时检索，随时调用自己所需资料提供方便。

科技查新咨询档案，就是将科技查新服务中产生的登记记录、委托书、查新结果等资料收集、整理而建立的档案。

决策咨询档案，就是将参考咨询馆员为咨询用户在一些重要事项的决策形成过程中提供信息服务时产生的原始记录、数据资料等整理而成的档案。

3. 参考咨询档案的管理

参考咨询档案的管理应采用集中、统一、专人负责的科学管理方式，以维护咨询档案的完整与安全，方便查阅与利用为目的。咨询档案的管理要逐步实现标准化、规范化、系统化、计量化、现代化。

（1）标准化

制定统一规格的表格，例如，书面咨询登记表、书面委托服务书、咨询工作单、咨询档案卡等。

（2）规范化

按表格规定栏目的要求，认真如实填写。使用规范、专业的术语。

（3）系统化

将咨询查找的学科范围、检索过程中所采用的方式与方法、选用的参考工具书刊或数据库及选择的类目、关键词、咨询的结果等内容，在咨询工作单中实事求是地详细注明。

（4）计量化

咨询档案统计是参考咨询工作计量化科学管理的基础及必要的手段，是图书馆参考咨询工作综合性测试指标之一。没有咨询档案的统计工作，就无从判断咨询工作的数量、读者状况、收费情况等服务水平，难以确切知道已取得的经济效益。参考咨询工作所取得的成绩，也可以从统计数据直观地揭示出来。另外，通过对咨询档案统计数据的分析，可发现由于细微变化而难以觉察出来的规律，对认识研究参考咨询工作的规律，解决咨询工作中出现的问题，以及重大咨询决策起着十分重要的作用，并可做到"心中有数"。

（5）现代化

电子计算机检索技术是实现书信参考咨询档案管理工作现代化的重要手段。电子计算机能迅速完成咨询档案检索、分类、编目、存取、统计等多种管理工作的自动化，是人工和其他手段所不能比拟的。

加强咨询档案的科学管理，是完善参考咨询部门的咨询机制，提高咨询业务水平，保障读者服务质量不可缺少的一项重要工作。在具体实施过程中，一方面要有领导的重视，设置专人负责；另一方面也必须要有咨询工作人员高度认真负责的精神与自觉细致的工作，两者有机结合，相互配合，才能做好图书馆参考咨询档案的科学管理工作，促进图书馆参考咨询事业的发展。

4. 计算机管理参考咨询档案

计算机管理参考咨询档案具有多种查询途径、强大的检索能力和调用控制功能。但需做好如下工作：首先，将参考咨询档案的材料进行数字化处理，建立一个"有序的信息空间"——数据库；其次，将数字化参考咨询所产生的信息资源进行合理整序，按类别存储；第三，将了解到的读者常见的、共性的问题及答案汇总整理并建成一个知识咨询库；最后，利用数字化咨询档案为咨询馆员或用户提供方便快捷的服务。一方面可以为以后的参考咨询工作奠定基础，降低服务成本，提高工作效率，另一方面也可以给馆员以有效的帮助，减少他们的工作强度，使参考咨询工作日趋完善。下面就用Access数据库来实现对参考咨询档案的计算机管理。

(1) 用Access数据库建立参考咨询档案

应用Access数据库对参考咨询档案进行管理，可免去统计、查询的烦恼。

Access是一个功能强大，使用方便的关系数据库应用开发工具，从数据库数据处理、界面设计到程序设计和命令执行完全采用面向对象程序设计技术。在Access数据库中常用的对象就是表、查询、窗体和报表，而这些正是管理档案所需要的。

建立一个"读者参考咨询数据库"。可以用Access数据库向导建一个名为"读者参考咨询数据库"空数据库。根据实际需求将序号、题目、姓名、单位、职务、电话、课题要求、检索范围及结果、提供文献、经济效益、参加人、负责人等作为每条记录的信息内容，在相应位置输入即可。

利用已创建的数据库管理读者参考咨询档案。应用Access数据库中的筛选和查找按钮显示记录"筛选"对数据库是非常有用的。Access中有两种筛选表的方式："按选定内容筛选"和"按窗体筛选"，无论哪种显示的记录都是相同的。"筛选"所显示的记录是符合查询条件的记录。创建查询的目的是为查找信息方便，查询是向数据库内一张或多张表提出的问题。比如想知道有关"石油树脂"的相关信息，看是否查过这一课题，就可以使用"选择查询"，它可以查到并把满足你所提问题的记录列出来。这是一种简单的查询。当然还可以建立一种高级查询——多表查询，它可以把从多张表得到的信息集中在一起，然后进行多种查询操作。

利用Word中的邮件合并处理文档数据库的最大特点是资源共享。有时表的容量有限，就可以用Access的数据导入功能。利用Word文本处理字数多的检索结果，用Excel表格来完成数据的统计工作。

(2) 用Access数据库管理参考咨询档案的意义

①查询更加便利、直观，易于保存。用Access数据库建立参考咨询档案，可以用多种形式打印出来存档，咨询人员可以随时查询，便于工作，有助于提高参考咨询工作人员的业务水平。

②统计工作自动、准确。

③更充分地发挥参考咨询工作的功能。Access 数据库能够把咨询过的内容分类存取，能比较系统地为读者揭示相关领域的研究成果，一目了然。

三、参考咨询的评估工作

1. 参考咨询评估的意义

目前，为用户提供高技术含量的服务已成为图书馆参考咨询服务的主流，参考咨询人员也应把为用户提供高水平的服务始终作为己任。然而，任何一种新服务方式的引进或运用都必须以一定的人力、物力、财力资源的付出为代价。参考咨询的评估工作就是对参考咨询业务和服务水平、质量和效益的一种全面评价，是用定性和定量的方法对参考咨询工作进行评价和测度。评估工作是图书馆参考咨询工作良性循环的保证，其意义可以归纳如下三点。

（1）有利于参考咨询工作的改善。通过测定与评价可以了解本馆参考咨询工作的现状、水平及其在完成图书馆的总体工作目标中发挥的功能、作用，找到咨询工作中存在的各种问题和不足，并据此提出相应的改革和完善措施，推动咨询服务的发展，更新服务观念，提高服务质量。

（2）实现资源的有效利用。通过评估可以掌握读者的需求，可以掌握馆藏资源及其布局是否合理和参考咨询员的工作量与业务内容等，并据此确定最适合本馆用户的服务方式和项目，利用可获取的信息资源，最大限度地满足用户信息需求。

（3）根据评估可以了解咨询用户或读者从图书馆服务中得到多少利益，也可以知道图书馆资源是否在有效地运行等问题。

在参考咨询评估的具体操作中，图书馆不能只从评价方法上下功夫，为评估而评估，而是从图书馆获得的效益要高于评估所需成本（包括人力、时间）出发作全面的评估。所以，图书馆要想对参考咨询工作作出科学、正确的评价和测度，必须根据图书馆科学管理的要求及参考咨询自身业务发展的需要，建立一个合理、严谨、有实效的参考咨询评估体系。

2. 参考咨询评估体系构建的原则

首先，"以咨询用户为中心"原则。以优质服务获得咨询用户满意度是参考咨询评估的"尺子"。咨询服务水平和效益的测度不能再以服务人次和解答问题数量论高低，应建立高效＋优质＋个性内涵服务的新模式。"以咨询用户为中心"就是树立"最大程度地满足用户信息需求"的服务理念和价值取向，围绕用户需求改进服务方式和政策，并随着用户信息需求的变化而不断变化、完善服务。

其次，前瞻性原则。图书馆应该在立足现在的基础上，从参考咨询发展趋势和新的环境的角度出发，建立一个具有前瞻性的参考咨询评估体系。为此应力求实现三个转变：评价从以用户主动转向咨询人员主动跟踪为主；评价内容从对信息产品数量的评价转向对信息存储和信息产品的质量的评价；评价重点从注重参考咨询结果的评价转向注重参考咨询全程的评价。

第三，可操作性原则。仅满足前两个原则构建的参考咨询评估体系是不完善的。任何一个评估体系都必须具有可操作性，否则也就失去了它的实际意义。所以，评估体系中的每项指标都应具有明确的内涵与外延，有定性和定量的测量标准及其测量方法，同时，在科学、公平、准确的前提下，力求评价方法简单易行，便于掌握和使用。

3. 参考咨询评估的对象

参考咨询的评估对象可以分成对投入的评估和产出的评估两种。对投入的评估可以从参考咨询源、环境设施和检索装置、参考咨询员这三方面进行。对产出的评估包括用户满意度的评估、服务质量的评估和服务成效的评估。

从投入角度上来说，对它的评估虽然不能从参考咨询对咨询用户的服务过程中直接得出，但是对投入方面的好坏还是比较容易测定的。而对产出的评估相对来说就困难得多。例如对咨询服务而言，作出咨询的类别、回答的件数（或没有回答的件数）等的统计数据是很容易的，这些数据也是可测的。但不能按咨询的多寡来直接判断服务质量的好坏。一般来说，投入的增加可以提高产出的能力，但并非高投入一定会带来高产出，即高质量资源的投入并不能保证一定会有高质量服务的产出。

总之，对参考咨询的评估不能局限于每个业务的评价，而应作为一个总体来评价，既要明确用户的信息需求，又要确认咨询服务适应这些需求到什么程度。

4. 参考咨询评估的方法

建立一整套评价的研究方法体系将有利于我们在评价的过程中准确地搜集评估数据和资料。大体上，最常用的研究方法有：案例分析法、焦点讨论组法、个人访谈法和调查法。其他被用来评价数字参考服务的方法还存成本效益分析法、利用分析法、网页日志分析和统计方法。下面对各种研究方法的利弊进行简要的分析。

（1）案例分析法

这种方法是对某一特殊情况或环境进行深入考察，以获取个别事件详细信息的研究方法。一个好的案例研究会应用各种具体方法，比如调查法、访谈法、观察法等，以期全面了解被考察的事物。由于案例分析法使用的是典型案例，虽然是从多个侧面分析所得的典型案例，并使之与全体有机地联系起来，但把握的事实是透过现象看本质的主观材料，是主观地将这典型普遍化。所以案例分析法的主要缺点在于它狭隘的研究面使得研究结果不可避免地带有片面性和局限性。

（2）成本效益分析法

这种方法力图估算服务的成本和服务产生的价值。估算的方法很多，比如让用户用现金去估算某一种具体服务的价值，或是询问用户怎样的变化将影响他们的满意度，询问用户是否愿意为图书馆的服务承担费用等。这些措施的优点是帮助图书馆员了解用户最看重的服务因素，以做出扩展或缩减某项服务的决定。这一方法的缺点是，由于要在同一时间考虑和比较多种服务项目，使得评估对于大多数图书馆用户来说具有一定的难度。

（3）焦点讨论组法

焦点讨论组可以理解为一个群体会谈。它允许用户以群体的方式进行与其他用户的交流，在交流中提出自己的看法并进而影响其他用户的看法。通过讨论，图书馆员可以获得比书面调查更为丰富、翔实的资料。但需要注意的是，在众人面前，有些个人对自己的想法会有所保留。还有的情况是一些擅长交流的用户在谈话的过程中始终以自己的观点主导讨论的走向。为避免这些情况的发生，需要有一个经过特殊训练的主持者。由于焦点讨论的对象也是有片面性的，所以这一方法常常被用在研究的初级阶段，然后由诸如调查之类的方法加以补充。

（4）个人访谈法

个人访谈法是评估者通过采访选定的对象从而对整个参考咨询工作进行评价。它允许参与者用自己的语言表达个人的观点和意见，允许深层次地探讨个别主题。其优点是通过和采访对象面对面进行谈话，可以方便地获取第一手的评价资料。由于是面对面，可以对一些误解进行解释，将误解降低到最低程度。如果评估者受过专门训练，就可以从回答者的回答中分辨出一些虚伪成分，知道哪些是属于正确意见，哪些是属于偏见，哪些是事实。其缺点一是个人访谈十分花费时间，二是过于依赖评估者。一个准备不充分的访谈会严重地使访谈的结果产生偏差，以及评估者不正当行为也会引发出不正确结论。

（5）观察法

观察法分为显性观察和隐性观察。显性观察是被观察者知道自己处在观察之中的观察，而隐性观察是未告知被观察者他们处于观察之中的观察。作为观察者，要具备对用户所需资料该如何索取等方面的知识。观察者可以在参考咨询馆员的附近对其进行观察，注意参考咨询馆员的工作方式和态度与调查或访谈相比，观察的结果较为直接，并不存在被调查者在假设情况下选择自己行为和态度的情况。它能够比较真实地反映被观察对象的行为和态度。但观察法也有一个潜在的危机因素，那就是如果执行观察的人员存在偏见，即观察者带着预设行为模式进入观察过程，观察的结果往往会产生偏差。另外，在显性观察中，被观察的对象由于知道自己处于被观察之中，也可能有意无意地改变自己原来的行为。最后，观察的结果只能显示被观察者的行为，对于行为的动机以及影响行为选择的因素，我们都不得而知。

（6）调查法

调查法是评价研究中最常使用的资料搜集方法。这种方法可以从数量和质量两个方面来获得对图书馆和图书馆员的信息。调查的实例除了图书馆给咨询用户分发问卷表、让进馆用户填写满意程度调查表、对城市居民进行随机电话调查以及图书馆网页上的 E-mail 反馈表等以外，还有一种所谓的二重检验调查法，即准备两份内容相同但是提问的方式略有不同的调查表，分别让用户和参考咨询馆员来回答，然后将所得的结果加以比较。例如，"你认为咨询答复的正确率如何？""你得到了有收获的回答了吗？"如果调查结果中大约有86%的用户回答得到了，而参考馆员回答的正确率约为70%，则说明参考咨询服务总体上较好。调查法的可靠性如何，关键在于调查表设计的好坏。一个良好的调查表在问题和答案的设计方面应具有简明性和唯一性。而模棱两可的问卷设计只会导致问卷结果难以明朗化。但调查表的设计很难达到焦点讨论组和个人访谈的信息深度，同时标准化的答案给用户确切表达自己的看法留下极小的空间。

（7）利用分析法

利用分析法结合了观察法和个人访谈法的特点，它是针对评估图书馆网页的利用效果而设计的。利用分析法通常是给用户安排一系列的任务（例如通过联机目录查找书目信息、利用数据库查找专题资料等），然后再对用户的利用行为进行访谈。通过利用分析法可以获取关于系统的便捷性和简易性方面的信息。但同焦点讨论组法一样，利用分析法很难建立关于用户利用过程的有关数据。

（8）网页日志分析和统计法

网页日志分析法可以说是观察法在数字参考咨询工作中的一种变体。通过跟踪图书馆网页的使用轨迹，记载网页链接的次数、链接的地址以及链接时间，能间接地掌握用户利用图书馆服务的情况。网页日志分析法对于确定图书馆网页中流量最大的网页是十分有效的。但是它不能显示用户的链接动机。鉴于在用户个人计算机上浏览器对经常链接的网页地址会自动保存的缘故，网页链接的统计也不可能是完全准确的。因此网页日志分析和统计法的使用应辅之以调查法或是访谈法。

（9）对图书馆的调查

这是为了给予参考咨询工作一个量的评价。调查的内容包括参考咨询所用的参考咨询信息源的规模；工作人员的规模和能力；参考咨询的空间和条件；预算规模的大小等。数据收集之后，一般来说对以下的评价起作用：①虽然对参考咨询工作的评价不够充分，但可作为一般性的基准；②可以和其他图书馆或相似的机构做比较。通过调查，从数量上可以说某个图书馆、某地区服务好与不好等；在质量上可以指出图书馆、某地区服务好与不好以及服务如何改善。

当然，以上方法并不是在同一次评估过程中都要用到，图书馆可根据评价的侧重点（如利用率、用户满意度、参考馆员负担等）选用适当的研究方法。

5. 参考咨询的评估内容

（1）对参考信息源的评估

参考信息源是图书馆参考咨询服务部门解答用户咨询的依据，是满足用户信息需求的物质基础。没有可供利用的参考信息源，参考咨询服务就形同"无米之炊"。所以，建立完备的参考信息源是图书馆参考咨询业务建设的基础。参考信息源要求范围广、门类齐全、涉及各种出版方式和文献载体形态，同时，根据图书馆具体的规模大小、馆藏特点、参考咨询员的组合以及用户需求情况，因地制宜、合理地配置和布局参考信息资源，达到方便参考咨询员及用户使用并整合全馆资源以形成整体服务能力。在网络环境下，参考咨询的信息源不再局限于本馆馆藏中的纸质文献、视听资料，而是馆藏电子工具书、书目信息数据库和其他光盘数据库、网络数据库，并且网上电子化的信息资源将会成为咨询服务最重要的信息源之一。

对传统参考信息源可以从参考资料的册数、采购费用等数据着手，也可以着眼从个别参考工具书的好坏来评价，还可以从参考书籍的使用频率来评价。除此以外，参考信息源的配置与布局是否合理、能否最大限度地满足读者的信息需求也是评估的一个重要方面。

对电子参考信息源来说，则可以测定与评价引进前和引进后参考咨询服务的变化，这是一个行之有效的方法。许多数据库在引进之前都有一个试用期，通过试用也可以知道此数据库是否适合本馆的咨询用户。另外，对电子参考信息源的评价包括对网络信息资源的评价。随着网上信息量的日益剧增，作为网络评价的参考咨询馆员，要有效地开发利用网络资源，把经过过滤并识别过的最适合、最有价值的网上信息资源，通过收集、整序并提供检索途径为用户服务，从而使用户方便地获取且尽可能免除信息垃圾之扰的适用信息。对网络信息资源的评估可从信息资源的准确性、有效性、时效性以及发布者的权威性等方面着手进行。

对参考信息源的评价，较难从质量上来进行。假定参考信息源中的每一本参考资料都很好，很有质量，但并不能保证整个藏书体系都很出色。而一个良好的参考信息源体系还要根据用户需求，根据图书馆的规模体系，不断地进行修正。

（2）对环境设施和检索装置的评估

环境设施包括馆舍及其辅助设施。良好的环境是吸引住广大用户的"法宝"之一。馆舍大小、形状、色彩、布置、光线、声音等，包括一切视觉、听觉和感觉的因素，都可以调动起读者的学习兴趣和内心愉悦感，使读者乐在其中，流连忘返。电子邮件咨询、FAQ咨询、人机交互咨询、合作咨询等网上咨询模式正逐渐进入现代参考咨询工作中，这些依靠的是强大的技术支撑和现代化的服务手段。检索装置是参考咨询服务所需的计算机设备、网络通信设备等。其评价可从计算机网络系统的性能、通信设备质量的好坏、自动化管理设备的优劣等方面进行。总之，当前可行的方法是，依据图书馆的有形设施、建筑环境及技术设备，结合历史条件，定期给用户发放调查表或调查问卷，让其对图书馆的硬件设施进行相应评价，可以分成满意、一般、不满意几个等级，并可提出改进意见和建议。

（3）对参考咨询员队伍建设的评估

参考咨询员是参考咨询服务的主体，图书馆要想有效地开展参考咨询工作，满足各层次咨询用户的需求，必须有一支人力配备充足、业务技能娴熟的高素质的专业队伍作为保障。对参考咨询员队伍建设的评估，可以从图书馆参考咨询服务的人力配备和咨询馆员素质两大方面来进行。

人力配备从咨询馆员数量是否充足，整体学历结构、专业结构是否合理来评价。也就是说图书馆要根据本馆的性质与规模，本着优势互补、互相协调的原则，来配备参考咨询员。

参考咨询是知识含量较高的研究性服务，通过参考咨询员的智慧和能力，可以实现知识信息的大幅度增值，因此，队伍的整体素质直接决定服务绩效。咨询馆员素质可以由本人或第三者对咨询馆员的道德素质（人品、是否乐于助人为乐等）、交际能力、经历、知识和技术（书目知识、专题知识、情报检索技术）、外语水平、敬业精神、团队合作等方面进行评价。评价的项目包括：馆员回答事实性问题的能力、提供参考资源利用指导的表现、对参考馆藏及相关馆藏的了解、熟悉新信息技术的程度。咨询馆员的服务态度也是重要的评估重点，如咨询馆员与用户之间的沟通能力、咨询馆员与读者接触时表现的态度等。

（4）对用户满意度的评估

用户满意度是读者对承接咨询任务的参考咨询员或部门的评价，同时也是测评参考咨询服务质量的重要依据。用户满意包含多重涵义，因而可从不同途径进行评估。一是用户对具体的服务是否满意，包括对服务过程与服务结果的满意度。具体来说，就是检索快捷与否、解答正确与否、服务态度如何等；二是用户对整体服务是否满意，包括参考咨询部门多个服务或图书馆整体服务的满意度。对用户满意度的评估采用最多的方法是访谈法和调查法。图书馆可以设计出包括参考信息源、工作环境布局、服务过程、人员服务态度、人员的服务能力、改进服务建议等各个方面的调查表，供用户填写。对回收的调查表及时进行统计与分析，并积极地进行整改，以提高用户的满意度。

（5）对服务管理的评估

科学管理是效益之本，图书馆参考咨询工作的有效开展，有赖于科学的管理来充分调度人力、物力资源。对服务管理的评估从服务体制和业务管理两方面进行。

①服务体制方面的评估就是对根据本馆的性质、规模，规划参考咨询业务的设计布局，形成整体有效的服务体制的评估。具体包括参考咨询机构设置、岗位及人员设置是否科学；规章制度的制定是否完善、合理；人员使用上是只看学历、职称，还是竞争上岗，择优任用；咨询人员是否能达到专职化、专家化等。更重要的是还要能反映读者的利益与要求。例如，那些对读者限定的"不准……不许……不能……罚处……"的规章制度，就引起了读者的不满与反感。

②业务管理方面的评估包括工作流程及记录、统计、评估等日常管理是否科学、规范，是否能跟上时代的步伐，引入市场营销理念、建立一系列激励机制，实行产业化、企业化管理。

（6）对服务绩效的评估

对服务绩效的评估是参考咨询服务评价的核心与目的所在，也是参考咨询服务环境、服务管理科学与否的直接体现。一个完善、科学的参考咨询服务体系应该检索快捷、解答正确并赢得读者的认可。对服务绩效的评估包括工作量、服务过程和服务效果三个方面。

①工作量：参考咨询服务是以用户的提问、信息需要的求助等为基础的。一个能赢得用户信赖的参考咨询服务机构，其接收用户信息求助量相应的比其他服务系统要大些。它直接反映了该机构接纳信息的能力及参考咨询具体的工作量，但不能按照咨询数量的多寡来直接评判服务质量的好坏。

②服务过程：从咨询用户提出问题、咨询内容、参考信息源的使用、回答方式、咨询问题的处理过程到问题的处理结果整个服务过程的评价。

对传统咨询服务可以采用观察法，要得到真实情况，最好是暗查的方法，也就是评估工作在参考咨询员不知晓的情况下自然地进行的。观察法与读者评价相结合基本上能得到客观的评估结果。

对网络参考咨询服务过程的评价则需从易用性、及时性、明确性、交互性、指导性几方面进行。易用性就是不管用户的设备高级还是低级、身体是否有残疾及是否存在语言障碍，咨询用户都能帮助和网络导航；及时性是指用户提出的咨询问题能被尽可能快地得到处理，实际回复时间依赖于参考咨询服务的确定的回复政策；明确性是为了减少用户困惑和不适当的询问机会，在每次处理数字参考咨询服务之前或开始时和用户明确地交流有关服务的情况；交互性是数字参考咨询服务给用户提供有效的参考咨询会谈，使用户能够和专家进行必要的交流和澄清用户模糊的问题；指导性是数字参考咨询服务为用户提供最新的信息和专门知识，能够给用户提供比直接的、实际的答案更多的信息，能够在表达问题、学科知识和信息素养方面给用户以指导和帮助。

③服务效果：它是指服务所产生的社会效益、经济效益。也就是咨询用户通过图书馆的咨询服务后，能取得的成果以及所产生的社会反响、经济效益等。

6. 参考咨询评估的实现方法

图书馆的参考咨询服务要持续发展，需进行一系列的评估活动，而且还需设定一些具体指标。如何达到这些指标，如何具体操作参考咨询评估工作呢？理论上这些评估活动是很容易做的，但是在实际运作中，要把实现目标的每一个步骤和活动完全用数字来明确显示却是相当困难的。为此，必须做好下面几项工作。

首先，建立行之有效的评价工作流程，咨询人员要认真做好日常每一项具体的咨询工作的记录、统计、建档和总结。因为参考咨询环境、服务管理是有形的，通过具体的数据、措施等就可以实现对它们的评估，但服务绩效是服务质量定性的测定，是无形的，没有具体的数字目标，必须依照一定的基准，然后将咨询服务过程和效果与之对照来实现对其的评估。评价的主要依据是参考咨询记录单、档案以及其他咨询服务记录的各种统计资料，同时辅以对话方式、书面调查法、直接观察法等，使无形的服务通过评估得到有形的测量与评价。

其次，管理者则要对整体的参考咨询服务工作定期进行考核与评价。在评价的过程中，要注意评价的层次性，不同服务类型及层次评价的侧重点及评价实现的方式各不相同，如一般性咨询、参考性咨询评价的侧重点在于咨询数量，评价依据主要是咨询档案、记录的数量统计；对专题咨询服务、决策咨询服务来说，评价的侧重点在于服务的深度及信息产品所产生的效益，评价依据主要是信息产品档案和用户成果反馈资料；而网络参考咨询服务评价的侧重点在于网络化、数字化资源以及设备利用的程度，网络咨询服务的能力等，评价主要在于网站的点击率、咨询系统的功能设置、咨询知识库、用户所获得的指导性帮助等。所以，图书馆需建立一套业务考核制度，对参考咨询服务工作定期考核、评价。

第三，评估反馈环节在整个评估工作中要畅通无阻。参考咨询评估工作的目的是通过全面、系统、客观地评价咨询工作的现状、水平和功能作用，确定图书馆参考咨询服务的发展思路，推进图书馆参考咨询工作的改革，探索出提高参考咨询效率的新路子。因此，评估的结果不能停留在口头和书面上，要落实到实际工作中，不能为了评估而评估。疏通评估反馈环节，以评估来推进图书馆参考咨询工作向更深层次发展。

第十章 网络环境下图书馆的参考咨询工作

信息的数字化和计算机网络化带来了图书馆参考信息源的电子化，因特网的普及给参考咨询服务带来了新的竞争压力。参考咨询工作如何迎接网络环境带来的挑战，也是图书馆参考咨询工作深入与拓展的关键所在。本章详细介绍网络环境下图书馆的参考咨询工作以及网络参考咨询服务的发展趋势、我国网络参考咨询工作的研究重点。

第一节 网络环境对图书馆参考咨询工作的影响

一、网络环境简介

步入21世纪，电子计算机与现代通信技术的高度结合，国际计算机互联网Internet在全世界的迅速扩展，标志着网络环境的形成。因特网具有传统图书馆无法比拟的优势，如拥有丰富的信息资源，跨越时空、无间隙的检索空间，高度的开放和自由，文本间的超级链接等。由于因特网铺天盖地的覆盖，使得曾经以信息中心自居的图书馆传统的信息服务格局和方式被彻底打破，图书馆的一切工作都面临着变革。参考咨询服务被喻为"图书馆的心脏"，从产生至今已有120余年的历史，它在开发文献资源、发挥情报职能、提高文献利用率、为读者深层次服务上一直发挥着巨大的作用，在读者服务工作中占有极其重要的位置，是衡量图书馆发展水平的重要标志之一。在网络环境下，参考咨询工作正由传统参考咨询向网络信息咨询转变，并呈现出新的特点。

二、网络环境对图书馆参考咨询工作的影响及特点

1. 对参考咨询信息源的影响

传统参考咨询信息源的物质基础是印刷型文献信息，如参考工具书和检索工具书，主要包括百科全书、字典、词典、年鉴、手册、名录、书目、索

引、文摘等。在网络环境下，信息咨询以电子信息或数字信息为咨询信息源。随着因特网的产生和发展，信息源、信息出版形态、出版方式都发生了巨大变化。联机检索服务正在与因特网相互融合。因特网上的信息源类型主要有各类联机数据库、联机馆藏目录库、电子图书、电子报纸、软件与娱乐游戏资源、教育培训类信息和动态信息，此外，网上还有许多电子版的参考工具书和因特网快速参考工具资料，如百科全书、名录指南、地区参考资料、统计资料和法律法规等可供使用。不仅如此，各个图书馆还有大量的印刷型文献可在咨询过程中经过数字化处理供网络信息咨询利用。

2. 对参考咨询服务对象的影响

图书馆作为文献信息集散地曾经是人们获取信息资源的最主要场所，网络的出现和迅速发展，打破了这种"一统天下"的局面，同时也对图书馆产生了巨大的冲击，引起参考咨询领域的极大反响。随着网络技术日益成熟，上网条件更加简单、费用更加低廉，信息更加丰富，网络知识更加普及，用户自我查询能力日益增强，社会上各个阶层、各领域的人都有可能成为网络用户，成为参考咨询服务的对象。而用户的主要目的是利用信息解决自己特定环境下的特定问题，具有个性化，因此，有效的信息服务从本质上讲是个性化的，是针对具体用户个人的问题、环境、心理、知识等特征来实施的。这就要求图书馆参考咨询服务在跨越时空组织资源和提供服务的同时，也应充分支持个性化信息服务。

3. 对咨询服务方式的影响

在传统的参考咨询服务中，大都是以馆藏为中心，参考咨询员主要是被动的等待读者，而网络参考咨询的服务方式则是以远程、虚拟为主要特征，以读者为中心，参考咨询员可以主动与读者接触，包括了解读者的需求，向读者宣传图书馆的各项服务等。形式多种多样，不拘一格，主要有电子邮件、Web主页、网络电话、经常性问题解答（FAQ）、联机咨询、借助文件传输协议方式、视像咨询、网络合作咨询等。目前，部分图书馆已建立了虚拟参考咨询台，将来还会出现虚拟现实技术在图书馆参考咨询中的利用，网络环境下图书馆参考咨询服务的发展将不可限量。

4. 对参考咨询内容的影响

网络环境下的参考咨询与传统参考咨询相比，服务内容更新、更丰富，包括网上图书馆介绍、图书馆知识服务、网络专题咨询服务、网络目录咨询服务、网络导航服务、提供镜像数据库服务、网络咨询协作系统建设、用户培训服务、帮助读者选择和使用数据库、OPAC业务培训、联机实时帮助、远程检索服务、电子邮件服务、网络检索工具介绍与评估、网络搜索引擎的介绍与评估、咨询数据库建设和网络信息提供等。网络信息咨询是以电子文献、数字化文献或网络信息为基础，以计算机检索和网络检索为方式，以通过网络利用本馆的一切用户为对象而进行的各项问题解答活动。网络信息咨询解答的问题不受学科专业的限制，没有深度上的制约，因而其服务范围更广，简单问题的解答可通过计算机网络自动生成，咨询馆员主要从事智力性强的、复杂的研究性问题的解答，因而其服务层次更高。

5. 对咨询服务手段的影响

传统参考咨询主要是以手检参考工具书及检索工具书为基础开展工作，而网络参考咨询开始向计算机自动化和网络化操作转变，速度更快，效率更高，服务更方便，不受时间、地域的限制。具体表现在：

（1）咨询问题的提出

用户不必亲临图书馆，可以通过电子邮件、网络电话、图书馆的主页和咨询网页留言等方式向馆员咨询；

（2）咨询项目的管理

咨询工作计划、财务管理、参考咨询员工作分配、工作记录、用户档案、咨询专家文档、咨询解答档案和用户反馈信息等都可直接通过计算机管理；

（3）咨询问题的解答

参考咨询员可通过光盘检索、单机数据库检索、联机数据库检索和网络信息检索多途径深入地获取文本、声音、图像、多媒体及一些特殊的数据信息；

（4）咨询解答的提供

由于计算机检索和网络检索技术的发展，不仅可通过网络向用户完成线索、数据、知识点和信息单元的提供，还可以提供全文和多媒体信息，而且咨询结果更贴近用户的需要。

6. 对咨询服务人员素质要求的变化

网络环境下计算机与网络等现代信息技术已成为一支强劲的支撑和支配力量。新的咨询环境对参考咨询人员的素质提出了新的要求，尤其是在计算机操作能力、网络驾驭能力和英语水平、信息商品意识、信息服务意识等方面提出了更高的要求，即要具有对信息的筛选、转化和整合能力，对信息价值的判断力和处理能力。同时，未来的用户需求由于学科高度综合与分化，必将涉及各种学科、各种专题领域，而参考咨询人员在本行业可能是专家，但不可能了解掌握所有的学科知识而成为各个学科领域的专家。因此，参考咨询人员社会化是参考咨询队伍发展的必然趋势。目前，网上已出现一种参考咨询自愿者活动，所有用户都可成为参考咨询服务的自愿者。

7. 咨询服务结果的变化

咨询服务结果表现在集成化。一是信息收集的集成化。通过网络搜索工具可以把国内外信息机构的多媒体信息集成为一个完整的、有机的信息系统。如通过"中国经济信息网"可将国家发改委、国家经贸委、新华社、美联社、道琼斯等的专家分析、市场行情、项目机会、经济法规政策、新产品、新技术、数据统计汇集成一个有机系统；二是计算机加工集成。对于信息的加工处理可以根据用户的需求，按统一格式运用计算机进行深层加工和数据联机分机处理；三是信息提供集成化。参考咨询人员可以将文字型、数值型、音频型、视频型、图形图像型、软件型的多媒体信息传递给用户。

第二节　网络环境下的参考咨询服务

一、网络（数字）参考咨询服务的概念

网络参考咨询服务（Network Reference Service，NRS），也称数字化参考咨询服务（Digital Reference Service，DRS）、虚拟参考咨询服务（Virtual Reference Service，VRS）、在线参考咨询服务（Online Reference Service，ORS）、电子参考咨询服务（Electromic Reference Service，ERS），是与数字图书馆系统、其他网络参考咨询系统、其他信息服务机制和用户服务机制相结合的一种新型信息服务模式。

NRS是一项基于互联网服务，不受系统、资源和地域等条件限制，能利用相关资源通过专家为用户提供24小时不间断服务，并能使用户在限定的时间内获得可靠答案的新型虚拟咨询服务。其实质是通过网络化、数字化的手段为用户提供咨询服务，帮助用户获取所需信息。

二、网络（数字）参考咨询服务特点及类型

NRS最显著的特征是：用户提问和咨询专家的回答以基于Internet的各种电子方式进行，包括各种交互式的网络工具：电子邮件（E-mail）、电子公告板系统（BBS）论坛、网络寻呼机（IQ）、网络聊天室（IC）、桌面视频会议（DVC）等。其核心是一种分布式信息网络中心，具有特定知识和技能的"咨询专家"对用户提供的个性化服务。它突破了传统参考咨询服务的时间和空

间限制，人们可以在任意时刻获取或提供信息，因而是一种更为灵活的、个性化的信息服务和信息获取方式。其类型大致有如下几种。

1. 专题性的参考咨询服务

图书馆参考咨询人员根据用户对某一领域的信息需求，确定服务主题，然后围绕研究主题进行文献信息的搜集、筛选、整理，利用推进技术将信息源源不断地通过 Web 自动传送到用户，还可以根据读者专题研究需要，通过 E-mail 方式将信息直接送到读者的电子邮箱内。如：厄巴纳（Urbana）伊利诺大学图书馆"中央咨询服务"网页设有"Ask A Librarian"专栏，还列出 100 多位负责各方面工作的咨询馆员的 E-mail 地址，向读者提供有针对性的咨询服务。国家图书馆率先开通了网上咨询台，不仅提供国家图书馆的咨询服务，还列出了 8 所协作网成员馆的咨询 E-mail 地址，提供专题服务。如国家馆的法律文献咨询，哈尔滨市图书馆的地方史志咨询等。高校图书馆可根据各专业教学的难点、热点、重点，选择有价值的信息，建成教学专题信息参考资料，供师生利用。

专题咨询服务具有服务面广、针对性强、信息服务质量高等优点，是图书馆高层次的信息服务，主要应由高级参考馆员即有专业特长的参考馆员承担咨询服务。

2. 经常性的问题解答（FAQ）

FAQ 上网之前，咨询馆员需要收集、总结经常遇到的典型问题，并进行分类，做好周密解答，汇集答案，然后设计网页。读者在浏览这些问题，点击想知道的问题后，就会显示匹配答案。FAQ 服务适合用于为用户指引馆藏和了解图书馆各种规章制度，对于图书馆来说，是一种节约时间和人力并且效果显著的网络咨询服务。清华大学图书馆最近上网的"图书馆利用 100 问"提供了非常优秀的 FAQ 服务，对一般性导向，查找资料、数据库检索、OPAC 服务查询、流通阅览、图书馆规划及咨询服务常见问题都做了详尽的解答。

3. 用户网络检索能力的培训

由于网上信息的组织方式、检索方式和获得方式较之传统图书馆更为复杂，它具有技术含量高，对用户信息能力要求高等特点，因此用户教育在网络环境下变得十分重要。而目前我国还有相当一部分用户对网络知识了解甚少，缺乏网络检索能力。这就要求图书馆加大对用户培训和教育的力度，加强对信息用户网络检索能力的培训，其内容包括：信息意识培养、信息能力的教育（包括计算机操作能力、网络认知能力等）、信息检索能力教育（了解机检原理、计算机检索系统、国内外主要数据库及光盘的结构和特点、检索语言和检索方法、检索策略的制定等）。对检索出来的信息资源能够进行筛选、分析、整合，并建立起自己所需要的个人档案。

4. 网络资源导航服务

因特网信息资源以无限、无序为特征，但不乏学术性资源。为指引用户方便利用，国内外图书馆对因特网资源进行选择、整理、组织、链接到本馆主页提供网络导航服务。主要有三种形式：网络信息资源报道、网络常用资源导航和专业网络资源导航数据库。

（1）网络信息资源报道是呈动态性、推荐性的导航服务，因此是常变动的栏目，为使其报道性突出，往往放在主页显著的位置，不仅对报道的网站作链接，且还有宣传报道的文字。

（2）网络常用资源导航，选择网站类型通常有国内外重要的网络检索引擎、网络免费数据库、大型图书馆网站、学术机构站点等。

（3）专业网络资源导航数据库，是较深层次的对网络资源搜索并有序化组织的情报产品。网络导航数据库多数将收集的专业网站分类组织链接，组成多层次的目录型指示数据库，有的大型网络导航数据库匹配检索引擎，可输入检索词或检索式，获取与之相匹配的检索结果的检索方式。

5. 建立专家资源平台，实现交互咨询

在网上公布图书馆专家的联络办法，有组织地定期和用户进行交互咨询。采用5/2制：周一至周五，馆内专家"坐堂"实时回答用户咨询的各种图书馆资源的分布、利用等问题；周六、周日由退休的学科专家在网上解答用户关于学科专业方面的问题。如使用 Call Center、Net Meeting 等工具，在网上"面对面"地进行咨询，可用对话、文字"Tall"等形式，咨询人员可以看到用户网上联机检索时的疑问和问题，甚至在不中断其检索的情况下，帮助、指导用户解决问题。

6. 开展全天候、合作式的数字参考咨询服务

先由一个省内或一个地区内的几家、几十家图书馆形成一个图书馆的联合体，联合体与联合体之间还可再结合形成更大的综合联合体，充分利用联合体成员馆各自的馆藏特色和人才优势，统一协调服务时间，为用户提供每周7天，每天24小时的综合或专题数字参考咨询服务。

三、网络环境下参考咨询的工作机制

网络环境下的各类参考咨询服务，尽管不同的应用领域因各种原因存在着这样那样的差异，但在工作机制上是大致相同的，其架构基础包括五个环

节：问题接收（Question Acquisition）、提问解析和分派（Triage）、专家产生答案（Expert Answer Generation）、答案发送（Answer Sent）及跟踪（Tracking）。

国际上数字参考咨询的实现形式主要分异步（asynchronous）、实时（Real – time）以及合作化（Collaborative）三大类。

1. 异步数字参考咨询

在这种形式的参考咨询中，用户的提问与专家的解答是非即时的，在实际应用中主要采用电子邮件 E – mail、电子表格 E – form、信息快报 BBS、留言板 Message Board 等几种方式或将其结合来实现网络参考咨询的，其通常的做法是在图书情报机构网站的主页或某个网页上设立"参考咨询"或"询问图书馆员"（Ask A Librarian）链接。

2. 实时数字参考咨询

这是一种用户通过 Itret 和专家讨论其信息需求，并可得到即时回答的服务形式，又称为实时交互式参考服务（Interactive Reference Service），主要采用网络聊天（Chat）、网络白板（Whiteboard）、视频会议（videoconforencing）以及网络呼叫中心（Web Call Center）等可实现交互的实时交流技术加以实现。

实时数字参考咨询系统多采用不同功能类型的 Chat 软件，根据其交互功能的强弱可分为三种类型：

（1）只具有交换文本信息功能的 Chat 咨询系统，要求用户和咨询人员都要安装一个聊天软件，双方可在聊天窗口中，以即时的方式进行交流，自愿借此回答用户的提问。

（2）图书馆在网上登记一个聊天室，用户通过登记进入该聊天室来向咨询人员提出问题。

（3）具有网页推送和共同浏览功能的实时数字参考咨询系统。即咨询员可把一个网页推送给用户，供用户享受其中的信息资源；咨询员也可以和异地用户一起在浏览器的专门窗口里浏览网页，并把制定好的最佳检索策略提供给用户，并可为用户演示所推送的页面，直到用户利用网络资源。

3. 合作化数字参考咨询服务系统

在实际运作中，异步和实时的数字参考咨询在实现条件和服务质量保证方面各有利弊，现已有不少图书馆采用了多种方式的结合来实现数字参考咨询功能与资源利用的优化。合作化数字参考服务主要基于如下考虑。

（1）数字参考咨询的根本是以用户为中心，尽最大可能满足用户的各种信息需求。随着因特网的普及和发展,图书馆及参考咨询服务的用户范围已经扩展。图书馆利用Web方式向广大读者提供服务,在图书馆主页上除了有图书馆各种信息的介绍外,还有大量的电子文献资源、自建的各种特色数据库、各种学科导航库等向读者提供服务。当读者在查找或检索各种资源中,发现疑难问题时,需要咨询员的及时帮助,这样就产生了读者对数字参考咨询服务的需求。

（2）在网络环境下,专家直接面向读者,及时回答读者的问题。但也会碰到超越自身知识能力和图书馆可用资源有限等难以解决的复杂问题,单一机构资源的局限性在很大程度上影响了数字参考咨询的质量保障。此外,一家图书馆要实现24/7的数字参考咨询服务目标,投入的人力物力过大,一般难以承受和维持。合作化的数字参考咨询服务共享信息、网络、人才资源,包括知识共享和参考馆员的经验共享,可以满足用户多样化的要求。如今,在图书馆领域,合作数字参考咨询服务已经出现了一些比较有影响的代表,例如,美国教育部的VRD(Virtual Reference Desk),是一个现有提供服务的大量DRS的网关系统,协调了10余种不同类型机构所提供的DRS进行服务,主要对一些超范围的用户提问进行协调处理。由美国国会图书馆和OCLC共同牵头的一个合作虚拟参考咨询服务项目QuestionPoint是另外一种形式。关于这一形式,我们将在第三节中作较为详细的典型案例介绍。

第三节　典型的网络（数字）参考咨询服务介绍

一、国外几个数字参考服务案例分析

1. QuestionPoint

网址：http://www.questionpoint.org/

QuestionPoint是OCLC与美国国会图书馆共同牵头的一个合作虚拟参考咨询服务项目,并与参与这一项目的美国及世界各国的图书馆和信息服务机构联合提供的合作数字参考服务。在QuestionPoint项目中,美国国会图书馆主要负责成员馆支持(Member Suport),制定质量标准(Quality Standards)和相关政策,而且会继续提供On-Call-Librarian服务,并监控整个全球网络(Global Network),还负责检查每个成员馆提交的特征资料情况,并对此提出意见,而且在成员馆加入系统后不断对其进行指导,以提高其服务质量。

OCLC则负责成员馆注册、加入系统以及整个系统的技术支持,即提供系统构建的基础结构和服务器。还负责与系统相关的培训、文档记录（Documentation）和市场推广等。

（1）QuestionPoint 服务模式

该系统的服务模式是一个三层结构的"图书馆——图书馆"、"图书馆——最终用户"的网络：全球（Global）、地区（Regional）和本地（Local）。其中全球和地区服务是面向图书馆的，在系统内的图书馆成员之间进行；本地服务是面向最终用户的，即 QuestionPoint 面向最终用户的服务是通过本地服务实现的。

QuestionPoint 系统面向最终用户的服务主要包括两项内容：实时问答（chat）和电子邮件咨询。

全球（Global）：QuestionPoint 系统在全球范围内的合作网络。系统成员馆可以将本馆无法回答的问题发送到 Global 网络中去，由系统根据提问的特征将其自动分配给最适合回答该问题的成员馆，从而有效利用各个成员馆的资源。

地区（Regional）：QuestionPoint 系统为地区性的图书馆和信息机构联合体提供了合作开展虚拟咨询服务的途径。以地区合作的方式加入该系统，那么联合体的每个成员馆不仅可以享受本地的所有服务，而且成员馆可以进行合作，比如某个成员馆回答不了的问题可以转发给其他成员馆回答。此外，系统会建立一个属于该联合体的知识库，可供成员馆检索和利用；每个地区联合体也可以设一个超级管理员。

本地（Local）：本地图书馆通过在自己的主页上建立电子邮件和实时问答的链接，为最终用户提供电子邮件和实时问答咨询服务，负责咨询的图书馆员只需要有用户名和密码，就可以登录 QuestionPoint 系统来为用户提供服务，所有的技术处理都由该系统来进行，也可以建立一个属于图书馆的知识库。

（2）QuestionPoint 构成要件

• 成员数据库（Member Profile Database）：记录会员图书馆资料，包括图书馆基本资料、馆员专长、服务时间、馆长主题、层级、范围、服务读者类型、地理位置、特殊服务等。另外，系统还会依据会员图书馆资料配送问题给适合回答问题的图书馆；

• 知识库（Knowledge Base）：知识库中储存已经编辑过的问题与答案；

• 提问管理器（Request Manager，RM）：管理问题的接收、配送以及答案的回传；

• 问答结果集（Result Store）：负责问题的输入、路由（Routing）的软件系统，其主要作用是分配和协调功能，通过相应的机制将提问馆和回答馆有机地联系起来。

（3）QuestionPoint 成员馆功能模块
- 在用户网页上增加符合本地特征和习惯的数字参考服务界面的链接；
- 回答、追踪和管理用户的各种参考咨询问题；
- 通过 Web 全球网络，将没有回答的问题提交给请求管理器，请求管理器根据问题的元数据格式、预先确定的问题主题和合作网络中成员馆的工作能力，对咨询问题进行分配。并从用户、成员馆和项目管理者不同的角度，追踪问题的处理路径和解答状态，所有的用户和成员馆都将及时得到关于问题及其解答的 E-mail 通知；
- 使用关于本服务项目成员馆的综合信息数据库，包括各个图书馆的统计数据、咨询专长、特殊收藏、收藏强项、使用语言、工作时间、服务承诺等各项信息；并能获得项目的使用统计和分析报告，包括如何发挥各成员馆的优势更好地实现和提供服务的大量信息；
- 全球知识库：包括以前提出的问题与答案；在 QuestionPoint1.0 版本中，成员馆的馆员和用户可以检索该知识库；成员馆也可以选择自己建设和访问本地的知识库（主要收集那些可能仅仅对本地成员馆有意义的咨询问题）；
- 一个定制的管理模块，可以帮助图书馆建立新的本地图书馆账号、定制本地用户界面、生成标准或者定制的使用统计报表以及管理各种成员馆账号。并可以将 QuestionPoint 的全球参考网络和本地图书馆用于满足本地需求的类似服务结合起来。

（4）QuestionPoint 运作流程
QuestionPoint 包含两个重要部分，一是问题与答案的配送；二是问题与答案的储存以供未来使用。主要步骤如下：
- 读者通过图书馆网页填写提问单；
- 系统自动搜索知识库，将读者问题和知识库的历史问题加以比对，若比对成功，则将结果回传给读者；若系统比对失败或是读者不满意，则转交 Request Manager 做进一步处理；
- RM 会比对读者问题领域及成员数据库，挑选出能够回答该问题的成员馆，并将问题转交给该馆；如果问题不能由系统自动匹配的话，就会被发送给值班馆员（On-Calllibrarian），由他们进行人工匹配；
- 参考馆员收到问题后，可使用各种途径搜集资料，以回答读者问题；
- 参考馆员回答问题后，答案经过编辑后存入知识库成为历史问题，系统并将答案传读者及原发问图书馆；

（5）QuestionPoint 问题配送流程

QuestionPoint 中的 Request Manager（RM）掌管问题与答案的配送，主要是根据成员数据库中的资料来决定由哪一个图书馆回答问题。

步骤一：排除不适合的图书馆

- 先从愿意参与回答的图书馆中排除不符合发问读者教育程度（Educational Level Served）的图书馆；
- 排除该星期问题量已达到饱和的图书馆（每馆一个星期最多十个问题）；
- 比对馆藏主题，排除不符合的图书馆。

步骤二：选出最适合的图书馆

排除不适合的图书馆后，再根据下列各项目的比重选出最适合回答的图书馆。

- 主题（占 40%）
- 地理位置（占 10%）
- 各馆问题负载量的平衡（占 20%）
- 可提供服务的时间（占 20%）
- 专长（10%）

（6）QuestionPoint 项目的优势

- 费用低。参加馆的服务费每年 2 000 美元（LSSI 通常的安装费是 9 000 美元，每个席位即同时联机的图书馆员另加 6 000 美元）。
- 效率高。QuestionPoint 容许图书馆员自动提交问题。同样，建立事实与回答过的问题知识库，使得他人可以利用前人的经验，减少重复性劳动。
- 利用集成工具查询利用情况。利用 QuestionPoint 作为咨询管理系统使得图书馆能生成利用统计，监控参与情况。
- 提供更好的服务和对有价值的知识资源的全球存取。QuestionPoint 能使成员馆提高其显示度，增强其存在价值，而不用增加人员或增加工作时数。
- 使用简单方便。QuestionPoint 实施和使用简单。已经开始利用协作咨询方案的图书馆可以容易地将现有系统嵌入 QuestionPoint 中。
- 提供对专家资源更为平等的利用。可以利用 QuestionPoint 联合体所形成的共同知识和专业特长，向图书馆提供咨询服务，无论图书馆规模大小。
- 与其他本地的虚拟咨询项目合作。QuestionPoint 将能够与那些已经成功地实施了本地虚拟咨询服务的图书馆进行合作。图书馆或机构可以将本地未能回答的问题提交给 QuestionPoint 的全球协作网络。

（7）QuestionPoint 技术特征

• 过滤、跟踪和管理由用户通过网络提交的问题，与用户实时问答，具有脚本和网页推送功能。

• 定制嵌入到本地图书馆网站的工具，本地定制界面，从本地获取 QuestionPoint 服务。

• 利用请求管理器向本地其他图书馆、联合体其他图书馆或全球咨询网络中的相应的图书馆自动分派问题。

• 确认相应的图书馆优势以便进行问题分派，将有咨询问题的元数据与图书馆资源、特长、是否有员工在岗等情况加以匹配。

• 将 QuestionPoint 服务与其他服务提供者和本地图书馆使用的资源结合起来。

• 建立和共享提出的和回答的咨询问题知识库，拥有完整、经过维护的知识来源。图书馆也可选择建立和利用本地知识库。

• 生成利用统计与报告，向用户提供所需要的信息，最大限度地实施和维护所提供的服务。

（8）QuestionPoint 主要功能

• 提供读者通过图书馆网页填写问题单（各馆可自订问题单元格式），以及网上聊天（Chat with A Librarian）的功能，读者可通过网页或 E‐mail 收到答复。

• 根据各馆馆藏特色、馆员专长及可提供服务时间，转交未回答问题给其他图书馆。

• 参考馆员可在网上随时更新图书馆资料以及馆员资料，以提供 Request Manager 正确的资料做问题配送。

• 参考馆员可在网上回复、管理问题，查询历史资料。

• 参考馆员可随时追踪问题状况以及统计资料报表。

• 可检索知识库，已经提问过的问题，系统会从知识库中查询答案。

• 同性质或同地区图书馆可组成联盟加入。

（8）QuestionPoint 发展趋向

根据项目有关人员透露，项目正在考虑下一步发展目标。

• 继续改进 QuestionPoint 开发者已经许诺考虑增加新的特性。例如，OCLC 已宣布与 Convey Systems（http：//www.conveysystems.com）合作，引进 Convey 的 OnDemand 软件，增加了新的功能，如应用程序共享（Application Sharing）、同步浏览，提供高级的网络通信特征，特别是语音和视频。

• 开发另外一种网络问题提交表单，重点解决咨询会面实现自动化的问题。与未来的联机教育与远程学习服务相链接也正在筹划之中。

● 尽管网络目前主要使用英语,但最终目标是能够处理20种语言。同时向图书馆员提供翻译服务,从而最终能用任何语言回答问题。

● 测试系统的规模,保证系统能处理全球范围内提出的大量的请求。

● 尽管项目目前是问答方式,下一步的发展是支持提供完备的服务,如馆际互借。

(10) QuestionPoint 在国内的服务

北京大学图书馆于 2002 年 7 月以成员馆和 CALIS 集团管理员（CALIS Group Adminustrator）的双重身份加入 QuestionPoint 系统,同时使用了全球、地区和本地三类服务。目前已初步实现了 QuestionPoint 系统的本地化应用,建立在该系统上的北京大学图书馆虚拟咨询服务已正式开始面向最终用户进行试验性服务。现国内 QuestionPoint 成员馆有北京大学、中山大学、上海交通大学、北京航空航天大学、北京工业大学,清华大学从 2008 年取消了和 QuestionPoint 的合作。

进入北京大学图书馆主页,便可打开咨询台。其主要服务内容有:

①电子邮件咨询:通过电子邮件提问并得到答复;

②实时问答咨询:在线提问和回答,主要使用 QuestionPoint 服务;

③常见问题(FAQ):读者提问过的具有代表性的问题的知识库,分五个方面 77 个问题;

④在线参考工具:网络版参考工具;

⑤馆内咨询指南:对馆内各个咨询点的介绍;

⑥学科导航:按学科对网络资源进行的索引和相关介绍等七项,每项服务都有较为详细的说明、注意事项及要求。

下面是实时问答咨询服务界面:

点击"检索知识库"按钮后进入 QuestionPoint 服务界面。

1. Virtual Reference Desk（VRD）

网址:http://www.vrd.org/

VRD（虚拟参考咨询台）是一项由美国教育部发起,致力于推进数字参考咨询,并成功创建和实施的基于互联网但有专家参与的信息服务项目。数字化参考,就是基于 Internet 的问答服务,通过 Internet 把用户与学科专家联系起来,帮助用户解答问题。VRD 从 1999 年起每年举行会议,可参见:http://vrd.org/conf - train.shtml。

专家咨询网站又称为 Ask A Question 服务网站。网络用户可直接进入相应网站提出问题，这些问题将被传给咨询专家，解答后的咨询问题用电子邮件传递给提问者。一般情况下，每个专家咨询网站都有若干专家（包括自愿者）来解答咨询问题，或者利用邮件群在一组专家中公布问题和征求答案。虚拟参考咨询台系统将利用网络将这些网站集成在一起，用户可直接向虚拟咨询台提出问题，系统自动利用所有专家咨询网站的资源来解答用户问题。

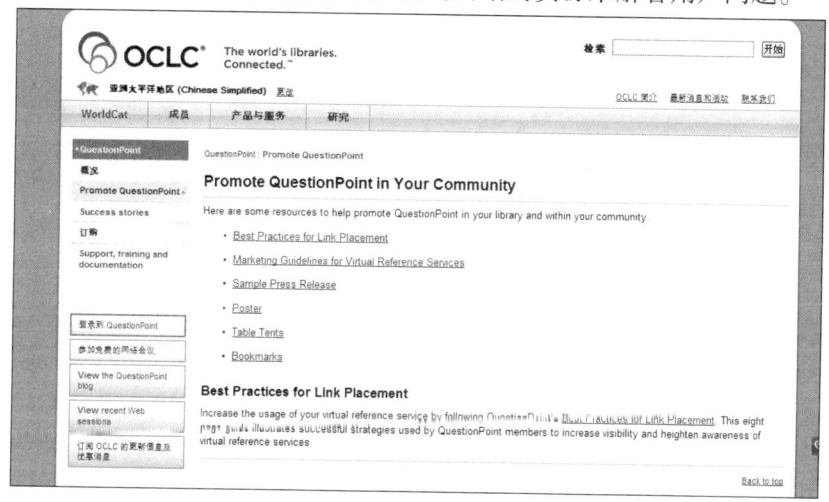

图 10 - 1　QuestionPoint 主页

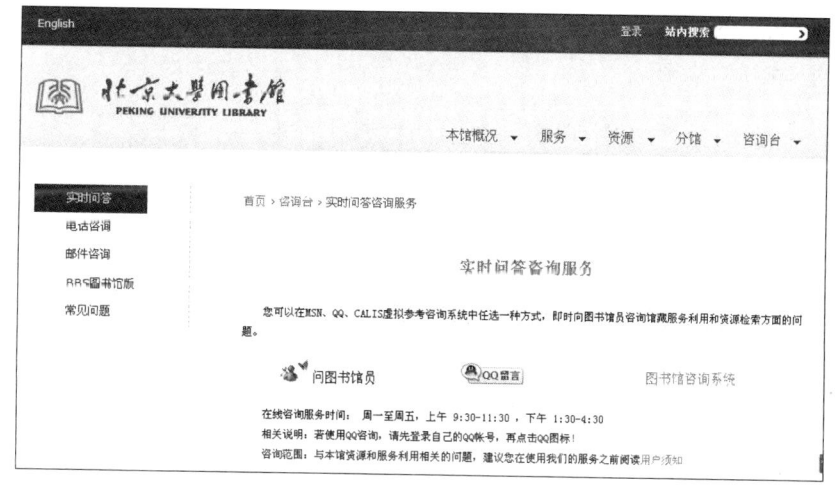

图 10 - 2　北大图书馆实时问答咨询服务界面

(1) VRD 运行流程

虚拟咨询台由一个分布式 Meta – Triage 系统和多个 Ask A 网站构成，用户可通过 Web、电子邮件等方式向咨询台提出问题，咨询台的 Meta – Triage 系统解析用户问题，用初步解析出的问题检索咨询知识库（即咨询问题与相应答案库），或者交给网站搜索器检索 Ask A Question 网站数据库来根据问题性质、用户身份、网站负担等确定合适的专家咨询网站。在这些处理过程中系统将会判断处理结果的正确性，如果正确性达到一定水准就可直接进行下一步操作（例如将答案传给用户，或将问题转给专家网站），否则将处理结果交人工分析模块由专门人员进一步分析处理。人工分析模块支持多个人员分布式地利用有关数据库来进行答案正确性分析、复杂问题的性质分析、专家咨询网站确定和问题传送、重新编辑答案等处理。当问题被转给特定专家网站后，它利用自己资源和程序回答问题，在此过程中还可与用户交互来澄清问题，或者将问题交还给人工分析模块重新确定合适的咨询网站，或者自行接入其他专家或专家网站。问题传送将采用标准协议（Question Interchange Profile，QUIP 协议），用 XML 语言标记，将对咨询问题与答案、用户情况、处理要求、工作流控制、服务费用支付等进行规范化描述，保证合作各方准确无误地交换咨询问题和答案，并控制操作过程。系统还将跟踪咨询过程并可激发相应处理，还将咨询问题和答案组织到咨询数据库中。虚拟参考咨询台所采用的标准问题交换协议、工作流控制、人工与自动相结合的问题分析、分布式分析模块等将有力地支持网络环境和实际经济条件下的合作咨询服务。下面是 VRD 结构图。

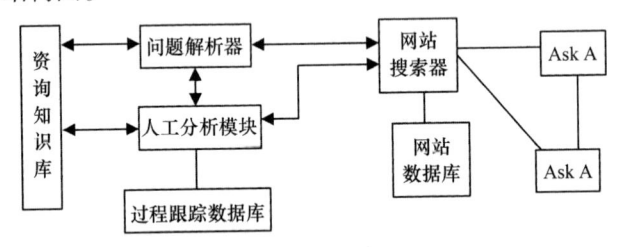

图 10 – 3　Virtual Reference Desk 结构

(2) VRD 提供的主要服务

● Ask A 服务连接用户。合作式询问服务（Collaborative Ask A）将提供一个 Ask A 服务网络和一支由志愿者组成的专家队伍，能确保最适合的专家回答你的问题。如学习中心（The Learning Center）是一个为中小学生提供课程学习的相关站点，包括常见问题库和其他一些先前咨询过的问题。2000 - 2002 年三年中，已经积累了 8000 多个问题。询问定位器（Ask A + Locator）提供一个可供检索的数据库，包含了一些高质量的问题。

● 支持服务开发。为管理员和专家提供一个公共管理系统，并组织研究互操作标准、元数据库和其他数字参考服务方面的问题。

● 促进合作和交流。通过每年举办的数字参考咨询会议、出版物（VRD）编辑和出版的图书、论文和有关数字参考服务的其他材料，包括 VRD 会议录，指导手册、Ask A 摘要、期刊文章与白皮书和 As A 社团来组织行业间成员的交流。

2. Ask A Librarian

网址：http：//www. askalibrarian . org/aal. asp

EARL（Electronic Access To Resources In Librarian），是 1995 年 9 月开始由 100 个地方当局和协作成员参加的英国公共图书馆全国网络化项目。EARL 目前的合作者已超过 160 个，如文化部、媒体与体育部、教育和劳工部、图书馆联盟等。开始的英国公共图书馆网上信息获取项目，旨在充分利用网络的优势为图书馆用户和其他公众提供服务。参与此联合项目的成员包含了英国 60% 以上的公共图书馆和其他一些组织机构。EARL 提供的服务中，最典型的是一项名为 Ask A Librarian 的合作数字参考服务。Ask A Librarian 是 EARL 公共图书馆网络联盟提供服务的一部分，于 1997 年 11 月推出，当时有 40 多个公共图书馆参与。目前成员馆已经达到 64 个。

（1）Ask A Librarian 服务方式

Ask A Librarian 作为一个合作性的数字参考服务平台，对成员馆的合作管理采用的是各个图书馆轮流值班制。一般一天内由一个馆值班，周一则有两个图书馆轮值。每次轮值一天，然后以两天的时间回答问题。平均每个成员馆 4~6 周才轮值一回，而且随着参与馆的增多轮值的周期愈长。轮值图书馆以 E - mail 形式接收提问表单和回复。所以咨询用户直接接触的就是 Ask A Librarian 网站，至于它内部如何动作、任务如何分配，不需要用户操心，但前提条件是用户要能够进入 Ask A Librarian 的网络平台。

Ask A Librarian 服务提问时间无限制，只要登录 Ask A Librarian 站点即可，但回答时间仍需在各轮值图书馆的上班期间。提问者从小学到专业人士都有。自 2001 年 10 月 1 日起，该项目服务开始由东英格兰的一个合作性的图书馆资源共享实体——CoEast 继续提供，后来还加入 CDRS（QuestionPoint 的前身），成为它的成员。

（2）Ask A Librarian 优缺点

对用户来说，Ask A Librarian 增加了一个信息咨询的渠道，面对参与者来说，Ask A Librarian 至少有以下优点。

• 给参考馆员一个很有价值的实践训练机会，熟悉使用各种网络信息工具的经验，成员馆之间还有一个互动的学习氛围；

• 因共享而节省资源，对有些小型馆而言甚至可以不必再多花人力物力自办参考咨询，而只是隔 4~6 周有一次值班。

• Ask A Librarian 在国际上享有较高的荣誉，成为其成员可以增加吸引资金的筹码。

Ask A Librarian 的不足之处如下：

• 成员大多是公共图书馆，且局限在英国本土；

• 志愿者轮班制，全凭直觉，回答的质量如何评定和控制是一个大问题；

• 虽然统一界面，但即使是同一国家，也很容易出现无法登录或网速过慢的情况；

• 轮值馆在一天内可能接受各种各样的问题，对参考馆员的要求比原来服务本地用户时更高；

• 网络是唯一的交流途径，用户的要求能准确理解吗？两天时间来回答咨询问题来得及吗？如果恰逢用户想提问的馆没有轮到值班，又怎么办？

3. 24/7 Reference

网址：http://www.247ref.org/aboutus.htm

24/7 Reference 是由洛杉矶地区的城市合作图书馆系统（MCLS: Metropolitan Cooperative Library System）推出的，并在其 31 个成员馆的主页上设置链接，为所有参加馆所在区域的居民提供合作式的数字参考服务。该项目由美国联邦图书馆服务和技术项目（LSTA: Library Services and Technology）基金赞助，由加州公共图书馆管理。

24/7 Reference 服务人员由本地参考咨询馆员、MCLS 参考咨询馆员和受雇于 MCLS 的图书情报学院研究生担任。因此，当用户点击 MCLS 的询问咨询馆员（Ask the Librarian）图标时，其问题并不一定直接递交到本地图书馆咨询馆员手中。当 MCLS 的咨询员不能解决用户的问题时，此问题将被提交到本地图书馆、MCLS 参考咨询中心、其他专家、或者是能够解决咨询问题的图书馆，由他们来解答用户所咨询的问题。

24/7 Reference 主要功能：

• 使用实时 Chat 技术的用户交谈；

- 使用 Collaborative Browsing 技术引导用户进入最佳资源网站；
- 传送文件、图像、Powerpoint 演示文稿等到用户端；
- 可举行最多 20 人的网络会议，共享页面；
- 可对使用情况和用户交谈抄本操作，并有各种使用统计报告。

国外还有许多成功的 DRS 项目，美国教育部的 Ask ERIC、美国密西根大学的因特网公共图书馆（The Internet Public Library）参考中心（Reference Center，RC）、日本九州佐贺 5 所国立大学图书馆的数字参考服务联盟机制、芬兰的 18 所公共图书馆联合提供"请问一个图书馆员"（Ask A Librarian Sercice）服务等。

二、国内几个数字参考服务案例分析

1. 中国科学院国家科学图书馆网上咨询台

网址：http://dref.csdl.ac.cn/

国家科学图书馆网上咨询台是由中国科学院文献情报中心及科研院所图书馆，联合相关文献信息机构推出的一项网上参考咨询和知识导航服务。为国家科技和知识创新，面向我国现代化建设和科学研究，提供优质、便捷的学科文献咨询和专业知识服务。

该咨询台以中国科学院文献情报中心及其相关信息机构的馆藏资源为基础，以丰富的网络信息资源和先进的信息检索技术为依托，以中国科学院前沿领域的科学家和资深的咨询馆员为学科和信息专家，通过开发和利用学科知识、馆藏资源和网络信息资源，实现网上学科文献信息咨询服务和专业知识咨询与传播，充分发挥图书馆在知识经济时代为国家经济建设和科技发展服务的知识导航作用。其咨询台界台如图 10-4 所示。

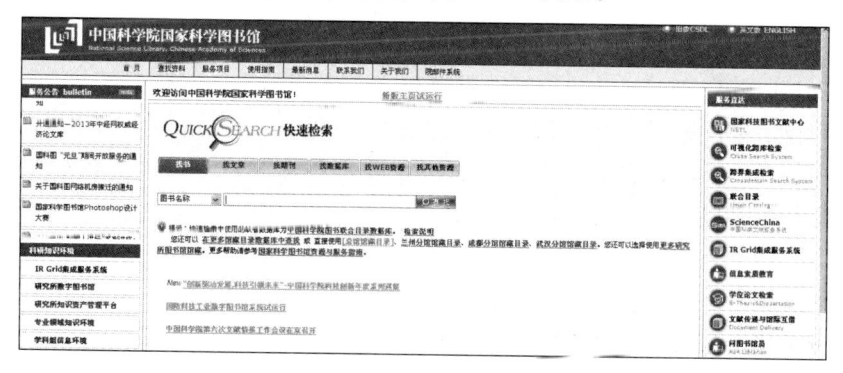

图 10-4　国家科学图书馆网上咨询台主页

主要流程：

国家科学图书馆网上咨询台的主体流程如图 10-5 所示。

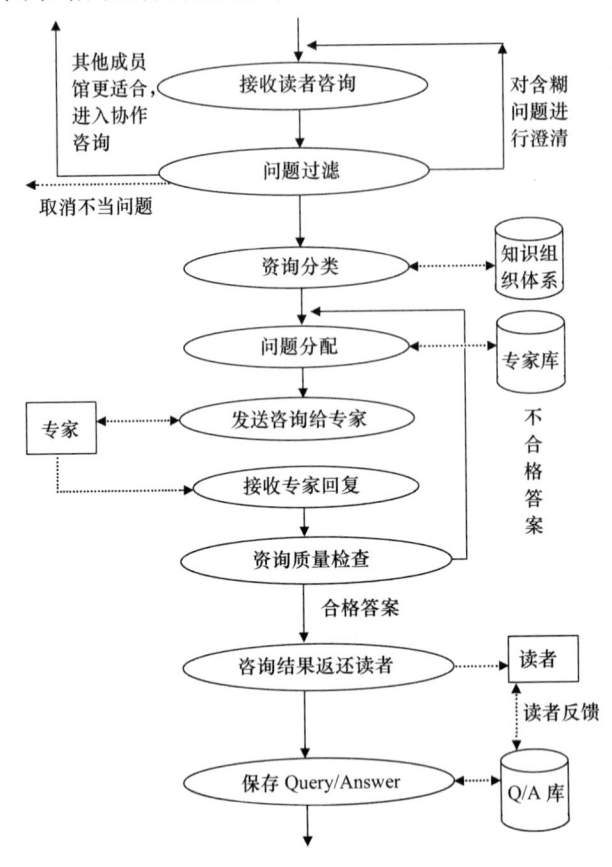

图 10-5　数字参考咨询系统的主体流程

在接收读者咨询之后，需经过问题过滤、咨询分类、问题分配几个过程，才能将读者的问题发送给咨询专家。在接收咨询专家的答复之后，需经过咨询质量检查，才能将答案发送给读者。在读者获得答案之后，还能够对咨询结果进行评价，提供咨询结果的反馈。

读者服务系统的实现：

读者服务系统直接面对用户，用户只需通过普通浏览器就可以进入到读者服务系统。在读者服务系统中，主要有以下功能。

● 用户注册。每一名读者可以事先注册成为本系统的用户，也可以直接在提问时候，指定其 E-mail 账号进行注册。在本系统中，E-mail 是读者的唯一标识。读者可以在"我的问题"中修改注册信息。

● 提问题。用户有两种提问题的方式：一种为简单提问，用户只需要填写问题标题、问题描述、问题类别、回答时间期限、是否允许发布五个方面的内容；另一种是详细提问，除了简单提问必须的内容之外，读者还可以对问题提供更详细的说明。此外，读者也可以通过 E-mail 进行提问。

● 我的问题。"我的问题"是读者与咨询人员进行问题交流的重要场所。已经注册过的用户，可以通过 E-mail 及密码登录到"我的问题"。通过"我的问题"，读者可以查看自己的提问列表及每个问题的状态（新问题、处理中、已回答）；对新问题进行修改、取消等操作；对处理中问题进行补充；查看已回答问题的答案或再提出相关问题；修改自己的注册信息；配置自己满意的颜色方案；查看所有的专家信息并向指定专家提问。

● 最新问题答案浏览。用户可以查看到最新的 10 个问题和答案，了解最近一段时间提问的热点。

● 问题/答案检索。能对问题/答案库中所有用户和咨询馆员都同意公开发布的问题和答案进行逻辑检索。

● FAQ 浏览检索。提供常见问题（FAQ）的按类浏览和检索功能。

● 问题征讨。向网上咨询系统所有用户公开征求问题的答案，用户可以选择他能够提供答案的问题进行回答。

● 选择学科咨询馆员提问。网上咨询系统定期向用户推荐各学科的咨询专家，用户可查看所有推荐专家的信息，包括姓名、学科专长、联系方式等，并向指定的专家提问。目前，通过咨询领域的学科布局和咨询实践，初步组织建立了一支基本覆盖科学技术领域和图书馆服务的三级咨询保障队伍，即由中科院文献情报中心、地区中心和所有图书馆咨询馆员及有学科背景的信息研究人员组成的咨询馆员队伍。制定了《咨询工作条例》和《咨询服务规范》，保证系统正常运行，提高服务质量，规范读者咨询行为，保证咨询专家的资质水平。据项目人员介绍，在线咨询以及与其他参考咨询系统间的协作咨询作为系统建设的二期目标，不在目前系统的考虑之内，在将来条件成熟之后，国家科学数字图书馆分布式数字参考咨询系统将建成以智能化问题解析单元、协作式参考咨询单元和在线式参考咨询单元为核心的分布式参考咨询系统。主要在以下几个方面不断对系统进行完善和提高。

（1）提高系统的智能化水平，以实现问题的智能化解析和专家的自动匹配和答案的智能化组织；

（2）提供 Co-Browsing 功能，实现在线咨询功能；

（3）不断研究和推出互操作机制，实现异构系统之间的协作咨询。

2. 联合参考咨询与文献传递网

网址：http://www.ucdrs.net/

联合参考咨询网是在全国文化信息资源共享工程国家中心指导下，由我国公共图书馆合作建立的公益性服务机构，其宗旨是以数字图书馆馆藏资源为基础，以因特网的丰富信息资源和各种信息搜寻技术为依托，为社会提供免费的网上参考咨询和文献远程传递服务。通过网络、移动设备、电话等渠道读者可以进行网上查询、参考咨询和远程文献传递等服务。联合参考咨询网实行"以读者为中心"的交互式信息服务。因此，联合参考咨询网实行"读者共享"的理念和做法，即任一位读者在某个成员馆注册和登陆成功，就被自动认同为本网读者，可以得到所有成员馆的免费服务。"联合参考咨询网"拥有我国目前最大规模的中文数字化资源库群：电子图书90万种，期刊论文1 500多万篇，博硕士论文23万篇，会议论文17万篇，外文期刊论文500万篇，国家标准和行业标准7万件，专利说明书86万件，以及全国公共图书馆建立的规模庞大的地方文献数据库和特色资源库。提供 7×24 小时的文献咨询与传递服务等。

到目前为止加盟的成员馆有广东省立中山图书馆、湖北图书馆、天津市公共图书馆、云南图书馆、山西图书馆等44个省市级图书馆，以及超星数字图书馆、广东省委党校图书馆、广东省科技情报所。

主要功能：导航系统技术先进，功能强大。

主要表现：

• 联机实时提问和解答。职合参考咨询网采用Web界面和表格方式，接受读者的咨询提问。这是开放式的服务，任何人都可以通过网络向数字图书馆提出问题。参考馆员收到读者提出的问题后，利用同样的界面进行解答，甚至可以进行实时交互式的咨询解答。

• 电子邮件服务。参考馆员在网上发布咨询答案的同时，系统自动给提问者发出一封电子信件，通知读者收取答案。

• 网上阅读和下载。该系统最重要的功能之一。参考馆员的答案，可以是文本、图像，也可以是超文本链接，读者能够在线阅读原文，或者把电子书刊下载到本地硬盘。

• 自动建库和检索。参考馆员发布咨询答案的同时，系统自动建立咨询档案，并实时提供给读者和咨询馆员免费检索使用。

• 解答窗的文本编辑功能。该窗口具有word的文本编辑、图像粘贴、超文本链接等功能。

- 数字图书馆基本功能的集成与无缝链接。在运行解答程序时，系统提供数字图书馆搜索引擎、清华学术期刊、维普全文期刊、万方数据资源系统等检索工具，并可方便地切换各网站查询，查询的结果可直接粘贴到答复窗；读者下载电子书刊，需要使用相应数字图书馆发行的读书卡和运行专用浏览器。

- 远程座席功能。该系统可实现咨询员管理和共享常用数字化资源，经过授权的图书馆可在本馆网站设置"联合参考咨询与文献传递网 ××××图书馆"主页，在本馆远程利用数字图书馆集成的数字化资源解答读者提出的各种问题。

业务流程和方法：

- 读者登陆数字图书馆网站，进入"联合参考咨询网"栏目，按要求和格式填写并发送检索提问表。其界面图如下。

- 参考馆员收到咨询提问后，分析问题，初步确定文献源，构造检索表达式。

- 进入检索操作，如果命中文献，就把检索结果粘贴到答复窗并发布；如果没有命中文献，也作出没有命中文献的答复。对解答简单的咨询问题，整个过程一般只需2~3分钟。

- 提问者如果对检索结果不满意，还可在屏幕上与参考馆员对话，让参考馆员修改检索策略，直到获得满意的结果为止。对话的方式有联机实时和脱机两种。

- 对提问者的检索要求，咨询中心在24小时内答复，并努力做到有问必答。

- 为了尽量向读者提供实时在线式服务，中心安排参考馆员分时段上网服务。

早8：00~晚21：00有实时在线服务。

中心业务规范：

为了提高咨询服务的质量，中心还制定了数字参考咨询业务规范，并要求工作人员严格执行。

- 能在数字图书馆找到的图书，用粘贴方式解答，提供链接和下载地址。

- 不能在数字图书馆找到的图书，应在网上查找并为读者提供邮购、网上订购信息。

- 通过查找图书不能解答的问题，应提供期刊论文全文服务。每次读者提问免费提供10篇以内的下载服务。

- 通过查找书刊不能解答的问题，应该利用 www.google.com、www.yahoo.com 等检索工具，扩大查找范围，尽可能满足读者的信息需求。

- 通过上述方法仍不能解答的问题，应明确告诉读者没有找到文献或不

图10-6 联合参考咨询与文献传递网界面

能提供服务的原因,如"此书没有数字化,不能提供网上阅读和下载",并使用礼貌用语"谢谢你的咨询"等。

3. 上海交通大学图书馆咨询服务系统

网址:http://www.lib.sjtu.edu.cn/

为适应数字图书馆的发展需要,上海交通大学图书馆开设网上参考咨询台,在2001年"985工程"期建设中启动了虚拟参考咨询系统项目建设,吸取了国内外先进经验基础上,推出了VRS计划。该系统是图书馆与软件公司合作开发的用于读者咨询服务的系统。它采用咨询馆员在线值班制度,用户(只限于校园网上使用)可以在网上通过参考咨询馆员提供的实时解答区与他们进行对话,也可以通过电话进行咨询,或进行网络表单咨询。

网上虚拟参考咨询服务平台(Virtual Reference Desk)由以下几部分组成。

• 常见问题库

常见问题(FAQ)与实时解答部分相连,每个读者询问的问题和咨询馆员的解答都会经管理员编辑整理后在FAQ库中公开,随着时间、服务的展开,

图10-7　上海交通大学图书馆咨询服务系统界面

不断会有读者关心的新的问题进入题库,其题库也就会越来越大,由于采用了人工干预行为,因此这个库将不再是简单的FAQ库存,或者是信息库,而是一种知识的积累,称为知识库。知识库中引进先进的知识库管理方式,将整个题库进行分类,不仅可用简单的字词匹配进行检索,还可提供专家系统检索、自然语言检索等功能。

- 网上实时解答

为了实现通过网络真正实时解答读者在使用数字图书馆中第一时间所发生的问题的初衷,本部分的重要性也越发明显。此部分需要有咨询员在线时才能发挥作用。咨询员不受时间、地点的限制,只要打开某台联网的计算机,以咨询员的身份登录后,就可在网上解答读者的疑问。从而为实现24/7的理想服务模式解决了技术上的问题。实时解答系统运行在Solaris系统上,完全基本web,读者和咨询员不需要安装任何的插件,就可正常使用,并进行文字交谈。

- 学科咨询馆员

学科咨询馆员制度是图书馆为开展深层次的学科咨询而采取的最新服务,针对不同院系,安排不同专业背景的图书馆咨询馆员负责,按学科开展全方位的服务。其主要职责有及时介绍与学科相关的试用数字资源,搜集对图书馆预(已)订购资源的使用情况并反馈给图书馆相关部门;为院系开展用户教育，针对学科作数字资源及图书馆服务的培训讲座；为各院系提供重点学科网上资源导航服务，并定期更新；向院系介绍图书馆的相关服务等。

为配合学科咨询馆员的工作，各院系还设立了图情咨询专家，由各院系教授或派专人担任。读者如果在使用图书馆中有什么需要帮助或者对图书馆的服务、馆藏建设有什么意见或建议的，学科咨询馆员联系。网上公布了学科咨询馆员的姓名、电话和电子邮箱以及对口的院系。

● 留言板

读者使用图书馆的过程中有什么需求或意见，可以通过留言板将问题和建议提交图书馆，图书馆及时对提出的问题做出回复。

系统主要特点和功能：

● 解答的实时性；

● 对用不同方式提问（实时解答、表单方式、电子邮件方式）的问题进行集中管理，将问题库中的内容由信息库转变成为知识库；

● 采用基于知识的数据库管理方式管理知识库，以改变简单的字词匹配的检索方式；分析并规范用户提问，对问题库中内容进行归类管理；

● 咨询问题分布式检索：采用分布式技术检索位于各地的知识库。

技术特点：

● Chat 实现文字交谈

在实现面对面交谈式咨询的模式时，本系统采用了 Chat 技术，并稍加改动，避免了 Chat 系统的过于自由化。此技术可实现咨询员和读者之间通过文字进行交流的目的。同时，本系统也考虑使用画板传送的方式来转达一些仅用文字很难表达的内容，如道路指引等，或者解决部分生僻文字输入问题。

由于这是一个咨询台的解答系统，因此，咨询员可以面对多个读者，而读者和读者之间是经过屏蔽的，即每个读者所看到的只是咨询员，他的提问对象也只是咨询员。避免了读者间可互相交流的非预知情况的产生。

考虑到具体的情况，对于进入咨询台的读者，本系统没有安排排队、让读者一个个地等候的方式，而是采用了在线读者优先级同等的方式处理提问。咨询员可选择任何一个在线读者来解答所提的问题，也可视情况断开某些读者的连接。

● Webpage push 实现页面推送

● Co - browsing 实现同步浏览

由于在图书馆，特别是数字图书馆的咨询中，常常出现的是数据库如何操作，某网站如何进入，或有哪些站点可以推荐使用等，所有这些通过文字来表述需要很长的篇幅，而且也不易使对方理解。因此，本系统将采用 Co -

browsing 技术推送页面，这样在读者的屏幕上将会出现咨询员正在浏览的某网站的页面，形象、直观，更便于读者理解。

本系统还将考虑视频压缩和传送技术，在必要时，咨询员可以切换窗口让读者看到咨询员的整个操作，包括鼠标的移动、点击、文字的输入等。

- 抄本传送

4. 上海市中心图书馆网上联合知识导航站

网址：http：//dl.eastday.com/zsdh/index.html

上海市中心图书馆网上联合知识导航站是在初步实现上海市文献资源共建共享基础之上，由上海图书馆牵头并联合上海高校、科研等图书馆及相关机构，为适应世界图书馆事业发展新趋势，面向现代化、面向世界、面向未来，率先在国内推出的一个旨在向读者提供高质量专业参考，知识导航的新型服务项目。也是凸现上海市中心图书馆增强网络服务和知识导航能力的新举措。导航站于2001年5月28日开始运行服务。它以上海地区图书馆及相关机构的馆藏资源为基础，以因特网的丰富信息资源和各种信息搜寻技术为信托，以上海图书情报界的一批中青年资深参考馆员为网上联合知识导航专家，通过开发和利用馆藏资源和网络信息资源，实现上海各类图书馆网上参考咨询服务的优势互补，充分发挥了图书馆在知识经济社会中为各行业服务的知识导航作用。导航站最大的特点是专家问询。提问与回答问题的方式主要是基于 E-mail，但同时采用了一种合作数字参考服务模式。上海市中心图书馆网上知识导航站的导航专家由上海图书馆、上海交通大学图书馆、复旦大学图书馆、华东师范大学图书馆、同济大学图书馆、上海社会科学研究院图书馆、中科院上海文献情报中心的16位中青年参考馆员骨干组成。专家提供咨询的领域有：社会科学、语言文字、宗教、生物医学、农业、计算机管理、工程技术、化学化工、教育与心理学等多方面。此外，该站还与香港、新加坡、澳门的网上信息服务中心建立了合作伙伴关系，用户可通过发送电子邮件向这些中心的咨询专家咨询。网上知识导航站的主要功能有：

- 通过电子表单方式的专家问讯服务；
- 所有回答浏览；
- 代查代检，原文传递服务。

下面是"专家咨询"提问界面：

5. 其他几个案例

（1）清华大学图书馆咨询台

网址：http：//www.lib.tsinghua.edu.cn/

图 10-8　网上联合知识导航站"专家咨询"界面

2003 年 4 月，清华大学图书馆开始提供实时咨询服务，目前是采用 Question Point 系统的 Chat 模块。咨询台提供四种服务：表单咨询，在线咨询，电话咨询和当面咨询。此外，还提供 FAQ 检索，将利用图书馆相关问题分为：一般性问题、查找咨询、数据库检索、公共书目（OPAC）查询、图书馆流通阅览、有关规则、咨询服务等七部分共 100 个问题，以指导、帮助用户更好地利用图书馆。清华大学图书馆综合考虑多方面因素后，从 2008 年停止订购 QP 系统，改用 CALIS 的 CVRS 实时咨询模块。新启用的实时咨询系统界面如图 10-9 所示。

图 10-9　清华大学图书馆咨询台界面

（2）中国高等教育文献保障系统（China Academic Library & Information System，CALIS）之虚拟参考咨询系统

网址：http://www.calis.edu.cn/calisnew/calis_index.asp

该系统是经国务院批准的我国高等教育 211 工程总体规划中三个公共服务体系之一。中国高等教育分布式联合虚拟参考咨询平台，以本地服务与分

布式联合服务相结合，建立可持续发展的、多馆协作咨询的规则和模式；建立相关的知识库、学习中心。运行初期的虚拟参考咨询系统的中心知识库有520 000条以上经过组织整理的问答记录。

中国高等教育分布式联合虚拟参考咨询平台是沟通咨询馆员与读者的桥梁，通过此平台的建立，将能真正实时地解答读者在使用数字图书馆中第一时间所发生的问题。咨询员可不受时间、地点的限制，在网上解答读者的疑问，从而为实现24/7的理想服务模式解决技术上的问题。

本系统由中心级咨询系统和本地级咨询系统两级架构组成，中心咨询系统由总虚拟咨询台与中心调度系统、中心知识库、学习中心等模块组成；本地级咨询系统由成员馆本地虚拟咨询台、各馆本地知识库组成。这种架构方式既能充分发挥各个成员馆独特的咨询服务作用，也能通过中心调度系统实现各成员馆的咨询任务分派与调度。

（3）浙江省联合知识导航网

网址：http：//www.zjdh.org：8080/vrd/index.jsp

浙江省联合知识导航网是由浙江图书馆牵头并联合浙江大学图书馆、浙江省科技信息所，为适应不断发展的读者需求而建立的，通过因特网为广大读者提供高质量的参考咨询服务项目。本导航网以浙江图书馆、浙江大学图书馆、浙江省科技信息所馆藏资源为基础，以因特网的丰富信息资源和各种信息搜寻技术为依托，以一批资深参考馆员为网上知识导航员，通过加强特色馆藏资源和网络信息资源的开发和利用，充分发挥图书馆在知识经济社会中为各行业服务的知识导航作用。

（4）山西省图书馆网上知识导航站

网址：http：//lib.sx.cn/secdir/zsdh/zsdh.htm

山西省图书馆网上知识导航站是以山西省图书馆馆藏文献资源为基础，以互联网上丰富的信息资源和各种信息搜索技术为依托，以山西省图书馆的一批参考馆员和外聘专家组成的网上导航员队伍，通过馆藏资源和网络信息资源的开发和利用，满足社会对图书馆的需求，体现现代图书馆社会教育的职能，发挥信息枢纽的作用。

第四节　网络参考咨询服务质量评价

一、网络参考咨询服务质量评价的意义

质量评价作为科学管理的一个重要步骤，旨在对网络参考咨询工作进行

规范，减少消极因素对服务质量的影响，充分发挥积极因素的作用，有效排出影响咨询质量的障碍，提高用户的满意度和咨询服务的质量，以更好地实现图书馆的服务宗旨。

二、影响网络参考服务质量的因素

我们只有首先了解了影响网络参考服务质量的构成因素，掌握其规律和特点，并进行科学的分析，才能制定出一套科学的评价指标，从而对这一工作起到促进作用。

1. 信息资源

信息资源是解答用户咨询的依据，是满足用户信息需求的物质基础，其覆盖范围的广度和深度以及信息组织管理形式将对服务质量起决定作用。网络参考咨询服务是以接受用户的信息需求为基础的，没有用户的提问，没有用户信息需要的求助，参考咨询工作就无从谈起。

2. 咨询馆员

高质量的咨询解答来源于高水平的咨询馆员。网络环境下的参考咨询馆员的专业素养、知识结构、信息资源的挖掘整合能力、对用户需求的解读能力等，都对咨询服务的质量起着重要作用，因此，应是参考服务质量评价的一个重要指标。

3. 技术

参考咨询系统的设计、检索语言的选择、信息的组织管理等技术方法，都对咨询服务质量起着关键的作用，智能系统对用户提问分析判断的准确性以及系统运行的稳定性等，都需要强大网络技术的支持。

4. 管理

高质量的服务离不开科学的管理，咨询流程的设计、咨询请求的分配、咨询队伍的建设与规模都因纳入管理的范畴，并作为质量评价的一个指标。

三、网络参考咨询服务质量评价体系

在我国，关于网络参考咨询服务质量评价体系和具体量化的评估模式，仍处在探讨阶段，至今尚未形成一套成熟完善的体系，虽然一些图书馆已开始逐步对参考咨询服务进行评价，但零散而片面，理论性强而实用性不够。因此，我们介绍两个国外模式，以供参考。

1. 从国际上的发展趋势来看，一些源自于市场营销学的理念和评价模式正被广泛运用到图书馆评价体系之中，最为典型的是"服务质量评价（SERVQUAI"模式。这一服务质量评估模式系美国市场营销学家 A. Arasuraman、L. L. Berry 和 V. A. Zeiothaml 等人率先提出，其思想基础在于"全面质量管理（TQM）"理念。这一模式以用户的愿望及满意度作为衡量信息服务工作的标准，即服务质量（Q）=用户感知（P）-用户期望（E）。

因此又被称为"期望—感知"模型。在此基础上，他们设计出较全面反映服务质量的五个层面：有形设施（Tangibles）：指外围物质设施、技术设备、人员及交流实体等；可靠性（Reliability）：指独立而有效地实现服务承诺的能力；敬业精神（Responsiveness）：指愿意帮助用户并提供快捷服务的意愿；保障度（Assurance）：指工作人员的知识、友好态度以及传递信心和诚意的能力；情感投入（Em-Pathy）：指工作人员对用户投入的注意和关切。再针对这五个层面提出 22 个与用户直接相关的命题，通过调查问卷的方式，用期望值、实际感受值及最低可容忍值三种形式让用户对服务质量进行评价。这样使得有关信息服务的评估问题具备了较为客观合理的量化指标，有助于了解具体服务过程中用户的主观期望与实际感受之间的差距，明确改进的方向与目标。美国很多图书馆已运用此模式进行信息服务质量的评估，如 Texas&M 大学的 SterlingC. Evans 图书馆、Virginia 大学图书馆下属的 Alderman 图书馆和 Fiskekim 精美艺术图书馆等。实践证明，该评估模式对于客观评价图书馆服务质量确实起到了很大作用。

随着这一模式在众多图书馆被广泛实践，其一些不足之处也逐渐显现出来。如过多强调服务中的用户因素、五个层面中存在相互交叉关系等，因此还需进一步改进与完善。为适应现代图书馆实际情况的需要，美国研究型图书馆联合会（ARL）发起了"LibQUAL+"研究计划。此计划基于改良后的 SERVOUAL，对不同大学图书馆的服务作出以用户调查为基础的大规模评价，以克服 SERVOUAL 的不足，建立一种更为科学合理的服务质量评价模式。LibQUAL+将以往 SERVOUAL 决定质量的五层面最终调整为四层：服务（Service）、图书馆整体环境（Library）、馆藏获取（Access to Collection）及可靠性（Reliability），依然采用调查问卷的形式，提炼出 34 个问题让用户进行回答，力求更加全面、客观地评价图书馆信息服务的整体质量，同时突出图书馆为用户提供所需信息资源的服务特色。这一模式仍在不断探讨与完善之中。

2. 另一种较详细而全面的评价模式已经被美国"Ask A 虚拟参考咨询台协会"（the Virtual Reference Desk Ask A Consortium）提出，具体包括以下诸因素：可获得性（Accessible）、快速反馈（Prompt Turn Around）、清楚回复策略（Clear Response Policy）、交互性（Interactive）、指导性（Instructive）、权威性（Authoritative）、个性化（Private）、可复查性（Reviewed）、咨询人员（Referrals）和公开度（Publicity）。而与"LibQUAL+"计划同时并行的是由数字图书馆论坛（the Digital Library Federation's Group）发起的关于使用度（Usage）、可利用性（Usability）和用户支持（User Support）的研究计划，旨在确定图书馆最终所需要的评价标准与方式。

3. 在数字参考服务领域，除以上介绍的模式外，VRD 项目及其相关的研究一直处于业界领先的地位。2000 年 10 日修改了该标准，制定"虚拟参考服务质量的指标体系（第 4 版）"（Facets of Quality for Digital Reference Services Version 4），从用户处理和服务开发两个层面，界定了可存取性、响应及时性、政策明确性、人员交互性、内容指导性以及保证专家权威性、培训、保护隐私、服务评估、提供相关信息的存取、服务公知性等 11 个虚拟参考服务的质量指标。

第五节　网络（数字）参考咨询服务存在的问题

1. 认识方面

开展数字参考咨询服务可以有力地促进各类型图书馆参与数字图书馆相关问题的研究与实践，扩大享受该服务的用户范围，提高服务层次，更有效地发挥各种数字资源的潜在使用价值。因此，新的网络化信息环境，要求咨询馆员首先从观念上紧跟形势的发展，对基于网络的数字参考咨询服务给予足够重视，用全新的思想去管理和拓展参考咨询工作。

2. 技术方面

纵观 DRS 的发展，数字参考服务从开始使用 E-mail 提供咨询服务，发展到利用 Web-Form 技术提供咨询服务，直至现在利用 Chat 技术、Push Webpage 页面推送技术、Collaborative Web Browsing 实时交互解答服务和合作化参考咨询服务。实践证明，数字参考服务的发展一刻也离不开计算机等先进技术的进步。因此，只有在系统软件技术和网络条件技术不断取得进步，数字参考咨询服务工作才能不断得到深层次拓展。

3. 标准化方面

数字参考服务是一个典型的多资源集成的服务。数字参考服务的参考源主要是数字化信息资源，因此数字参考服务不可避免地涉及标准化问题，如数字参考服务系统各个环节的技术标准、采用的元数据标准、服务标准、质量控制标准、信息交换与共享标准等。数字参考服务尚处于起步阶段，但从当前发展状况来看，规范标准化问题已成为制约其发展的一个重要因素。

4. 服务质量评价

由于服务的无形性使服务的提供与有形产品存在着较大的差异，结果造成了大量对服务质量的不同界定。随着各种图书馆服务质量评估模式的不断涌现、改进和发展，现代参考咨询服务将会得到越来越科学而合理的评估，势必将不断推进图书馆信息服务工作水平的提高。

5. 信息安全与隐私保护

当前信息已成为一个国家重要的资源，信息的拥有和使用涉及国家财产保护和信息安全问题，在数字参考咨询中应树立信息安全意识，采取有效措施，防止国有财产的流失。用户的个人信息属于隐私问题，如何在开展数字化参考咨询服务中保护用户的隐私也应在软件设计和服务管理中予以重视。

6. 负面影响

国外有人担心，像 QuestionPoint 这样的全球性参考咨询项目的推荐，可能加剧了图书馆的用户不再访问图书馆这个实体，用户不再需要从图书馆获取信息。认为现时的参考咨询台仍然是一个不可替代的实施教学的地方。另外，图书馆应使用正式出版的、高质量的信息资源，但这些产品的数字版本通常要受到版权和许可限制，因此，这将影响到数字参考咨询的质量。

第六节 网络环境下参考咨询服务发展的趋势

网络的发展，特别是图书馆与 Internet 联网后，图书馆及其用户拥有了一个信息资源十分丰富的多媒体信息网。与此同时，用户对信息的需求无论从广度还是深度上都有了极大的扩展，而参考咨询服务必然在内容、手段、方式和范围等方面随时呈现出新的发展态势。

1. 参考咨询工作从单馆运行到多馆运行

数字参考咨询服务在网络环境下有着无限的服务空间，而支撑这一工作空间的必须是一个联合工作团队。首先，从咨询时间上看，单个图书馆很难真正做到 7/24 数字参考服务；其次，从信息资源看，单个馆也很难满足所有用户的各种信息需求。因此，多馆联合是数字参考咨询工作的必然发展趋势。如大学图书馆之间，大学馆、公共馆、专业馆之间以及国际联合体。这种协作咨询的优势表现在：

(1) 开放时间上更加适应用户需要；
(2) 经费上因规模经济而节省；
(3) 专业知识上优势互补；
(4) 整体服务水平因相互学习、相互促进而得到不断提高。

2. 从异步咨询到实时合作咨询

例如，基于知识库的网上多咨询台的分布是实时合作系统，该系统将原给予的数据库管理发展为知识库管理，将原基于 FAQ 的单馆、单咨询台的实时解答系统发展为基于小组、集团或联盟的一个分布式多咨询台的实时合作咨询服务系统。

3. 更多的交流方式

在宽带网络环境下，参考咨询双方不仅可以通过文字进行交流，还可通过音频、视频等方式，利用计算机网上的电话、摄像系统装置，真正"面对面"地咨询或解答。

4. 规范化

提供答复更加完整、准确，形式也更加规范、统一。

5. 功能的扩展

网络参考咨询的系统功能将会得到不断扩展，使得咨询越来越便捷、高效。如目前应用最广泛的 Chat Reference 软件技术的发展趋势将是 Web Call Center。该系统的网上解答除基于知识库咨询外，还有网页推送功能；咨询员可以控制读者的浏览，可以看到读者网上联机检索时的疑问和问题所在，甚至在不中断读者检索的情况下，帮助、指导读者解决问题。

6. 与其他服务相衔接

数字参考咨询将有效地与复印、原文传递、馆际互借衔接起来，向用户提供"一站式"服务。

7. 多语种处理

如果每个图书馆都只用本国的语言开展虚拟参考咨询，那么走向全球联合只能是一个永远无法实现的梦想。从长远看，为了将来能顺利实现国际间参考咨询的协作，有必要要求图书馆在参考信息源开发、知识库建设、Webform 的设计、E-mail 回复等咨询过程中增加英文和其他语种版的制作。

第七节 我国网络参考咨询工作研究的重点

一、几个理论问题

1. 管理协作

现代信息技术的发展不仅改变着数字参考服务的手段和内容,而且改变了数字参考服务的组织管理模式。管理协作化已成为数字参考服务管理模式发展的必然趋势。在"信息爆炸"的时代,图书馆虽在占据文献资源、数字资源方面有一定的优势,但相形之下都会感到势单力薄。因此,图书情报机构必须协同作战,凭借各机构的优势,调动其信息研究开发人才,利用先进的信息技术,为经济发展和社会进步提供数字参考服务。因此,如何组建真正的 CDRS 联合体,引进或开发 CDRS 系统服务平台,整合数字资源,制定符合我国国情的 CDRS 管理制度和质量标准,开展国家 CDRS 服务,是一个值得探讨的课题。

2. 知识库的建设

知识库是参考咨询的资源基础,就像传统的参考咨询必须配备各种工具书一样。知识库在数字参考系统中扮演的是知识的汇聚与管理的重要角色,其所管理的知识主要有二部分:(1)馆员于回答时所寻找的参考资料;(2)所有读者曾问过的问题和馆员的解答。QucstionPoint 知识库建设制定的编辑准则包括编辑的程度、评估答案是否有偏见或非客观、移除读者个人信息及图书馆信息、记录若干包含须授权使用的数据库内容、网址 URL 格式标准化、须著录引用资料来源、评估时效性、增加主题标目和地理位置以及关键词、删除记录等。在我国,数字参考服务还处于起步阶段,知识库建设还是一个薄弱环节,需要计算机、出版和图书情报各方面的共同合作。

3. 实用技术

网络及相关技术为人们的信息交流提供了许多极其方便的工具,但如何综合有效地利用这些技术,对于图书馆网络参考咨询工作能否顺利开展的确是至关重要的问题。如咨询网站与网上咨询台的建设、网络参考信息源的收集与处理系统、网络合作咨询系统、咨询费用的自动结算系统、咨询者的个人资料自动保护系统以及网络参考咨询综合管理系统的开发、完善与优化等,都是需要进一步解决的关键问题。

二、信息（特别是电子信息）产权问题

在网络咨询服务方式中，咨询问题的解决将在很大程度上依赖电子（包括网络）信息资源。随着我国国民知识产权保护意识的加强，信息产权问题不可避免，稍有不慎即会引起法律纠纷。咨询馆员如何巧妙地避免此类问题而有效、合法的利用各种媒体信息资源为网络咨询工作服务，将是非常值得切实必须研究的问题。

三、数字参考咨询的运营机制与经费支持

与传统参考咨询工作不同，在网络参考咨询工作中，咨询问题的接收、咨询解答结果的提交、咨询洽谈等过程需要经过网络来完成；大量有价值的网络信息资源需要交纳一定的费用才能获得使用权；为完成愈加复杂化、个性化的咨询需要付出更多的智力和体力劳动，对此应给予一定的酬劳补偿。

因此，如何建立一个良好、有效的数字参考咨询工作运营机制，并使咨询费用的结算得到及时、有效、合理的控制是一个必须考虑的问题。

四、网络咨询者的隐私保护问题

我国是一个缺少隐私文化传统的国家。随着社会的发展和国际交往扩大，公民保护隐私的意识日益增强。而咨询者的一些个人信息资料又常常会通过网络被泄漏、传播出去，因此，咨询员如何处理好咨询者的个人隐私与利用、存储与保护的关系问题，就显得非常重要了。

五、网络参考咨询评价问题

随着时代的发展，传统的图书馆服务评价方式已越来越难以适用于现代图书馆，建立实用而科学的评估模式成为当务之急，以更加具体地对数字参考咨询服务加以量化评价。对于我国图书馆界而言，虽然一些图书馆已逐步开始对参考咨询服务进行评价，但零散而片面，理论性较强而实用性不够，缺乏科学而完整的评估体系和具体量化的评估模式，不利于参考咨询工作的发展。

六、网络化咨询合作问题

根据信息环境的发展趋势以及国外的先进经验，网络化咨询合作将是参考咨询工作的一个重要方式，因为网络咨询的优势之一在于各咨询个体之间可以很方便地进行联系与合作，实现信息、技术、人力、市场等方面的有效

共建与共享。我国目前在此方面的实践与理论研究都很薄弱。

七、网络参考咨询的社会化、产业化问题

无论是我国所处的信息化经济社会对信息咨询服务的需求，还是从大多数图书馆已具备的条件来看，图书馆网络参考咨询转向社会化、产业化不仅是必要的，也是完全可能的。但据了解，目前尚未有专门就参考咨询社会化和产业化问题进行研究的人员。

八、数字参考咨询馆员制度化

在网络参考环境下，咨询馆员的数量逐渐增加，彼此的分工加深、合作加强。为了满足读者用户全天候的咨询需求，国内外许多图书馆都增加参考咨询人员的比重。美国许多图书馆25%以上的员工从事咨询工作，有些图书馆的参考咨询人数甚至占总人数的一半。随着数字参考咨询馆员队伍的不断壮大，未来的数字参考咨询馆员必然实行制度化。如何通过参考咨询馆员制度的实行，使数字参考咨询工作更加有效、规范，同时对参考咨询馆员的工作进行考核、评估，并增强其竞争意识和敬业精神，使其自觉发挥主观能动性，挖掘潜能，从而促进参考咨询馆员队伍建设，也是值得我们研究的一个领域。

九、数字参考咨询标准规范的建立

为了确保服务质量，建立切实可行的操作技术定义标准规范是非常必要的。目前，我国国家科学数字图书馆分布式数字参考咨询服务系统规范化标准化程度较高，其他数字参考服务项目标准化还不是很高，与国际上的数字参考服务标准还存在着很大差距。但是随着数字参考服务在我国的不断拓展，我国数字参考服务规范标准化建设必然会更高更好。

附录 1 学科资源数据库目录

1. 数学
- ArticleFirst——OCLC 期刊索引数据库
- Conference Papers Index（1982 - ）——会议论文索引
- ContentsFirst——OCLC 期刊目次库
- Dissertation Abstracts（1988 - ）——博士论文数据库
- E - Print ArXiv——美国洛斯阿拉莫斯（Los Alamos）国家实验室电子预印本文献库
- Ingenta——期刊索引数据库
- ISTP（Index to Scientific Technical Proceeding）——科技会议录索引 CD 版
- John Wiley——出版社电子期刊
- JSTOR 西文过刊全文库
- Kluwer Online——800 种电子期刊镜像服务网站
- MathSci（1980 - ）——数学文献库
- PapersFirst——OCLC 会议论文数据库
- ProQuest Digital Dissertation——UMI 博硕士论文数据库
- SCI（Science Citation Index 1995 - ）——科学引文索引网络版（Web of Science）
- The royal society 英国皇家学会 4 种电子刊
- Web of science proceeding——ISTP（科学技术会议录索引）& ISSHP（社会科学及人文科学会议录索引）
- WorldCat——OCLC 世界图书馆书目

2. 物理、航空、航天
- Aerospace Database（1986 - ）——航空航天数据库
- ArticleFirst——OCLC 期刊索引数据库
- Cambridge Science Abstract——剑桥科学文摘
- Conference Papers Index（1982 - ）会议论文索引

- ContentsFirst——OCLC 期刊目次录
- Current Contents（6 months）——现刊篇名目次数据库网络版
- Current Contents/With Abstract（1994 - 1997）——现刊篇名目次
- Derwent Innovations Index（1963—）——德温特专利索引数据库
- Dissertation Abstracts（1988 - ）——博士论文数据库
- Engineering Index Compendex Web ——工程索引网络版
- General Science Source——自然科学综合资料库
- Ingenta 期刊索引数据库
- Inspect（1969—）——英国科学文摘
- Institute Of Physics 英国皇家物理学会期刊数据库
- Istp（Index To Science Technical Proceeding）——科技会议录索引网络版
- John Wiley 出版社电子期刊
- Kluwer Online——800 种电子期刊镜像服务网站
- Ntis（1980 - 1995.6）——美国政府报告
- Sci（Science Citation Index 1995—）——科学引文索引网络版（web Of Science）
- Solid State And Superconductivity Abstract（1981—）——固态及超导材料文摘库
- The Royal Society 英国皇家学会 4 种电子刊
- Web Of Science Proceeding——ISTP（科学技术会议录索引）& ISSHP（社会科学及人文科学会议录索引）
- Worldcat——OCLC 世界图书馆书目
- 美国物理学会电子期刊
- 美国物理研究所电子期刊
- 英国皇家学会四种刊物

3. 计算机、电子

- ACM Digital library——美国计算机协会（Association for Computing Machinery）电子期刊、会议录
- ArticleFirst——OCLC 期刊索引数据库
- Cambridge Science Abstract——剑桥科学文摘
- Computer and Information Systems Abstract（1981—）——计算机及信息系统文摘数据库

- ContentsFirst——OCLC 期刊目次库
- Current contents（6 months）——现刊篇名目次
- Derwent innovations index（1963—）——德温特专利索引数据库
- Dissertation abstracts（1988 - ）——博士论文数据库
- Electronics and Communication abstracts（1981 - ）——电子和通信文摘数据库
- Engineering index compendex web——工程索引网络版
- IEEE/IEE Electronic Library
- Ingenta 期刊索引数据库
- Inspect（1969—）——英国科学文摘
- ISTP（Index To Science Technical Proceeding）——科技会议录索引网络版
- John Wiley 出版社电子期刊
- Kluwer Online——800 种电子期刊镜像服务网站
- NTIS（1980 - 1995.6）——美国政府报告
- Papersfirst——OCLC 会议论文数据库
- Proquest Digital Dissertation——UMI 博硕士论文数据库
- SCI（Science Citation Index 1995 - ）——科学引文索引网络版（Web Of Science）
- Solid State And Superconductivity Abstract（1981—）——固态及超导材料文摘库
- The Royal Society 英国皇家学会 4 种电子刊
- Web Of Science Proceeding——ISTP（科学技术会议录索引）& ISSHP（社会科学及人文科学会议录索引）
- Wilson General Science Abstracts（1984.5 - 1995.7）——威尔逊大众科学文摘
- Worldcat——OCLC 世界图书馆书目

4. 能源、工程技术

- Advance Materials（1985 - 1995.6）——材料科学库
- Aluminium Industry Abstracts（1972——）——铝工业文摘库
- Articlefirst——OCLC 期刊索引数据库
- Cambridge Science Abstract——剑桥科学文摘
- Ceramic Abstracts/World Ceramic Abstracts（1975——）——陶瓷文摘

数据库
- Contentsfirst——OCLC 期刊目次库
- Current Contents（6 Months）——现刊篇名目次
- Copper Data Center Database（1965—）——铜文献数据库
- Derwent Innovations Index（1963—）——德温特专利索引数据库
- Dissertation Abstracts（1988 - ）——博士论文数据库
- Current Contents/With Abstract（1994 - 1997）——现刊篇名目次
- Engineered Materials Abstracts Search Subfiles（1986—）——工程材料文摘数据库
- Engineering Index Compendex Web——工程索引网络版
- General Science Source ——自然科学综合资料库
- IEEE/IEE Electronic Library
- Ingenta 期刊索引数据库
- ISTP（Index To Science Technical Proceeding）——科技会议录索引网络版
- John Wiley 出版社电子期刊
- Kluwer Online——800 种电子期刊镜像服务网站
- Materials Business File（1985—）——材料贸易库
- Mechanical Engineering Abstracts（1981—）——机械工程文摘库
- METADEX（1966—）——金属文献库
- NTIS——美国政府报告
- Papersfirst——OCLC 会议论文数据库
- Proquest Digital Dissertation——UMI 博硕士论文数据库
- SCI（Science Citation Index 1995 - ）——科学引文索引网络版 Web Of Science
- Solid State And Superconductivity Abstract（1981—）——固态及超导材料文摘库
- Web Of Science Proceeding——ISTP（科学技术会议录索引）& ISSHP（社会科学及人文科学会议录索引）
- Wilson General Science Abstracts（1984.5 - 1995.7）——威尔逊大众科学文摘
- Worldcat——OCLC 世界图书馆书目

5. 化学化工
- Articlefirst——OCLC 期刊索引数据库

- Beilstein/Gmelin Crossfire 化学资料数据库
- CA On CD（1992—）——化学文摘
- Conference Papers Index（1982—）——会议论文索引
- Contentsfirst——OCLC 期刊目次库
- Corrosion Abstracts（1980—）——腐蚀文摘数据库
- Current Contents（6 Months）——现刊篇名目次
- Current Contents/With Abstract（1994-1997）——现刊篇名目次
- Derwent Innovations Index（1963—）——德温特专利索引数据库
- Dissertation Abstracts（1988—）——博士论文数据库
- Ingenta 期刊索引数据库
- Isi Chemistry Server
- ISTP（Index To Science Technical Proceeding）——科技会议录索引网络版
- John Wiley 出版社电子期刊
- Kirt-Othmer Encyclopedia Of Chemical Technology. 4thed. ——Kirt-Othmer 化学技术百科全书（第 4 版）全文库
- Kluwer Online——800 种电子期刊镜像服务网站
- NTIS——美国政府报告
- Papersfirst——OCLC 会议论文数据库
- Proquest Digital Dissertation——UMI 博硕士论文数据库
- SCI（Science Citation Index 1995—）——科学引文索引网络版 Web Of Science
- Web Of Science Proceeding——ISTP（科学技术会议录索引）&ISSHP（社会科学及人文科学会议录索引）
- Worldcat——OCLC 世界图书馆书目
- 英国皇家化学学会（RSC）期刊及数据库免费试用

6. 生物、医药卫生

- Academic Research Library——Umi 学术期刊图书馆数据库
- Articlefirst——OCLC 期刊索引数据库
- ASFA：（Aquatic Sciences And Fisheries Abstracts Search Subfiles 1978—）——水生生物及鱼类文摘数据库
- Biological Abstracts（1995—）——生物学文摘
- Biological Sciences Search Subfiles（1982—）——生物科学

- Biosis Previews（1996.01—）——生物学文献数据库
- Biotechnology And Bioengineering Abstract（1982—）——生物技术和生物工程文摘数据库
- Cab Health（1973-1989）——Cab 卫生健康数据库
- Cambridge Science Abstract——剑桥科学文摘
- Centre Of Bioinformatics——生物信息中心
- Conference Papers Index（1982—）——会议论文索引
- Contentsfirst——OCLC 期刊目次库
- Current Contents（6 Months）——现刊篇名目次
- Derwent Innovations Index（1963—）——德温特专利索引数据库
- Dissertation Abstracts（1988—）——博士论文数据库
- Cencral Science Source——自然科学综合资料库
- Genome Database——基因组数据库
- Ingenta 期刊索引数据库
- ISTP（Index To Science Technical Proceeding）——科技会议录索引网络版
- John Wiley 出版社电子期刊
- Jstor 西文过刊全文库
- Kluwer Online——800 种电子期刊镜像服务网站
- Mediline——医学文献库
- Ntis——美国政府报告
- Pharmaceutical News Index（1985-1995.8）——药物学新闻索引
- Plant Science（1994—）——植物科学数据库
- Proquest Digital Dissertation——Umi 博硕士论文数据库
- Sci（Science Citation Index 1995—）——科学引文索引网络版 Web Of Science
- Safety Science And Risk（1981—）——安全科学和危险
- The Royal Society 英国皇家学会 4 种电子刊
- Toxline（1994—）——毒理学数据库
- Web Of Science Proceeding——ISTP（科学技术会议录索引）& ISSHP（社会科学及人文科学会议录索引）
- Wilson General Science Abstracts（1984.5-1995.7）——威尔逊大众科学文摘
- Worldcat——OCLC 世界图书馆书目

7. 地质、地理、环境科学
- Articlefirst——OCLC 期刊索引数据库
- Cambridge Science Abstract——剑桥科学文摘
- Contentsfirst——OCLC 期刊目次库
- Current Contents（6 Months）——现刊篇名目次
- Current Contents/With Abstract（1994—1997）——现刊篇名目次
- Derwent Innovations Index（1963—）——德温特专利索引数据库
- Dissertation Abstracts（1988—）——博士论文数据库
- Environmental Science And Pollution Mgmt Search Subfiles（1981—）——环境科学及污染治理
- General Science Source——自然科学综合资料库
- Geobase（1994—）——地理数据库
- Georef（1785—）——地学参考数据库
- Ingenta 期刊索引数据库
- ISTP（Index To Science Technical Proceeding）——科技会议录索引网络版
- John Wiley 出版社电子期刊
- Jstor 西文过刊全文库
- Kluwer Online——800 种电子期刊镜像服务网站
- NTIS——美国政府报告
- Oceanic Abstracts（1981—）——海洋学文摘数据库
- Papersfirst——OCLC 会议论文数据库
- Poltoxl（1966—）——污染与毒理学数据库
- Proquest Digital Dissertation——UMI 博硕士论文数据库
- Safety Science And Risk（1981—）——安全科学和危险
- SCI（Science Citation Index 1995—）——科学引文索引网络版 Web Of Science
- TOXLINE（1994—）——毒理学数据库
- Web Of Science Proceeding——ISTP（科学技术会议录索引）& ISSHP（社会科学及人文科学会议录索引）
- Wilson General Science Abstracts（1984.5 - 1995.7）——威尔逊大众科学文摘
- Worldcat——OCLC 世界图书馆书目

8. 经济、商业

- Abi/Inform Globle——Abi 商业信息数据库
- Academic Research Library ——UMI 学术期刊图书馆数据库
- Academic Search Premier——学术期刊集成全文数据库
- Accounting & Tax（1990.1-1995.7）——会计与税务数据库
- Articlefirst——OCLC 期刊索引数据库
- Business Source Premier——商业资源电子文献数据库
- Contentsfirst——OCLC 期刊目次库
- Dissertation Abstracts（1988—）——博士论文数据库
- Econlit（1969——）——经济学文献库
- Eiu Country Forecasts（1993-1995.9）——经济学家智囊团国家预测
- Eiu Country Reports（1993-1995.9）——经济学家智囊团国家报告
- Gale 公司提供商业资源中心、人物传记中心、文学资源中心、历史资料中心 4 种数据库试用
- Ingenta——期刊索引数据库
- ISSHP（Index To Social Science & Humanities Proceeding）——社会科学及人文科学会议录索引网络版
- John Wiley 出版社电子期刊
- Jstor 西文过刊全文库
- Kluwer Online——800 种电子期刊镜像服务网站
- Lexisnexis-Academic Search Form
- OECD（经济合作发展组织）电子出版物
- Paperfirst——OCLC 会议论文数据库
- Proquest Asian Business ——亚洲商业数据库
- Proquest Digital Dissertation——UMI 博硕士论文数据库
- Social Science Citation Index（1995—）——社会科学引文索引 CD 版
- Web Of Science Proceeding——ISTP（科学技术会议录索引）& ISSHP（社会科学及人文科学会议录索引）
- Wilsonselect——威尔逊全文数据库
- Worldcat——OCLC 世界图书馆书目

9. 政治、法律

- Academic Abstracts ——学术文摘
- Academic Research Library ——UMI 学术期刊图书馆数据库

- Academic Search Premier——学术期刊集成全文数据库
- Articlefirst——OCLC 期刊索引数据库
- Conference Papers Index（1982—）——会议论文索引
- Contentsfirst——OCLC 期刊目次库
- Dissertation Abstracts（1988—）——博士论文数据库
- GPO——美国政府出版物
- Index To Legal Periodical & Books（1981.8 - 1995.7）——法律期刊及书籍索引
- Ingenta 期刊索引数据库
- Ipsa：International Political Science Abstracts（1989—）CD 版
- IsSHP（Index To Social Science& Humanities Proceeding ——社会科学及人文科学会议录索引网络版
- Jstor 西文过刊全文库
- Kluwer Online——800 种电子期刊镜像服务网站
- Lexisnexis - Academic Search Form
- Paperfirst——Oclc 会议论文数据库
- Proquest Digital Dissertation——Umi 博硕士论文数据库
- Social Science Citation Index（1995—）——社会科学引文索引 CD 版
- Web Of Science Proceeding——ISTP（科学技术会议录索引）& ISSHP（社会科学及人文科学会议录索引）
- Wilsonselect——威尔逊全文数据库
- Worldcat——OCLC 世界图书馆书目

10. 教育、文化、历史、哲学、社会学

- Academic Abstracts ——学术文摘
- Academic Research Library ——UMI 学术期刊图书馆数据库
- Academic Search Premier——学术期刊集成全文数据库
- Articlefirst——OCLC 期刊索引数据库
- Arts Humanities Citation Index（1998—）——艺术与人文科学引文索引
- Book Review（1980—）——书评摘要
- CBS News Transcripts（1991.1 - 1994.12）——CBS 新闻文稿光盘
- Conference Papers Index（1982—）——会议论文索引
- Contentsfirst——OCLC 期刊目次库
- Dissertation Abstracts（1988—）——博士论文数据库

- ERIC（1966—）——教育资源信息数据库 CSA 网络版
- ERIC（1966—）——教育资源信息数据库 OCLC 网络版
- ERIC（1982—）——教育学信息库 CD 版
- Ingenta 期刊索引数据库
- Isshp（Index To Social Science& Humanities Proceeding ——社会科学及人文科学会议录索引网络版
- John Wiley 出版社电子期刊
- Jstor 西文过刊全文库
- Kluwer Online——800 种电子期刊镜像服务网站
- Library And Information Science（1969—）——图书馆与信息科学文摘库
- Linguistics And Language Behavior Abstracts（1973—）——语言学和文学文摘库
- NBC News Transcripts（1991.1 – 1994.12）——NBC 新闻文稿光盘
- New York Times（1995 – 1998）——《纽约时报》
- Newspaper Abstracts Ondisc（1985 – 1993.1）——报纸文摘数据库
- Pais International（1972—）——公共事务信息数据库 WEB 版
- Papersfirst——OCLC 会议论文数据库
- Peterson College Database（1994）——彼得森大学指南
- Peterson'S Gradline（2001 版）——彼得森研究生指南
- Proquest Digital Dissertation——UMI 博硕士论文数据库
- Psychological Association（1887—）——心理学文献库
- Social Science Citation Index（1995—）——社会科学引文索引 CD 版
- Social Services Abstracts（1980—）——社会服务文献库
- Sociological Absracts——社会学文摘库
- Web Of Science Proceeding——ISTP（科学技术会议录索引）& ISSHP（社会科学及人文科学会议录索引）
- Wilsonselect——威尔逊全文数据库
- Worldcat——OCLC 世界图书馆书目

11. 综合及其他

- Academic Research Library ——UMI 学术期刊图书馆数据库
- Academic Search Premier——学术期刊集成全文数据库
- AGRICOLA（1970—）——农业文摘数据库

- Articlefirst——OCLC 期刊索引数据库
- Arts & Humanities Citation Index（1998—）——艺术与人文科学引文索引
- ASFA Aquaculture Abstracts（1984—）——水产业文摘库
- Booklist（1991.9-1995.8）——书目
- Cambridge Science Abstracts——剑桥科学文摘
- CBS News Transcripts（1991.1-1994.12）——CBS 新闻文稿光盘
- Contentsfirst——OCLC 期刊目次库
- Dissertation Abstracts（1988—）——博士论文数据库
- DIALOG——国际联机检索系统
- Dissertation Abstracts（1988—）——博士论文数据库
- F&S Index Plus Text（1993—1995.4）——F＆S 索引及全文数据库
- Facts On File News Digest——资料档案新闻文摘数据库
- Gale 公司提供商业资源中心、人物传记中心、文学资源中心、历史资料中心 4 种数据库试用
- Ingenta 期刊索引数据库
- Isshp（Index To Social Science & Humanities Proceeding——社会科学及人文科学会议录索引网络版
- ISTP（Index To Science Technical Proceeding）——科技会议录索引网络版
- John Wiley 出版社电子期刊
- Jstor 西文过刊全文库
- Kluwer Online——800 种电子期刊镜像服务网站
- Journal Citation Reports（1998—）——期刊引用报告数据库
- Journal Citation Reports——期刊引用报告网络版
- Netfirst——OCLC 网络指南
- New York Times（1995-1998）——《纽约时报》
- Newspaper Abstracts Ondisc（1985-1993.1）——报纸文摘数据库
- NTIS——美国政府报告
- OCLC Firstsearch 数据库系统
- Papersfirst——OCLC 会议论文数据库
- Peterson College Database（1994）——彼得森大学指南
- Peterson's Gradline（2001 版）——彼得森研究生指南
- Proceedings——OCLC 会议论文数据库

- Proquest Digital Dissertation——UMI 博硕士论文数据库
- SCI（Science Citation Index 1995—）——科学引文索引网络版（Web Of Science）
- Social Science Citation Index（1995—）——社会科学引文索引 CD 版
- Unionlists—— OCLC 联合期刊列表
- US Patent Fulltext And Image Database——美国专利全文数据库
- Web Of Science Proceeding——ISTP（科学技术会议录索引）& ISSHP（社会科学及人文科学会议录索引）
- Wilson General Science Abstracts（1984.5－1995.7）——威尔逊大众科学文摘
- Wilsonselect——威尔逊全文数据库
- Word Sniffer——万宁通字典世界
- Worldalmanac——世界年鉴
- Worldcat——OCLC 世界图书馆书目

附录 2　科技查新规范

颁布单位：国家科技部
颁布日期：2000-12-8
实施日期：2001-1-1
文号：国科发技字〔2008〕544 号
导言
为了加强对科技查新（以下简称查新）的管理，规范查新活动，保证查新的公正性、准确性和独立性，维护查新有关各方的合法权益，制定本规范。

本规范由 13 部分组成：

第 1 部分——基本术语，对查新活动中所使用的基本术语进行了定义。

第 2 部分——基本原则，规定了查新活动应当遵循"自愿"、"依法查新"和"独立、客观、公正"的基本原则。

第 3 部分——查新委托人，规定了查新委托人的义务、行为规范、权利和法律责任。

第 4 部分——查新机构，规定了查新机构的受理、行为规范、查新收费以及法律责任。

第 5 部分——查新合同，规定了订立和履行查新合同的基本原则，查新合同的基本内容、形式与要求。

第 6 部分——查新人员，规定了查新机构在委派查新员和审核员时应当遵循的回避原则，查新员和审核员应当具备的条件，查新员、审核员的职责和查新人员的责任。

第 7 部分——查新咨询专家，规定了查新咨询专家应当具备的条件，选择查新咨询专家的原则，查新咨询专家的行为规范、职责与责任。

第 8 部分——检索，规定了检索年限；介绍了检索方法的选择、检索策略的制定、检索结果的检验和调整。

第 9 部分——查新报告，规定了查新报告应当包括的内容及要求。

第 10 部分——查新争议，规定了解决查新合同争议的原则和方法。

第 11 部分——档案，规定了查新档案应当包括的基本内容；给出了查新档案管理的基本要求。

第12部分——查新程序，规定了处理查新业务的程序：查新委托和受理、检索准备、选择检索工具、确定检索方法和途径、查找、完成查新报告、提交查新报告、文件归档。

第13部分——附则。

建议不了解查新业务流程的读者，先阅读第12部分，再从第1部分开始阅读；熟悉查新工作的读者，可从第2部分开始阅读；对于关注查新机构责任的机构负责人，可重点阅读第4、5、10部分；对于查新委托人，可重点阅读第3、5、10部分；对于从事查新业务的人员，可重点阅读第2、4、5、6、9、12部分；对于查新咨询专家，可重点阅读第7部分；对于查新档案管理人员，可重点阅读第11部分。

1. 基本术语

以下给出的基本术语释义仅适合于查新这一特定领域，特此声明。

1.1 查新

1.1.1 查新 是科技查新的简称，是指查新机构根据查新委托人提供的需要查证其新颖性的科学技术内容，按照本规范操作，并作出结论。

1.1.2 查新机构 是指具有查新业务资质的信息咨询机构。

1.1.3 查新项目 是指被查证（待查证）的科学技术项目。

1.1.4 查新点 是指需要查证的内容要点。

1.1.5 新颖性 是指在查新委托日以前查新项目的科学技术内容部分或者全部没有在国内外出版物上公开发表过。

1.1.6 查新要求 是指查新委托人对查新所提出的具体愿望。一般分为以下四种情况：

（1）希望查新机构通过查新，证明在所查范围内国内外有无相同或者类似研究；

（2）希望查新机构对查新项目分别或者综合进行国内外对比分析；

（3）希望查新机构根据分析对查新项目的新颖性作出判断；

（4）查新委托人提出的其他愿望。

1.1.7 查新委托人 是指提出查新需求的自然人、法人或者其他组织。

1.1.8 查新人员 是指参与查新工作的人员，包括查新员、审核员及其他工作人员。

1.1.9 查新员 是指具有中级（含）以上专业技术职称和查新资格，负责查新全部过程的查新人员。

1.1.10 审核员 是查新审核员的简称，是指具有高级专业技术职称和查新资格，负责审核查新员所做的查新工作是否规范，并向查新员提出审核意见的查新人员。

1.1.11 查新咨询专家 是指为查新机构提供查新咨询服务的同行专家。

1.1.12 同行专家 是指最接近查新项目所涉及的科学技术内容的专家。

1.1.13 查新合同 是指查新委托人和查新机构约定,由查新机构处理查新委托人的查新事务的合同。

1.1.14 查新合同双方 是指共同订立查新合同的查新委托人和查新机构。

1.1.15 查新报告 是指查新机构用书面的形式就其处理的查新事务和得出的查新结论向查新委托人所做的正式陈述。

1.2 检索

1.2.1 检索 在本规范中,是科技文献检索的简称,是指从众多科技文献中查找并获取所需信息的过程和方法。

1.2.2 检索词 是指用于描述信息系统中的内容特征、外表特征和表达用户信息提问的专门语言的基本成分,是构成检索提问式的最基本的单元。

1.2.3 主题词 是指以规定概念为基准,经过规范化和优先处理,具有组配功能,能够显示词间语义关系动态性的词或词组。主题词是主题词表的基本组成成分,是标引和检索文献的标准依据。在查新检索过程中,主题词是指经过主题词表标引,在检索系统实施检索时,从主题词表中选择的检索词。

1.2.4 关键词 是指出现在文献标题、文摘、正文中,对表征文献主题内容具有实质意义的语词,对揭示和描述文献主题内容是重要的、关键性的语词。

1.2.5 参考检索词 是指查新委托人提供的、仅供查新机构在处理查新事务中参考,而不作为查新合同双方约定的检索词。

1.2.6 检索工具 是指用以报导、存储和查找文献线索的工具。

1.2.7 检索策略 是指为实现检索目标而制定的全盘计划,是对整个检索过程的谋划和指导。

1.2.8 检索提问式 简称检索式,是指计算机检索中表达用户检索提问的逻辑表达式,由检索词和各种布尔逻辑算符、位置算符以及系统规定的其他连接组配符号组成。

1.2.9 检索方法 是指查找文献信息的具体方法,分为手工检索和计算机检索两种方法。

1.2.10 手工检索 简称手检,是指主要利用手工检索工具来获取信息的检索方法。

1.2.11 计算机检索 简称机检，是指利用计算机来获取信息的检索方法。

1.3 文献

1.3.1 文献 根据中国国家标准《文献著录总则》（GB/T3792.1-1983），文献是指记录所有知识的一切载体；根据《文献情报术语国际标准（草案）》（ISO/DIS5127），文献是指在存储、检索、利用或者传递记录信息的过程中，可作为一种单元处理的，在载体内、载体上或者依附载体而存储有信息或数据的载体。在查新中，文献是科技文献的简称，是指通过各种手段（文字、图形、公式、代码、声频、视频、电子等）记录下科学技术信息或知识的载体。

1.3.2 文献信息 是指被文献化了的，以便通过动态系统加以存储、交流、传播、利用的人类文化、科技等信息，也就是指以文献形式被记录的信息。

1.3.3 参考文献 是指查新委托人列出的与查新项目密切相关的国内外文献（要注明著者、题目、刊名、年、卷、期、页），这些文献仅供查新机构在处理查新事务中参考。

1.3.4 相关文献 是指与查新项目主题相关的同类项目的有关文献（要注明著者、题目、刊名、年、卷、期、页）。

1.3.5 同类研究文献 同相关文献。

1.3.6 对比文献 将查新项目的预期（假设）新颖性与检索到的相关文献进行对比，从中筛选出可供查新分析、对比时引用的文献。

1.3.7 可比文献 同对比文献。

1.3.8 密切相关文献 是指这样一种文献，它公开的主题，在实质方面与查新项目的主题最为近似。

1.4 科学技术

1.4.1 科学 是指运用范畴、定理、定律等思维形式反映现实世界各种现象的本质和规律的知识体系。

1.4.2 技术 是指人类在利用自然、改造自然和解决社会问题中，所运用的知识、经验、手段和方法以及生产工具、生产工艺过程的总称。

1.4.3 技术方案 是科技成果完成人（含单位）或者研究开发人员对其要解决的技术问题所采取的技术措施的集合。

1.4.4 技术类型 是指由技术的不同特征所形成的各种技术之间的质的区别。

1.4.5 技术特征 是指用来描述技术工作中一事物区别于其他事物的特

别显著征象、标志等。

1.5 成果

1.5.1 科技成果 是指在科学技术研究、开发、试验和应用推广等方面取得的收获。一般的，将科技成果分为：基础理论成果、应用技术成果和软科学成果。

1.5.2 基础理论成果 是指探索自然界各种物质形态及其运动规律，揭示各种自然现象之间的联系而取得的具有一定学术意义的科学理论成果。

1.5.3 应用技术成果 是指为提高生产力水平而进行的科学研究、技术开发、后续试验和应用推广中所产生的具有实用价值的新技术、新产品等。

1.5.4 软科学成果 是指在促进科技与经济、社会协调发展中，对战略、政策、规划、评价、预测、情报、科技决策、科技立法、科技管理及其他有关管理科学等进行研究所获得的成果。

1.5.5 成果完成人 是指承担科研项目研究、技术开发、试验、应用推广等主要任务，并作出创造性贡献的自然人、法人或者其他组织。

1.5.6 成果使用人 是指使用科技成果的自然人、法人或者其他组织。

1.5.7 科技成果管理机构 是指省、自治区、直辖市科学技术行政部门，国务院有关部门、直属机构、直属事业单位负责科技成果管理的机构。

1.5.8 科技成果转化 根据《中华人民共和国促进科技成果转化法》第二条，科技成果转化是指为提高生产力水平而对科学研究与技术开发所产生的具有实用价值的科技成果所进行后续试验、开发、应用、推广直至形成新产品、新工艺、新材料，发展新产业等活动。

1.6 法律

1.6.1 法律 是指由全国人民代表大会及其常委会制定的规范性文件，在地位和效力上仅次于宪法。

1.6.2 行政法规 是指作为国家最高行政机关的国务院制定的规范性文件，其地位和效力仅次于宪法和法律。

1.6.3 部门规章 是指国务院的组成部门及其直属机构在其职权范围内制定的规范性文件。

1.6.4 法人 是指具有民事权利能力和民事行为能力，依法独立享有民事权利、承担民事义务的组织。根据民法通则，我国法人包括机关法人、事业法人、企业法人和社会团体法人。

1.6.5 机关法人 是国家机关法人的简称，是指国家依法设置的行使国家管理职能的中央和地方权力机关、行政机关、司法机关和军队机关。机关法人不包括机关内部设置的厅、司、处、室等。

1.6.6 事业法人 是事业单位法人的简称，是指经中央或者地方编制委员会办公室批准成立，依靠国家拨款或者自有资金从事非生产经营事业的组织。事业法人不包括事业单位的内部职能机构。

1.6.7 社会团体法人 是指公民根据宪法所赋予的自由结社的权利依法成立的全国性和地方性群众组织。

1.6.8 企业法人 是指独立核算、自负盈亏、自主经营的经济实体。

1.6.9 合同 根据《中华人民共和国合同法》第二条，合同是指平等主体的自然人、法人、其他组织之间设立、变更、终止民事权利关系的协议。

1.6.10 争议 是指合同当事人之间对合同是否成立、是否有效、有无履行、有无违反合同、违法合同的责任由谁承担、承担责任的方式及大小等发生的纠纷。

1.6.11 纠纷 是指争执的事情。

1.6.12 和解 是指当事人本着平等互利的原则进行充分协商，分清是非，明确责任，各自作出一定让步，在彼此可以接受的条件下达成一致的一种活动。

1.6.13 调解 是指当事人对所发生的争议协商不成或者不愿意通过和解解决，自愿将争议交由一定的组织或个人进行居中调和，促使当事人互谅互让，达成协议，从而解决争议的一种活动。

1.6.14 仲裁 是指在合同发生纠纷，当事人自行协商不成时，仲裁机构根据双方当事人的约定或者事后达成的书面仲裁协议，依法作出具有约束力裁决的一种活动。

1.6.15 诉讼 是指当事人就合同争议依法向人民法院起诉，由人民法院通过审判程序解决争议的一种活动。

1.6.16 法律责任 是指行为人因违法行为、违约行为或者法律规定而应当承担的不利的法律后果，分为民事责任、行政责任和刑事责任。

1.6.17 民事责任 是指违反民事法律、违约或者依照民事法律的规定应当承担的法律责任。

1.6.18 行政责任 是指由国家行政机关或者国家授权的有关单位对违法的单位或者个人依法采取的行政制裁。

1.6.19 刑事责任 是指违法，造成严重后果，已触犯国家刑事法律，由国家审判机关依法给予行为人以相应的刑事制裁。

1.7 其他

1.7.1 信息 中国国家标准《情报与文献工作词汇基本术语》（GB/T4894-1985）中定义：信息是物质存在的一种方式、形态或运动状态，也是事物的一种普遍属性，一般指数据、消息中所包含的意义，可以使消息中所描述事件的不确定性减少。

1.7.2　数据库　是指至少由一个文档组成，并能满足某一特定目的或者某一特定数据处理系统需要的一种数据集合。

1.7.3　新产品　是指采用新技术原理、新设计构思、新方法、新材料研制生产的全新型产品；或者应用新技术原理、新设计构思、新方法、新材料，在结构、材质、工艺等任一方面比老产品有重大改进、显著提高了产品性能或者扩大了使用功能的改进型产品；或者生物、矿产等新品种。

1.7.4　指标　是指为了反映查新项目特征的概念。

1.7.5　国务院有关部门、直属机构、直属事业单位　是指经全国人民代表大会审议批准的国务院组成部门和经国务院审议通过的国务院直属机构、直属事业单位。

九届人大一次会议审议批准的国务院组成部门有：外交部、国防部、国家发展计划委员会、国家经济贸易委员会、教育部、科学技术部、国防科学技术工业委员会、国家民族事务委员会、公安部、国家安全部、监察部、民政部、司法部、财政部、人事部、劳动和社会保障部、国土资源部、建设部、铁道部、交通部、信息产业部、水利部、农业部、对外贸易经济合作部、文化部、卫生部、国家计划生育委员会、中国人民银行、审计署。

1998年国务院第一次全体会议审议通过的国务院直属事业单位有：新华通信社、中国科学院、中国社会科学院、中国工程院、国务院发展研究中心、国家行政学院、中国地震局、中国气象局、中国证券监督管理委员会。

国务院组成部门和直属机构、直属事业单位如有调整，以最新调整为准。

2. 基本原则

查新委托人在处理查新委托事务过程中；查新机构在从事查新活动中；查新咨询专家在提供查新咨询服务过程中应当遵循以下基本原则：

2.1　自愿原则

（1）在遵守本规范的前提下，查新委托人有权选择查新机构；查新机构有权接受或者拒绝查新委托。

（2）在遵守本规范的前提下，查新机构有权选择查新咨询专家；专家有权接受或者拒绝担任查新咨询专家。只有在双方自愿和合法的基础上，双方的聘请关系才能真正确立。

2.2　依法查新原则

依法查新是开展查新业务的一项重要原则。从事查新的机构应当是具有查新业务资质的信息咨询机构。未经科学技术部认定或者授权认定，任何单位和个人不得从事面向社会服务的查新活动。查新机构承办的一切查新业务都要以法律、法规为准绳，其所有活动都应当在法律、法规规定的范围内进行。涉及查新有关各方的行为活动应当遵循《科技查新机构管理办法》和本规范。

对于因违法违纪不适宜继续执业的查新人员，查新机构应当按照法律、法规、规章和机构章程予以解聘或除名。

2.3 独立、客观、公正原则

2.3.1 独立原则

查新机构、查新员、查新审核员、查新咨询专家应当是与查新项目无利害关系的第三者。查新机构应当严格按照国家的有关法律、法规，《科技查新机构管理办法》和本规范等的规定，独立处理查新业务；查新咨询专家应当严格按照国家的有关法律、法规和本规范等的规定，独立地向查新机构提供查新咨询意见。查新机构、查新咨询专家从事的具体查新、查新咨询活动不受任何行政部门控制，也不受其他机关、社会团体、企业、个人、查新委托人等的非法干预；查新咨询专家提供查新咨询意见时不受查新机构的非法干预。

如果查新机构、查新咨询专家认为其独立性受到损害，则可以拒绝进行查新、查新咨询，或中止相应的查新、查新咨询活动，或在查新报告、查新咨询专家意见表中声明。

2.3.2 客观原则

查新机构应当依据文献，客观地为查新委托人完成查新事务。查新报告中的任何分析、技术特点描述、每一个结论，都应当以文献为依据，符合实际，不包含任何个人偏见。

2.3.3 公正原则

查新机构在处理查新事务的过程中，应当站在公正的立场上，在遵照《科技查新机构管理办法》和本规范的前提下，公正地为查新委托人完成查新事务。查新机构不可因收取查新费用而偏袒或者迁就查新委托人；查新咨询专家也不能因收取查新咨询费用而迁就查新机构。

3. 查新委托人

查新委托人是指提出查新需求的自然人、法人或者其他组织。

3.1 义务

（1）查新委托人应当据实、完整地向查新机构提供下列查新所必需的资料：

①查新项目的科学技术资料；

②技术性能指标数据；

③查新机构认为查新所必需的其他资料。

（2）查新委托人应当尽可能提供下列查新所需要的资料：

①参考检索词，包括中英文对照的查新关键词（含规范词、同义词、缩写词、相关词）、分类号、专利号、化学物质登记号等。关键词应当从查新项目所在专业的文献常用词中选择；

②国内外同类科学技术和相关科学技术的背景材料；

③参考文献，列出与查新项目密切相关的国内外文献（含著者、题目、刊名、年、卷、期、页），以供查新员在检索时参考。

（3）查新委托人所提交的资料应当真实可靠，用词准确，能够满足完成查新事务的需要。

3.2　行为规范

（1）查新委托人只能选择具有查新业务资质的信息咨询机构。

（2）若查新机构接受查新委托，查新委托人应当与查新机构订立查新合同。

（3）完成查新事务的，查新委托人应当向查新机构支付报酬。因不可归责于查新机构的事由，查新合同解除或者委托的查新事务不能完成的，查新委托人应当向查新机构支付相应的报酬。查新合同双方另有约定的按照其约定。

（4）查新委托人应当保证查新机构的独立性，不得向查新机构施加倾向性影响，不得干涉查新活动。

（5）查新委托人不得弄虚作假、营私舞弊，不得侵犯他人的知识产权。

3.3　权利

（1）查新委托人可以拒绝支付查新合同上商定费用以外的其他一切费用或者有价之物。

（2）查新委托人有权向查新机构推荐查新咨询专家，明示不宜作为查新咨询专家的个人名单或者作为专家来源的组织，供查新机构在选择查新咨询专家时参考，但不得影响查新机构选择查新咨询专家的自主权。

（3）对查新机构不负责任、敷衍了事、丢失科学技术资料、泄露查新项目的科学技术秘密的行为等，查新委托人有权向各级科学技术行政部门反映。因查新机构的过错造成

损失的，查新委托人有权依法索取赔偿。

3.4　法律责任

查新委托人提供的资料和有关证明有虚假内容，所产生的一切后果由其

承担法律责任。

4. 查新机构

查新机构是指具有查新业务资质的信息咨询机构。

4.1 受理

（1）查新机构应当在获准的专业范围内受理查新业务。有下列情况之一时，查新机构不得受理查新委托：

①超出查新机构受理的专业范围；

②缺少必要的数据库或者文献资源。

（2）有下列情况之一时，查新机构可以拒绝查新委托：

①查新委托人不能明确列示查新题目下各个查新点；

②查新委托人不能出具与查新内容相关的技术资料。

（3）查新机构应当听取查新委托人关于查新项目的情况介绍。

（4）若拒绝查新委托，查新机构应当立即退还查新委托人提交的所有资料。

（5）若接受查新委托，查新机构应当与查新委托人订立查新合同。

4.2 行为规范

（1）查新机构应当亲自处理查新事务，处理查新事务的程序应当符合本规范的要求。

（2）查新机构应当按照查新委托人在查新合同中给出的查新要求处理查新事务，不能按照查新要求来处理查新事务的，应当经查新委托人同意；因情况紧急，难以和查新委托人取得联系的，查新机构应当妥善处理查新事务，但事后应当将该情况及时报告查新委托人。

（3）查新机构及其工作人员不得为招揽查新业务而进行误导或者虚假的广告宣传。

（4）查新机构在处理查新事务过程中，对本机构不能解决的事项，可以聘请查新咨询专家协助完成。查新机构应当保证所聘请查新咨询专家的独立性，不得向查新咨询专家施加倾向性影响；查新机构不得伪造或者涂改查新咨询专家的咨询意见表；不得向查新委托人和与查新项目有利害关系的各方透露查新咨询专家的个人意见。

（5）查新机构在取得查新结论的过程中不能使用、依赖没有充分依据支持的、关于某些特征的结论和判断；也不能使用、依赖未经充分依据支持的、认为这些特征综合在一起可能会使查新结论最好化或者最差化的判断。

（6）查新机构及其工作人员应当维护查新项目所有者的知识产权，不得非法占有、使用、或者向他人披露、转让查新项目所有者的科技成果。除以下人员和机构外，查新机构及其工作人员不得向任何人泄露查新项目的科学技术秘密和查新结论。

①查新委托人或者由查新委托人明确指定的人（或机构）；

②法律、法规允许的第三方（如省、自治区、直辖市的科学技术行政部门，国务院

有关部门、直属机构、直属事业单位的科技成果管理机构等）；

③具有管辖权的专业检查组织。

（7）查新机构受理本机构内部的查新委托时，不得对外出具查新报告。

4.3 查新收费

（1）查新业务实行有偿服务。查新费用的确定应当按照当地物价部门的有关规定执行；规定不明确的由双方协商，合同约定。

（2）查新机构收取的任何与查新事务有关的费用或者有价之物，都应当在查新合同中注明。查新机构及其工作人员不得以任何方式收取查新合同中注明的费用或者有价之物以外的其他一切费用和有价之物。

（3）查新机构按合同约定收取查新费用，查新费用不应随最终查新结论而变动。

4.4 法律责任

（1）未取得查新业务资质，擅自面向社会开展查新的，其出具的查新报告无效，并由科技成果管理机构给予警告，并责令改正；逾期不改的，报请有关管理机关予以取缔；有违法所得的，依法没收违法所得，并处以罚款；构成犯罪的，依法追究刑事责任。

（2）对于提交虚假证明文件或者采取其他欺诈手段骗取查新业务资质的，由查新认定机关予以注销；有违法所得的，依法没收违法所得，并处以罚款；构成犯罪的，依法追究刑事责任。

（3）查新机构有下列情形之一的由科技成果管理机构给予警告；有违法所得的，依法没收违法所得，并处以罚款。

①年检中隐瞒真实情况、弄虚作假的；

②违反财务管理制度和会计制度的；

③违反法律、法规和规章的其他行为。

（4）因不能按查新合同完成查新事务，给查新委托人造成损失的，除不可归责于查新委托人的事由外，查新机构应当赔偿损失。

（5）查新机构对本机构工作人员违法执业以及所聘请的查新咨询专家违法提供查新咨询服务、或者因过错给查新委托人造成损失的，应当承担赔偿责任。

（6）查新机构因过错造成查新结论失实，给查新委托人造成损失的，查新机构应当承担赔偿责任。

（7）查新机构违反查新合同，擅自披露、使用或者向他人提供、转让查新项目的技术秘密，应当承担相应的法律责任。

（8）当发现查新委托人在处理查新委托的事务中存在营私舞弊、弄虚作假、或者其他的违法行为，查新机构应当立即中止查新；已经完成查新的，应当予以撤销，否则查新机构应当承担连带责任。

（9）涉及国家秘密的查新事务，依照《中华人民共和国保守国家秘密法》和科学技术保密的有关规定处理。

5. 查新合同

对于每一个查新项目，查新机构与查新委托人应当依法订立并履行查新合同（格式见附件一）。

5.1 基本原则

订立和履行查新合同，作为一项法律行为，应当遵守以下基本原则：

（1）遵守法律、法规；

（2）自愿、平等、公平、诚实信用；

（3）维护公共秩序、遵守社会公德；

（4）有利于科学技术进步，促进科技成果转化；

（5）受有关法律调整。

5.2 基本内容

查新机构接受查新委托时，应当与查新委托人就查新合同的内容进行约定。查新合同一般包括以下条款：

（1）查新项目名称；

（2）查新合同双方各自的基本情况；

（3）查新目的；

（4）查新点；

（5）查新要求；

（6）查新项目的科学技术要点，包括查新项目的主要科学技术特征、技术参数或者指标、应用范围等；

（7）参考文献；

（8）查新委托人提供的资料清单；

（9）合同履行的期限、地点和方式；

（10）保密责任；

（11）查新报告的使用范围；

（12）查新费用及其支付方式；

（13）违约金或者损失赔偿的计算方法；

（14）解决争议的方法；

（15）名称和术语的解释。查新委托人提交的查新项目资料，按照查新合同双方的约定可以作为查新合同的组成部分。

5.3　形式与要求

（1）查新合同应当采用书面形式。根据《中华人民共和国合同法》第十一条，书面形式是指合同书、信件和数据电文（包括电报、电传、传真、电子数据交换和电子邮件）等可以有形地表现所载内容的形式。

（2）查新合同双方应当在查新合同上签字（盖章）。

6. 查新人员

对一项查新事务，查新机构应当确定专职查新员和审核员。

6.1　回避原则

查新机构在委派查新员（专职或者兼职）和审核员时，应当遵循下列回避原则：

（1）不得委派曾在查新委托单位、成果完成单位、成果使用单位或者科研项目主持单位任职，或者离职后未满两年的人员；

（2）不得委派持有查新委托单位、成果完成单位、成果使用单位或者科研项目主持单位的股票、债券，或者在这些单位有其他经济利益的人员；

（3）不得委派与查新项目有利害关系的其他当事人。

6.2　查新员应当具备的基本条件

查新员应当具备以下基本条件：

（1）拥护中华人民共和国宪法；

（2）遵守国家法律和社会公德；

（3）具有相关的专业知识并具备较宽的知识覆盖面，熟悉查新判断、分析的原则与要点，能对收集到的相关文献进行分析、整理与综合提炼，具备从事查新的能力；

（4）熟悉《科技查新机构管理办法》和本规范；

（5）接受过国家有关查新的正规培训，具备从事查新的资格；

（6）具有两年以上与查新相关的工作经历；

（7）具有一定的外语和计算机水平；

（8）具有良好的职业道德；

（9）本科（含）以上学历，具有中级（含）以上专业技术职称。

6.3 审核员应当具备的条件

审核员应当具备的基本条件：

（1）拥护中华人民共和国宪法；

（2）遵守国家法律和社会公德；

（3）具有丰富的相关专业知识和宽阔的知识覆盖面，熟悉查新判断、分析的原则与要点，能对收集到的相关文献进行分析、整理与综合提炼，具备从事查新的能力；

（4）熟悉《科技查新机构管理办法》和本规范；

（5）接受过国家有关查新的正规培训，具备从事查新的资格；

（6）具有三年以上查新工作经历；

（7）具有较高的外语和计算机水平；

（8）具有良好的职业道德；

（9）本科（含）以上学历，具有高级专业技术职称。

6.4 职责

（1）查新员、审核员应当遵守国家、地方的法律法规，遵守《科技查新机构管理办法》、本规范和所在机构的内部规章制度，接受所在查新机构的领导，并对其负责。

（2）查新员负责查新的全部过程，代表查新机构处理查新受托等事宜；必要时与审核员协商后代表查新机构选择合适的查新咨询专家。

（3）与审核员协商后，查新员负责撰写查新报告。

（4）审核员负责审查查新员所进行的查新程序是否规范；查新员确定的检索工具书、数据库选择是否合适；选择的检索词及分类栏目是否恰当；检出的文献是否为同类研究文献；可比文献是否恰当；查新员收集到的相关文献是否齐全；对提出的文献判读是否正确；查新结论是否客观和准确；查新报告是否规范，并向查新员提出审查意见。

6.5 法律责任

查新人员应当承担以下责任：

（1）查新人员有违反《科技查新机构管理办法》或本规范规定的，由科技成果管理机构给予警告，同时责令改正；有违法所得的，依照有关法律、法规和规章处理。

（2）查新人员违法执业或者因过错给查新委托人造成损失的，由其所在的查新机构承担赔偿责任。查新机构赔偿后，可以向有故意或者重大过失的查新人员追偿。

（3）未取得查新资格的人员，为牟取经济利益擅自从事查新活动的，由科技成果管理机构责令其停止非法执业；有违法所得的，依照有关法律、法规和规章处理。

（4）查新人员在查新活动中有犯罪行为的，依法追究其刑事责任。

（5）查新人员在处理查新事务中违法失职，徇私舞弊，篡改、假冒或者以其他方式侵害他人合法权益的，非法窃取科学技术秘密的，应当承担相应的法律责任。

7. 查新咨询专家

查新机构应当建立查新咨询专家库，充分发挥查新咨询专家的作用，以提高查新质量。

7.1 应当具备的条件

查新咨询专家应当同时具备以下条件：

（1）拥护中华人民共和国宪法；

（2）遵守国家法律和社会公德；

（3）对查新项目所属专业有较丰富的理论知识和实践经验，熟悉国内外该领域科学技术发展的状况，在这一领域具有一定的权威性；

（4）熟悉查新判断、分析的原则与要点；

（5）具有严谨的科学态度、良好的职业道德。

7.2 选择原则

（1）参加查新咨询工作的专家由查新机构聘请。

（2）所聘请的查新咨询专家应当熟悉查新项目的科学技术内容。

（3）查新咨询专家实行回避制度，与查新项目有利害关系的任何人不得担任查新咨询专家。下列人员被视为与查新项目有利害关系：

①查新项目课题组成员；

②查新项目课题下达单位或者课题委托单位的工作人员；

③成果转让方、使用方的工作人员。

7.3 行为规范

查新咨询专家应当遵守国家法律法规，坚持实事求是、科学严谨的态度参与查新，不得违法失职、徇私舞弊、弄虚作假，在此前提下，还应当遵守以下行为规范：

（1）独立地向发出聘请的查新机构提出查新咨询意见。

（2）在向查新机构提供查新咨询服务（文字的或者口头的）时，应当客观、公正，不得掺杂私利。

（3）维护查新项目所有者的知识产权。关于查新项目的所有材料应当全部退还查新机构，不得向其他组织或者个人扩散，不得非法占有、使用、提供、转让他人的科技成果。

（4）不得向查新机构明确指定的人以外的组织或者个人披露关于查新项目的科学技术内容和查新结论。

（5）不得以个人身份接触查新委托人、成果完成人、成果使用者（购买方、受让方）、课题组成员、课题下达者或者课题委托者，如确需核实补充某方面信息，可向查新机构提出要求。

（6）不能使用、依赖没有充分依据支持的、关于某些特征的结论和判断；也不能使用、依赖未经充分依据支持的、认为这些特征综合在一起可能会使查新项目的查新结论最好化或者最差化的判断。

（7）应当在与查新机构商定的时间内完成查新咨询事务。

（8）提供的查新咨询意见（无论是书面的，还是口头的）应当清晰、准确地反映查新项目及其相关情况的实际，不得误导。查新咨询意见应当包含足够的信息，使得查新机构能够正确理解。

（9）不得以各种方式收取查新机构之外的任何组织、个人提供的有关查新的咨询费或者有价物品。

7.4 法律规范

（1）查新咨询专家存在违法、违规行为，其咨询意见无效。

（2）查新咨询专家违法提供查新咨询服务或者因过错给查新委托人造成损失的，由发出聘请的查新机构承担赔偿责任。查新机构赔偿后，可以向有故意或者重大过失的查新咨询专家追偿。

（3）查新咨询专家在咨询过程中侵犯他人知识产权和其他合法权益的，应当承担相应的法律责任。

8. 检索

查新机构在处理查新业务过程中，可以参照下列程序和要求进行文献检索。

8.1 检索年限

检索文献的年限应当以查新项目所属专业的发展情况和查新目的为依据，一般应从查新委托之日前推10年以上，对于新兴学科、高新技术项目，前推年限可酌情缩短；对于较成熟的技术产品、工艺和专利查新等，前推年限应酌情延长；对于查新合同中另有约定的，按约定执行。

8.2 检索方法的选择

为了提高查全率、查准率，缩短检索时间，提高查新效率，查新机构在选择检索方法时，应当根据查新委托人对检索的要求、查新项目所属学科特点和查新机构自身的检索条件等具体情况来确定，但应当以机检方法为主、手检方法为辅。

8.3 检索策略的制定

在进行计算机检索之前，查新员应当事先拟定周密的检索策略。

8.3.1 制定检索策略的基本要求

（1）尽可能准确表达查新委托人的信息需求，以期获得满意的检索结果。

（2）尽可能节省联机时间，降低检索费用。

8.3.2 查新员在制定检索策略时，应当做好以下几项工作

（1）分析查新委托人的信息要求，确立检索目标。

（2）选择检索系统和数据库。在选择检索系统时，应当主要考虑其功能、提供的数据库、价格、易用性等因素。

（3）对检索项目进行概念分析。查新员应当在分析检索项目的主题类型、主题结构的基础上，对具有检索意义的主题概念进行提炼和取舍。

（4）选择检索词。注意所选检索词的全面性、专指性和一致性。

（5）构造检索式，对编制检索式的要求是：

①准确反映检索提问的主题内容；

②适应所查数据库的索引体系和检索用词规则；

③符合检索系统的功能及限制条件的规定。

为了满足上述三项要求，应当了解检索系统的特性与功能；熟悉所检数据库的标引规则及词表结构；掌握必要的检索技术及调节技术；了解查新项目所属专业的知识。

（6）编制具体检索程序。

以上六个步骤不一定按顺序执行，可根据查新要求和使用系统的具体情况而灵活运用。检索策略不是一成不变的，在具体的检索过程中要根据检索结果的满意程度作适当调整和优化。

8.4 检索结果的检验和调整

在文献检索实际工作中，常常会出现检索结果不理想，还需要进行检验和调整。检验和调整有以下几种方式：

（1）增加新的相关数据库检索。

（2）从主题词途径检出的文献用分类检索途径来检验。

（3）从数据库设置的其他字段检验主题词检索结果。

（4）扩大、缩小检索范围。对于检出的记录文献太少时，应当扩大检索范围；当检出的记录文献过多时，应当优化检索策略，缩小检索范围。

9. 查新报告

查新报告是查新机构用书面形式就查新事务及其结论向查新委托人所做

的正式陈述。查新机构应当在查新合同约定的时间内向查新委托人出具查新报告（格式见附件二）。

9.1 基本内容

（1）查新报告编号，查新项目名称，查新委托人名称，查新委托日期，查新机构的名称、地址、邮政编码、电话、传真和电子信箱，查新员和审核员姓名，查新完成日期。

（2）查新目的、查新项目的科学技术要点、查新点与查新要求、文献检索范围及检索策略、检索结果、查新结论、查新员与审核员声明、附件清单。

（3）查新委托人要求提供的其他内容。

9.2 基本要求

（1）查新报告应当采用科学技术部规定的格式；内容符合查新合同的要求；提交的时间和方式符合查新合同双方的约定。

（2）查新报告应当采用描述性写法，使用规范化术语，文字、符号、计量单位应当符合国家现行标准和规范要求；不得使用含意不清、模棱两可的词句；应当包含足够的信息，使得查新报告的使用者能够正确理解。

（3）查新报告中的任何分析、科学技术特点描述、每一个结论，都应以客观事实和文献为依据，完全符合实际，不包含任何个人偏见。

（4）"文献检索范围及检索策略"应当列出查新员对查新项目进行分析后所确定的手工检索的工具书、年限、主题词、分类号和计算机检索系统、数据库、文档、年限、检索词等。

（5）"检索结果"应当反映出通过对所检数据库和工具书命中的相关文献情况及对相关文献的主要论点进行对比分析的客观情况。检索结果应当包括下列内容：

①对所检数据库和工具书命中的相关文献情况进行简单描述；

②依据检出文献的相关程度分国内、国外两种情况分别依次列出；

③对所列主要相关文献逐篇进行简要描述（一般可用原文中的摘要或者利用原文中的摘要进行抽提），对于密切相关文献，可节录部分原文并提供原文的复印件作为附录。

（6）查新结论应当客观、公正、准确、清晰地反映查新项目的真实情况，不得误导。

查新结论应当包括下列内容：

①相关文献检出情况；

②检索结果与查新项目的科学技术要点的比较分析；

③对查新项目新颖性的判断结论。

（7）查新员应当根据查新项目的科学技术要点，将检索结果分为密切相关文献和一般相关文献。

（8）检索附件包括密切相关文献的题目、出处及其原文复制件；一般相关文献的题目、出处及其文摘。

（9）有效的查新报告应当具有查新员和审核员的签字，加盖查新机构的科技查新专用章，同时对查新报告的每一页进行跨页盖章。

9.3　查新员、审核员声明

查新报告应当包括经查新员、审核员签字的声明。声明的内容可以参考下面的内容进行撰写。

（1）报告中陈述的事实是真实和准确的。

（2）我们按照科技查新规范进行查新、文献分析和审核，并作出上述查新结论。

（3）我们获取的报酬与本报告中的分析、意见和结论无关，也与本报告的使用无关。

10.　查新争议

当查新合同当事人之间对合同是否成立、是否有效、有无履行、有无违反合同、违法合同的责任由谁承担、承担责任的方式及大小等发生争议时，应当遵循下列原则和方法加以解决。

10.1　解决查新争议的原则

10.1.1　以事实为依据，以法律为准绳的原则

在处理查新争议时，应当实事求是，如实反映事实真相，全面地、客观地认定争议事实和客观情况，以有关法律、法规的规定和当事人的约定作为评判是非、确定责任的标准和尺度。目前与查新有关的主要法律有：

①《中华人民共和国科学技术进步法》；

②《中华人民共和国促进科技成果转化法》；

③《中华人民共和国合同法》；

④《中华人民共和国民法通则》；

⑤《中华人民共和国民事诉讼法》；

⑥《中华人民共和国行政诉讼法》；

⑦《中华人民共和国仲裁法》；

⑧《中华人民共和国保守国家秘密法》；

⑨《中华人民共和国行政处罚法》。

10.1.2　以政策为指南的原则

在处理争议时，应当按照我国司法实践的一贯原则，有法律，依法律；

无法律，依政策。目前与查新有关的主要政策除本规范外，有：

①《关于加强技术创新，发展高科技，实现产业化的决定》；
②《国家科学技术奖励条例》；
③《科学技术保密规定》；
④《关于促进科技成果转化的若干规定》；
⑤《科学技术成果鉴定办法》；
⑥《关于正确处理科技纠纷案件的若干问题的意见》；
⑦《科技查新机构管理办法》。

10.1.3 在适用法律上一律平等的原则

在处理查新争议时，查新当事人之间不论经济性质、行政级别、规模大小，不论是法人、自然人还是其他组织，都有权参与辩论，论证自己的主张，驳斥对方的主张，提供有关证据。

10.2 解决查新争议的方法

10.2.1 和解

提倡通过和解解决查新争议。但是，通过和解解决查新争议应当注意以下三点。

（1）当事人达成的和解协议应当符合法律、法规和政策，不得损害国家利益、社会公共利益和第三方的利益。

（2）当事人在和解中作出的承诺，应当遵循诚实、信用的原则，不得弄虚作假，欺骗对方。

（3）在和解解决过程中，不得对另一方工作人员行贿和实施其他不正当手段。

10.2.2 调解

当事人对所发生的争议协商不成或者不愿通过和解解决，可自愿由第三者从中调解。调解人应当依据法律、行政法规和事实，进行说服和协调，促使当事人达成调解协议。

10.2.3 仲裁

查新合同双方或者其中的一方不愿和解、调解或者和解、调解不成的，如果当事人在合同中订有仲裁条款的，可以向仲裁机构申请仲裁。《中华人民共和国仲裁法》规定：

（1）当事人采取仲裁方式解决合同纠纷的，应当双方自愿，达成协议。没有仲裁协议的，仲裁机构不予受理。

（2）仲裁协议排除司法管辖，当事人达成仲裁协议，一方向人民法院起诉的，人民法院不予受理。

（3）仲裁实行一裁终局制，当事人应当履行裁决。一方当事人不履行的，另一方可以向人民法院申请执行。

10.2.4 诉讼

当事人如果在查新合同中没有订立仲裁协议或者仲裁协议无效的，可以向人民法院起诉。当事人一方就查新合同争议起诉另一方时，应当按照民事诉讼法的规定，向有管辖权的人民法院递交起诉状。当事人应当履行发生法律效力的判决、仲裁裁决、调解书；拒不履行的，对方可以请求人民法院执行。

11. 档案

查新机构应当做好查新档案的管理工作。

11.1 基本内容

查新档案大体上分为文书档案和项目档案两大类。

（1）文书档案包括上级下发给查新机构的各种有关查新的办法、规定、规范、细则等，查新机构制定的各种有关查新的规章制度，查新机构的年检材料和查新工作总结，查新项目登记簿，查新咨询专家数据库和有关业绩材料，以及查新人员在工作中所获成果、发表的著作和论文等有关资料。

（2）项目档案包括查新合同、查新报告、查新项目的主要科学技术资料、查新咨询专家的书面咨询意见、查新人员的工作记录等。

11.2 基本要求

（1）每一个查新项目的相关材料应当由该项目的查新员负责收集、整理、归档。查新完成之后，所有关于该项目的材料应当及时移交档案保管人员，档案保管人员应当建立档案登记簿，按照要求逐一清点验收、登记，并需经双方签字。

（2）查新档案应当立卷保管，文书档案按年度归档，项目档案按项目立卷。

（3）查新档案的保管须有固定场所和专用保密文件柜，并由专人负责管理。

（4）档案保管年限：文书档案应当长期保管，项目档案一般保管五年，逾期档案可予销毁。销毁档案须经所在单位主管领导批准，并建立销毁登记。

（5）应当使用计算机进行档案管理，每个项目的《科技查新报告》应当登录到国家查新工作数据库。

12. 查新程序

查新机构可以参照下列程序处理查新业务。

12.1 查新委托

（1）根据《科技查新机构管理办法》和本规范的有关规定，查新委托人自我判断待查新项目是否属于查新范围。

（2）查新委托人根据待查新项目的专业、科学技术特点、查新目的、查新要求以及需要查证其新颖性的科学技术内容，自主选择查新机构。

（3）向查新机构提交在处理查新事务时所必需的科学技术资料和有关材料。

12.2　查新受理

（1）根据《科技查新机构管理办法》和本规范的有关规定，查新机构判断待查新项目是否属于查新范围；判断查新项目所属专业是否属于本机构承担查新业务的受理范围。

（2）确定查新员和审核员。

（3）初步审查查新委托人提交的资料是否存在缺陷；是否符合查新要求。判断查新委托人提交的资料内容是否真实、准确。

（4）判断查新委托人提出的查新要求能否实现。

（5）确认能否满足查新委托人的时间要求。

（6）初步判别查新项目的新颖性。

（7）若接受查新委托，查新机构按照本规范的关于查新合同的要求与查新委托人订立查新合同。

12.3　检索准备

（1）查新员认真、仔细地分析查新项目的资料，查新委托人提出的查新点与查新要求；了解查新项目的科学技术特点。

（2）在检索前，还要做好以下几项工作：

①明确检索目的；

②根据检索目的确定主题内容的特定程度和学科范围的专指程度，使主题概念能准确地反映查新项目的核心内容；

③确定检索文献的类型和检索的专业范围、时间范围；

④制定周密、科学而具有良好操作性的检索策略。

12.4　选择检索工具

在分析检索项目的基础上，根据检索目的和客观条件，选择最能满足检索要求的检索工具。

（1）手检时，根据专业对口、文种适合、收录完备、报道及时、编排合理、揭示准确的原则，选择检索工具书。

（2）机检时，在检索前根据查新项目的内容、性质和查新的要求选择合适的检索系统和数据库。

12.5 确定检索方法和途径

(1) 根据查新项目所属专业的特点、检索要求和检索条件确定检索方法。

(2) 确定检索途径。

①在手检条件下，文献的检索途径就是检索工具书中的目次、正文和辅助索引提供的途径。检索工具书提供的检索途径主要有：分类途径、主题途径、文献名称途径、著者途径、文献代码途径以及其他特殊途径。分类途径和主题途径是手检的主要途径。

②在机检条件下，为了确定检索途径，先弄清数据库采用的是规范化词表还是自由文本式词表；指示主题性质的代码是标准的还是任选的；提问式如何填写；再将表达检索提问的各概念依照数据库采用的词表转换成检索语言，即主题词、分类词、关键词等。

12.6 查找

(1) 查找时，以机检为主、手检为辅。

(2) 除利用检索工具书和数据库外，必要时还需补充查找与查新项目内容相关的现刊，以防漏检。此外，还应当注意利用相关工具书如手册、年鉴等。

(3) 在得出最终检索结果之前，有时会出现查到的文献极少甚至根本没有查到文献，或者查到的文献太多的情况。还需要对每次检索结果进行检验和调整，以扩检或者缩检。

12.7 完成查新报告

查新员按照下述步骤完成查新报告。

(1) 根据检索结果和阅读的需要，索取文献原文。

(2) 对索取得到的文献，根据查新项目的科学技术要点，分为密切相关文献和一般相关文献，并将相关文献与查新项目的科学技术要点进行比较，确定查新项目的新颖性，草拟查新报告。

(3) 聘请查新咨询专家。在必要时，根据查新项目的所属专业和科学技术特点，以及其他实际情况，选聘若干名同行专家担任查新咨询专家。

(4) 审核员根据本规范、相关文献与查新项目的科学技术要点的比较结果，对查新程序和查新报告进行审核。

(5) 查新员填写查新报告。

(6) 查新员和审核员在查新报告上签字，加盖"科技查新专用章"。

(7) 查新报告由查新机构按年度统一编号，并填写"查新完成日期"。

(8) 整理查新报告附件。附件包括密切相关文献的原文的复印件、一般相关文献的文摘。查新员应当对所有附件按相关程度依次编号。

12.8 提交查新报告

查新机构按查新合同规定的时间、方式和份数向查新委托人提交查新报告及其附件。

12.9 文件归档

查新员按照档案管理部门的要求,及时将查新项目的资料、查新合同、查新报告及其附件、查新咨询专家的意见、查新员和审核员的工作记录等存档;及时将查新报告登录到国家查新工作数据库。

13. 附则

(1) 查新机构可根据《科技查新机构管理办法》和本规范制定机构内部的查新规章制度。

(2) 本规范的附件包括:科技查新合同,科技查新报告。

(3) 本规范自 2001 年 1 月 1 日起施行。

中华人民共和国科学技术部发布

参考文献

[1] 马远良．参考咨询工作［M］．北京：北京图书馆出版社，2000．

[2] 戚志芬．参考工作与参考工具书［M］．北京：书目文献出版社，1988．

[3] 康延兴，李梅，李恩科．图书馆综合咨询体系的构建［J］．情报杂志，2004（6）：110－114．

[4] 焦玉英，王娜．国内合作参考咨询服务发展研究［J］．中国图书馆学报，2005（1）：57－60．

[5] 曾建平．美国图书馆协会《参考与用户服务馆员专业能力要求》介绍［J］．图书馆杂志，2003（12）：54－56．

[6] 俞菲．《美国参考咨询和信息服务人员行为指南》简介［J］．图书馆杂志，2000（1）：61－63．

[7] 沈家模．情报心理学概论［M］．武汉：华中理工大学出版社，1989．

[8] 马张华，陈树年．信息工作手册［M］．北京：中国农业科技出版社，1995．

[9] 刘昭东，陈久庚．信息工作理论与实践［M］．北京：科学技术文献出版社，1995．

[10] 孟广均，沈英．信息资源管理导论［M］．北京：科学出版社，1998．

[11] 胡昌平，乔欢．信息服务与用户［M］．武汉：武汉大学出版社，2001．

[12] 王崇德．情报学引论［M］．天津：天津大学出版社，1994．

[13] 樊松林．管理情报学引论［M］．上海：上海科学技术文献出版社，1991．

[14] 郗沐平．咨询用户类型、心理及需求特点研究［J］．中国图书馆学报，1999（5）：78－82．

[15] 倪波，黄俊贵．情报工作概论［M］．北京：书目文献出版社，1989．

[16] 武汉大学图书情报学院．中国图书情报工作实用大全［M］．北京：科学技术文献出版社，1990．

[17] 詹德优．关于新时期参考咨询服务的思考［J］．图书馆杂志，2003（10）：2－7．

[18] 陆晓虹，张林．新形势下高校图书馆电子资源引进策略［J］．图书馆建设，2005（3）：45－47．

[19] 胡永生．电子资源的集团采购：21世纪图书馆的必然选择［J］．图书情报知识，2004（6）：42－44．

[20] 罗冰眉．论读者隐私权及其保护［J］．情报理论与实践，2005（3）：268－271．

[21] 文勇．图书情报电子参考源的类型、特点及评价标准［J］．图书馆建设，2002（3）：97－98．

[22] 谢金星．网络环境下参考咨询工具建设的思考［J］．图书情报知识，2003（2）：97－98．

[23] 李纯．试论图书馆参考咨询档案的作用、类型及其科学管理［J］．图书馆论坛，1997（4）：15－16．

[24] 于爱君.用 Access 数据库建立参考咨询档案［J］.信息技术,2001（4）:26-27.
[25] 陈奕.现代参考咨询评价探讨［J］.国家图书馆学刊,2003（3）:47-52.
[26] 王野,刘慧娟.关于建立公共图书馆参考咨询评价体系的思考［J］.图书馆学研究,2003（8）:55-59.
[27] 冯梅.关于图书馆服务工作评估的探讨［J］.图书情报知识,2003（4）:62-63.
[28] 皇甫志军.关于现代图书馆参考咨询服务的评价问题［J］.中国图书馆学报,2001（3）:88-89.
[29] 谭明君.电子参考源构建模式研究［D］.武汉:武汉大学硕士学位论文,2004.
[30] 国务院学位委员会办公室.图书馆、情报与档案管理学科综合水平［M］.北京:高等教育出版社,2003.
[31] http://lib.ustb.edu.cn/libcd/knovel.doc,2013-1-15
[32] http://www.lib.tsinghua.edu.cn/about/jgsz.htm,2013-1-15
[33] http://www.nlc.gov.cn/old/about/jgsz.htm,2013-1-15
[34] http://www.aslib.com.cn/cn/jianj.asp,2013-1-15
[35] http://www.sowang.com/,2013-1-15
[36] http://www.library.sh.cn/fwzn/gjszn,2013-1-15
[37] http://www.cnki.net,2013-1-15
[38] http://tydata.com,2013-1-15
[39] http://www.bjinfobank.com,2013-1-15
[40] http://www.wanfangdata.com.cn,2013-1-15
[41] http://libjlu.edu.cn/dzzyl/gale.htm,2013-1-15
[42] 张鹰.数字化参考咨询服务研究［J］.图书情报工作,2003（2）:75-79.
[43] 初景利,孟连生.数字化参考咨询服务的发展与问题［J］.中国图书馆学报,2003（2）:14-17.
[44] 张晓林.数字化参考咨询服务［J］.四川图书馆学报,2001（1）:34-40.
[45] 初景利.图书馆参考咨询的数字化挑战［C］.2003年全国图书馆信息咨询工作学术研究会报告.
[46] 黄敏,林皓明,杨宗英.分布式联合虚拟参考咨询系统的建设［J］.高校图书馆工作,2003（6）:18-20.
[47] 北京大学图书馆.http://www.lib.pku.edu.cn,2013-1-15
[48] 国家数字图书馆参考咨询台.http://dref.csdl.ac.cn,
[49] 楼丽萍.合作数字参考咨询的模式:基于案例分析的发展趋势展望［J］.四川图书馆学报,2003（4）:30-34.
[50] 上海交通大学图书馆虚拟参考咨询系统.http://www.lib.sjtu.edu.cn/chinese/virtual_reference_desk,2013-1-15

[51] 上海市中心图书馆网上知识导航站. http://dl.eastday.com/zsdh/askform, 2013-1-15

[52] 中国高等教育文献保障系统. http://www.calis.edu.cn/calismew, 2013-1-15

[53] 浙江省联合知识导航网. http://www.zjlib.net.cn/wxdh, 2013-1-15

[54] 山西省图书馆网上知识导航网. http://lib.sx.cn, 2013-1-15

[55] 潘卫. 数字参考服务:发展与思考 [J]. 大学图书馆学报, 2002 (4): 63-69.

[56] 张新宝. 隐私权的法律保护 [M]. 北京: 群众出版社, 1997.

[57] 蔡红. 网络时代参考咨询服务的变革 [J]. 现代情报, 2003 (2): 43-44.

[58] 汪倩. 网络环境下图书馆参考咨询服务的新特点 [J]. 现代情报, 2003 (2): 64-67.

[59] 胡敏. 论网络环境下的参考咨询服务 [J]. 情报科学, 2003 (2): 173-174.

[60] 刘秋梅. 数字参考服务体系结构研究 [J]. 大学图书馆学报, 2004 (1): 32-36.

[61] 王玉波. 参考咨询服务在信息时代的拓展 [J]. 情报科学, 2004 (2): 172-174.

[62] 肖时占. 网络环境下数字参考咨询服务的现状及问题研究 [J]. 图书馆, 2004 (3): 57-60.

[63] 李兰兰. 网络信息时代图书馆参考咨询服务的挑战与应对 [J]. 现代情报, 2004 (4): 104-105.

[64] 张立, 洪湛. 图书馆参考咨询工作的变革 [J]. 现代情报, 2004 (4): 108-109.

[65] 黄敏等. 网上咨询服务的主要形式与发展趋势 [J]. 大学图书馆学报, 2003 (1): 33-36.

[66] 伍晓星. 图书馆虚拟参考咨询的质量评价 [J]. 情报理论与实践, 2004 (4): 385-387.

[67] 陆宝益. 我国图书馆网络参考咨询研究回顾与展望 [J]. 情报理论与实践, 2003 (3): 238-241.

[68] 曾昭鸿. 合作数字参考服务:发展与思考 [J]. 情报杂志, 2003 (11): 71-72.

[69] http://www.dialogselect.com

[70] http://www.dialogclassic.com

[71] http://www.dialogweb.com